プリント形式のリアル過去問で本番の臨場感！

広島県

広島修道大学ひろしま協創中学校

2025年春受験用

解答集

本書は，実物をなるべくそのままに，プリント形式で年度ごとに収録しています。
問題用紙を教科別に分けて使うことができるので，本番さながらの演習ができます。

■ 収録内容

・解答集（この冊子です）

書籍ＩＤ番号，この問題集の使い方，最新年度実物データ，リアル過去問の活用，
解答例と解説，ご使用にあたってのお願い・ご注意，お問い合わせ

・2024（令和６）年度 ～ 2022（令和４）年度　学力検査問題

JN132447

○は収録あり	年度	'24	'23	'22			
■ 問題(入試Ⅱ・入試Ⅲ)		○	○	○			
■ 解答用紙		○	○	○			
■ 配点							

算数に解説があります

注)問題文等非掲載:2024年度入試Ⅲの国語【一】,2023年度入試Ⅱの社会2と基礎力の【1】,入試Ⅲの国語【一】,2022年度入試Ⅲの国語【二】

問題文などの非掲載につきまして

著作権上の都合により，本書に収録している過去入試問題の本文や図表の一部を掲載しておりません。ご不便をおかけし，誠に申し訳ございません。

本文の一部を掲載できなかったことによる国語の演習不足を補うため，論説文および小説文の演習問題のダウンロード付録があります。弊社ウェブサイトから書籍ＩＤ番号を入力してご利用ください。

なお，問題の量，形式，難易度などの傾向が，実際の入試問題と一致しない場合があります。

教英出版

■ 書籍ＩＤ番号

入試に役立つダウンロード付録や学校情報などを随時更新して掲載しています。
教英出版ウェブサイトの「ご購入者様のページ」画面で，書籍ＩＤ番号を入力してご利用ください。

書籍ＩＤ番号 125432

（有効期限：2025年9月30日まで）

【入試に役立つダウンロード付録】
「要点のまとめ（国語／算数）」
「課題作文演習」ほか

■ この問題集の使い方

年度ごとにプリント形式で収録しています。針を外して教科ごとに分けて使用します。①片側，②中央のどちらかでとじてありますので，下図を参考に，問題用紙と解答用紙に分けて準備をしましょう（解答用紙がない場合もあります）。

針を外すときは，けがをしないように十分注意してください。また，針を外すと紛失しやすくなりますので気をつけましょう。

① 片側でとじてあるもの　② 中央でとじてあるもの

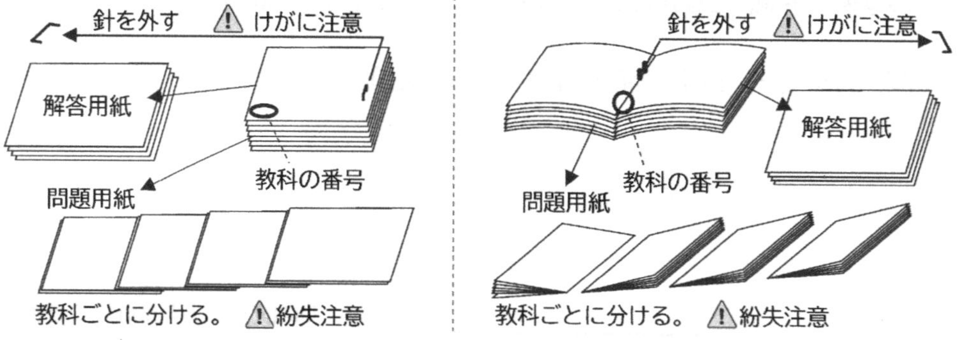

※教科数が上図と異なる場合があります。
解答用紙がない場合や，問題と一体になっている場合があります。
教科の番号は，教科ごとに分けるときの参考にしてください。

■ 最新年度 実物データ

実物をなるべくそのままに編集していますが，収録の都合上，実際の試験問題とは異なる場合があります。実物のサイズ，様式は右表で確認してください。

問題用紙	Ａ４冊子（二つ折り）
解答用紙	Ａ３片面プリント

リアル過去問の活用

～リアル過去問なら入試本番で力を発揮することができる～

本番を体験しよう！

問題用紙の形式（縦向き / 横向き），問題の配置や余白など，実物に近い紙面構成なので本番の臨場感が味わえます。まずはパラパラとめくって眺めてみてください。「これが志望校の入試問題なんだ！」と思えば入試に向けて気持ちが高まることでしょう。

入試を知ろう！

同じ教科の過去数年分の問題紙面を並べて，見比べてみましょう。

①　問題の量

毎年同じ大問数か，年によって違うのか，また全体の問題量はどのくらいか知っておきましょう。どのくらいのスピードで解けば時間内に終わるのか，大問ひとつにかけられる時間を計算してみましょう。

②　出題分野

よく出題されている分野とそうでない分野を見つけましょう。同じような問題が過去にも出題されていることに気がつくはずです。

③　出題順序

得意な分野が毎年同じ大問番号で出題されていると分かれば，本番で取りこぼさないように先回りして解答することができるでしょう。

④　解答方法

記述式か選択式か（マークシートか），見ておきましょう。記述式なら，単位まで書く必要があるかどうか，文字数はどのくらいかなど，細かいところまでチェックしておきましょう。計算過程を書く必要があるかどうかも重要です。

⑤　問題の難易度

必ず正解したい基本問題，条件や指示の読み間違いといったケアレスミスに気をつけたい問題，後回しにしたほうがいい問題などをチェックしておきましょう。

問題を解こう！

志望校の入試傾向をつかんだら，問題を何度も解いていきましょう。ほかにも問題文の独特な言いまわしや，その学校独自の答え方を発見できることもあるでしょう。オリンピックや環境問題など，話題になった出来事を毎年出題する学校だと分かれば，日頃のニュースの見かたも変わってきます。

こうして志望校の入試傾向を知り対策を立てることこそが，過去問を解く最大の理由なのです。

実力を知ろう！

過去問を解くにあたって，得点はそれほど重要ではありません。大切なのは，志望校の過去問演習を通して，苦手な教科，苦手な分野を知ることです。苦手な教科，分野が分かったら，教科書や参考書に戻って重点的に学習する時間をつくりましょう。今の自分の実力を知れば，入試本番までの勉強の道すじが見えてきます。

試験に慣れよう！

入試では時間配分も重要です。本番で時間が足りなくなってあわてないように，リアル過去問で実戦演習をして，時間配分や出題パターンに慣れておきましょう。教科ごとに気持ちを切り替える練習もしておきましょう。

心を整えよう！

入試は誰でも緊張するものです。入試前日になったら，演習をやり尽くしたリアル過去問の表紙を眺めてみましょう。問題の内容を見る必要はもうありません。どんな形式だったかな？受験番号や氏名はどこに書くのかな？…ほんの少し見ておくだけでも，志望校の入試に向けて心の準備が整うことでしょう。

そして入試本番では，見慣れた問題紙面が緊張した心を落ち着かせてくれるはずです。

※まれに入試形式を変更する学校もありますが，条件はほかの受験生も同じです。心を整えてあせらずに問題に取りかかりましょう。

2024 解答例
令和6年度

広島修道大学ひろしま協創中学校【入試Ⅱ】

《国　語》

【一】問一. a. 値札　b. いた　c. 重視　d. あんじゅう　e. 拡張　問二. Ⅰ. ウ　Ⅱ. ア
問三. 1. とっさに出てくる純粋な思い　2. 他人の評価が自分に入り込む　問四. 1. 他人の評価
2. (自分の)ハート　3. 占領　問五. いつもと同じように地味な服装をしていれば目立たないので、まわりから何か言われたり、からかわれたりすることが少ないから。　問六. Ⅲ. ウ　Ⅳ. イ　問七. 権利
問八. 1. 自分が思い～生きること　2. 幸福を追求するため　問九. 機嫌の良い、悪いを判断するのは他人ではなく自分であるから。　問十. イ

【二】問一. a. 誕生日　b. にがわら　c. みょうじ　d. 貯金　e. 誤解　問二. エ　問三. イ
問四. ア　問五. 純のお金で買ったの？　問六. ウ　問七. ア　問八. 1. 実力的に強い自分が、弱い純を守ることで成りたっていると考えていた。　2. 先輩とか後輩とかは関係なく、それぞれがそれぞれを認めて、それぞれを守りながら、勝ちたいという同じ目標に向かって何も言わなくても協力できるチーム。

《算　数》

1　(1)2688　(2)9　(3)12　(4)$3\frac{11}{12}$　(5)2570

2　(1)子どもの人数…7　あめの個数…55　(2)12 cm　(3)45秒

3　(1)1から10の中には奇数が5個あるのでこれらの数を足したり，引いたりした結果は必ず奇数になる。よって偶数である2をつくることはできない。　※(2)76.4点

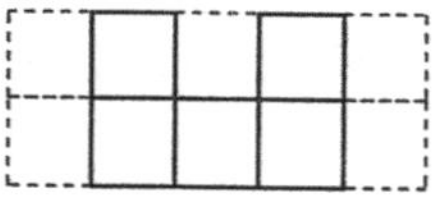

4　(1)(イ)　(2)右図

5　(1)秒速6m　(2)16.5秒　※(3)創太くん

6　(1)62.8 cm　(2)1570 cm²　(3)4710 cm³

7　(1)C…緑，D…赤，E…青，F…緑　(2)B，E／C，F　(3)6通り　**※の考え方と理由は解説を参照してください。**

《理　科》

1　(1)ウ　(2)②エ　③イ　(3)秋の飽食期の食物不足により，人里に食物を求めてやってくるため
(4)⑤エ　⑥イ　⑦ウ　⑧ア　(5)ウ，オ　(6)かん臓　(7)66

2　(1)N　(2)イ　(3)エナメル線の長さを変えると，抵抗の値が変化して流れる電流の大きさが変わり，比較することができなくなるため。　(4)①C，D　②A，C　(5)48　(6)⑤

3　(1)55.8　(2)6.1　(3)9　(4)10 ((3)と(4)は順不同)　(5)0　(6)8 ((5)と(6)は順不同)
(7)0　(8)1 ((7)と(8)は順不同)　(9)10

《社　会》

【1】問1. ウ　問2. 卵から成魚になるまで，いけすなどで魚を育てる漁業。　問3. (1)イ　(2)一人っ子政策
問4. (1)ア　(2)エ　(3)ウ　(4)リアス海岸　問5. (1)潮目　(2)魚のえさとなるプランクトンがたくさん集まるため。　(3)ウ　問6. (1)レモン　(2)C

【2】問1. イ　問2. ア，ウ　問3. 参勤交代　問4. (1)X. 奉公　Y. ご恩　(2)ア　(3)イ　(4)百姓たちから刀や鉄砲などの武器を取り上げる刀狩によって，武士と百姓との身分の区別が明確になった。
問5. エ→ウ→ア→イ　問6. (1)エ　(2)卑弥呼

2024 解答例 令和6年度 広島修道大学ひろしま協創中学校【入試Ⅲ】

《国　語》

【一】問一．㋐技術　㋑もち　㋒予期　㋓ふそく　㋔てんこう　　問二．消費　　エ　　問三．エ　　問四．ウ
問五．Ⅰ．ウ　Ⅱ．イ　　問六．「命」を扱う産業　　問七．牛乳が余りそうだからといってお乳をしぼらないと、牛が病気になってしまうから。　　問八．最初…大量の　最後…う事態　　問九．食料自給率
問十．(1)すでに工場が限界ギリギリの量を作っているから　(2)余っている農畜産物があったら、できるだけ買う

【二】問一．㋐砂糖　㋑けさ　㋒視線　㋓保健　㋔もうふ　　問二．ⓐイ　ⓑウ　　問三．Ⅰ．エ　Ⅱ．ア　Ⅲ．ウ
問四．サイン帖には書きたくないとみんなの前で言ったこと。　　問五．②　　問六．ア
問七．恭介が卒業する前に、買い食いのことで恭介だけをおこったことをあやまるため。　　問八．(1)あかるい　(2)イ　(3)最初は卒業がいやでイライラしていたが、サイン帖に書いた言葉がきっかけになって、前向きに考えられるようになった。

《算　数》

1　(1)163　(2)$\frac{1}{2}$　(3)24　(4)2024　(5)$\frac{37}{60}$

※2　(1)12 個　(2)12 秒後　(3)6 点

3　1095mL

4　115.2 ㎝

5　4

6　31 人

7　ア＝75°　イ＝15°

※8　20.56 ㎠

9　(1)432 ㎤　(2)6 段

10　(1)4 通り　(2)10 通り　(3)16 通り

※の考え方は解説を参照してください。

広島修道大学ひろしま協創中学校【入試Ⅱ】

1 ⑶　与式＝(22－8)÷7×6＝14÷7×6＝2×6＝**12**

⑷　与式＝$\frac{6}{7}\times\frac{14}{3}-\frac{1}{12}=4-\frac{1}{12}=\frac{48}{12}-\frac{1}{12}=\frac{47}{12}=$ **$3\frac{11}{12}$**

⑸　与式より，4000m－1430m＝**2570m**

2 ⑴　1人5個ずつあめを配ると20個余り，さらに8－5＝3(個)ずつ配ると1個足りなくなるから，子どもの人数は(20＋1)÷3＝**7**(人)である。また，あめの個数は5×7＋20＝**55**(個)である。

⑵　**【解き方】正六角形は右図のように，合同な正三角形6個に分けることができる。**

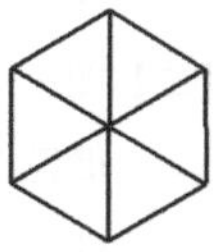

この正六角形の1辺の長さは2㎝だから，周りの長さは2×6＝**12**(㎝)である。

⑶　$\frac{3}{4}$分＝($\frac{3}{4}$×60)秒＝**45秒**

3 ⑴　偶数どうしの和または差は偶数，奇数どうしの和または差は偶数，偶数と奇数の和または差は奇数になる。つまり，和と差の計算では奇数が偶数個あれば計算結果は偶数，奇数個あれば計算結果は奇数になる。

⑵　**【解き方】(平均点)×(人数)＝(合計点)となる。**

男子の合計点は70×16＝1120(点)，クラス全体の合計点は73×(16＋14)＝2190(点)だから，女子の合計点は2190－1120＝1070(点)なので，女子の平均点は1070÷14＝76.42…(点)，つまり**76.4点**となる。

4 ⑴　Aの方向から見たとき，立方体が左側から順に1段，2段，2段，1段積まれているように見える。

⑵　Bの方向から見たとき，立方体が左側から順に2段，1段，2段積まれているように見える。

5 ⑴　協子さんは15秒間で100－10＝90(m)走るから，90÷15＝6より，**秒速6m**である。

⑵　**【解き方】速さが等しいとき，かかる時間は進む道のりに比例する。**

創太くんは2回目のレースで，1回目の$\frac{100+10}{100}=\frac{11}{10}$(倍)の道のりを走るので，15×$\frac{11}{10}$＝**16.5(秒)**かかる。

⑶　**【解き方】協子さんがゴールするまでにかかる時間を求める。**

協子さんがゴールするまでにかかる時間は100÷6＝16.6…(秒)であり，⑵より，創太くんは16.5秒でゴールするので，**創太くん**が先にゴールする。

6 ⑴　円柱の展開図で，側面の長方形の(ア)の長さは底面の円周の長さに等しいから，(ア)＝20×3.14＝**62.8**(㎝)

⑵　底面の円の半径は20÷2＝10(㎝)だから，求める表面積は(10×10×3.14)×2＋15×20×3.14＝**1570**(㎠)

⑶　底面の円の半径が10㎝，高さが15㎝の円柱の体積は10×10×3.14×15＝**4710**(㎤)である。

7 ⑴　Aを赤，Bを青でぬると，CはAとBにとなり合うから**緑**，DはBとCにとなり合うから**赤**，EはCとDにとなり合うから**青**，FはDとEにとなり合うから**緑**でぬればよい。

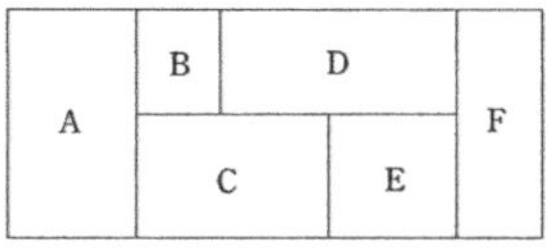

⑵　⑴より，A，Bの色を決めたとき，残りの部分もすべて1つの色に決まる。
よって，**BとE，CとF**が同じ色になる。

⑶　Aの色のぬり方は3通りあり，BはAの色以外でぬるから，Aの3通りそれぞれに対して2通りある。この時点で他の部分の色がすべて決まるから，全部で3×2＝**6(通り)**ある。

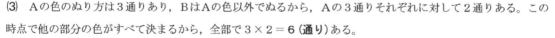

1　(1)　与式＝7＋156＝**163**

(2)　与式$=\frac{9}{14}\div\frac{9}{7}=\frac{9}{14}\times\frac{7}{9}=\mathbf{\frac{1}{2}}$

(3)　与式$=3+(1\frac{1}{4}-\frac{3}{8})\times24=3+(\frac{5}{4}-\frac{3}{8})\times24=3+\frac{5}{4}\times24-\frac{3}{8}\times24=3+30-9=\mathbf{24}$

(4)　与式＝8×(406−19−134)＝8×253＝**2024**

(5)　与式$=\frac{1}{1\times2}+\frac{1}{3\times4}+\frac{1}{5\times6}=\frac{1}{2}+\frac{1}{12}+\frac{1}{30}=\frac{30}{60}+\frac{5}{60}+\frac{2}{60}=\mathbf{\frac{37}{60}}$

2　(1)　**【解き方】1から100までの整数のうち，6の倍数の数から6と8の公倍数の数を引けばよい。**

1から100までの整数のうち，6の倍数は，100÷6＝16余り4より，16個ある。6と8の公倍数は，6と8の最小公倍数24の倍数だから，100÷24＝4余り4より，4個ある。よって，求める数の個数は16−4＝**12(個)**

(2)　**【解き方】2人が1秒走るときに進む道のりの差を求める。**

協子さんの速さは分速300m＝秒速(300÷60)m＝秒速5m，創太くんの速さは分速400m＝分速(400÷60)m＝分速$\frac{20}{3}$mだから，2人が走る道のりは1秒間に$\frac{20}{3}-5=\frac{5}{3}$(m)だけ差がつく。よって，2人の間の道のりが20mになるのは走り始めてから$20\div\frac{5}{3}$＝**12(秒後)**である。

(3)　**【解き方】(平均点)×(人数)＝(合計点)となることを利用する。**

8人の合計点は6.5×8＝52(点)だから，AさんとBくんの点数の合計は52−(7＋8＋6＋9＋4＋3)＝15(点)である。AさんとBくんの点数の比が2：3だから，Aさんの点数は$15\times\frac{2}{2+3}$＝**6(点)**である。

3　**【解き方】ペットボトルに残っているジュースは，もとの量の1−0.27＝0.73(倍)である。**

1L＝1000mLだから，1.5L＝(1.5×1000)mL＝1500mLである。よって，残りのジュースは1500×0.73＝**1095(mL)**

4　**【解き方】2回目にはね上がった高さは，落とした高さの$\frac{3}{5}\times\frac{3}{5}=\frac{9}{25}$(倍)である。**

落とした高さと2回目にはね上がった高さの差は，落とした高さの$1-\frac{9}{25}=\frac{16}{25}$(倍)だから，$180\times\frac{16}{25}$＝**115.2(cm)**である。

5　6＊△＝26のとき，6−△＋6×△＝26　(6−1)×△＝26−6　5×△＝20　△＝**4**となる。

6　**【解き方】子どもの人数は65−3＝62と127−3＝124と220−3＝217の公約数である。217の約数が見つけにくいので，62の約数を参考にして考えるとよい。**

62＝2×31であり，217は2で割り切れないから，3つの数を31で割ると右の筆算のようになる。よって，62，124，217の約数は1と31の2個であり，子どもの人数を1人とすると，「どれも3つずつ余る」という条件に合わないから，子どもの人数は**31人**である。これは条件に合う。

31) 62　124　217
　　 2　　4　　7

7　**【解き方】三角形EBCは正三角形であり，正方形ABCDとBCを共有するから，それぞれの1辺の長さは等しい。**

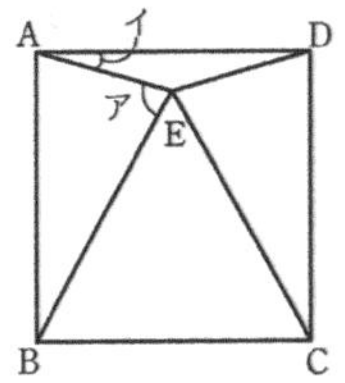

AB＝BEより，三角形ABEは二等辺三角形である。角ABE＝角ABC−角EBC＝90°−60°＝30°だから，三角形ABEの内角の和より，角ア＝(180°−30°)÷2＝**75°**

三角形ABEと三角形DCEは合同だから，角DEC＝角ア＝75°より，角AED＝360°−(75°×2＋60°)＝150°であり，三角形AEDはAE＝DEの二等辺三角形である。

三角形AEDの内角の和より，角イ＝(180°−150°)÷2＝**15°**

8 **【解き方】右図のように補助線を引くと，四角形ＰＱＲＳは正方形になる。**

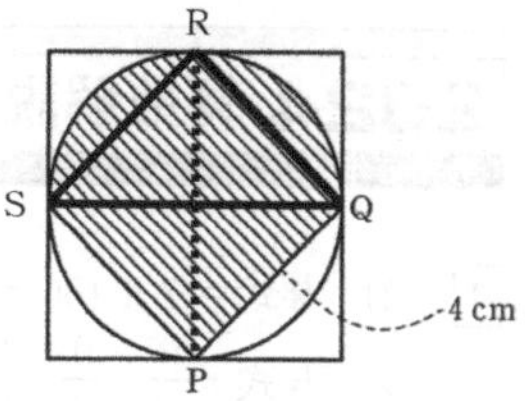

求める面積は，三角形ＰＱＳの面積と，ＱＳを直径とする半円の面積の和である。

角ＳＰＱ＝90°，ＰＱ＝ＳＰだから，三角形ＰＱＳは直角二等辺三角形なので，

その面積は４×４÷２＝８(㎠)である。

１辺の長さが４㎝の正方形の面積は４×４＝16(㎠)であり，正方形はひし形でもあるから，(正方形の面積)＝(対角線の長さ)×(対角線の長さ)÷２で求められる。よって，円の半径をａ㎝とすると，(２×ａ)×(２×ａ)÷２＝16　　２×ａ×ａ＝16　　ａ×ａ＝16÷２＝８となる。

したがって，ＱＳを直径とする半円の面積は(ａ×ａ×3.14)÷２＝８×3.14÷２＝12.56(㎠)

以上より，斜線《しゃせん》部分の面積は８＋12.56＝**20.56(㎠)**

9 (1) **【解き方】三角柱の体積を１つずつ求め，それらを足してもよいが，形が同じで大きさが異なる立体の体積の比は，辺の長さの比を３回かけた比に等しいことを利用すると，計算が少なくなる。**

【図１】の三角柱の体積と【図２】の三角柱の体積の比は(１×１×１)：(２×２×２)＝１：８，【図１】の三角柱の体積と【図３】の三角柱の体積の比は(１×１×１)：(３×３×３)＝１：27 だから，【図１】の三角柱の体積と３段積み重ねた立体の体積の比は１：(１＋８＋27)＝１：36 である。

【図１】の三角柱の体積は３×４÷２×２＝12(㎤)だから，求める体積は $12\times\frac{36}{1}$＝**432(㎤)**である。

(2) **【解き方】積み重ねた立体の体積が 3000 ㎤より大きくなるのは，この立体の体積が【図１】の三角柱の体積の 3000÷12＝250(倍)より大きくなるときである。**

【図１】のそれぞれの辺を４倍，５倍，６倍してできた三角柱の体積はそれぞれ，【図１】の三角柱の体積の４×４×４＝64(倍)，５×５×５＝125(倍)，６×６×６＝216(倍)である。よって，５段積み重ねた立体の体積は【図１】の三角柱の体積の 36＋64＋125＝225(倍)，６段積み重ねた立体の体積は【図１】の三角柱の体積の 225＋216＝441(倍)となるので，体積がはじめて 3000 ㎤より大きくなるのは，**６段積み重ねたとき**である。

10 (1) **【解き方】出た目をかけた数が３になるのは，出た目のうち１つが３で，他の３つが１のときである。**

３が出るさいころの決め方は４通りだから，目の出方は全部で**４通り**ある。

(2) **【解き方】出た目をかけた数が４になるのは，①出た目のうち１つが４で，他の３つが１のときか，②出た目のうち２つが２で，他の２つが１のときである。**

①の場合，目の出方は(1)と同様に４通りある。

②の場合，右の樹形図より，２が出る２つのさいころの決め方は６通りあるから，目の出方は６通りある。

以上より，目の出方は全部で４＋６＝**10(通り)**ある。

(3) **【解き方】32＝２×２×２×２×２，４＝２×２だから，４，２，１の目が出るさいころの個数が(４，２，１)＝㋐(２個，１個，１個)，㋑(１個，３個，０個)のときに，出た目の積が 32 になる。**

㋐の場合，４が出るさいころの決め方は，(2)より６通りあり，この６通りそれぞれに対して２が出るさいころの決め方は２通りあるから，６×２＝12(通り)ある。

㋑の場合，４が出るさいころの決め方は，(1)より４通りある。

以上より，目の出方は全部で 12＋４＝**16(通り)**ある。

2023 解答例 令和5年度　広島修道大学ひろしま協創中学校【入試Ⅱ】

《国　語》

【一】問一．A．済　B．確　C．どうにゅう　D．現場　E．ようじ　　問二．1．ア　2．ウ　3．イ
問三．過剰に丁重にもてなすべき存在　　問四．Ⅱ　　問五．おたばこのほう、お吸いになりますか？
問六．マニュアル通りに行うことによって、思わず笑ってしまうぐらいその場に合わない行動をすること。
問七．1．「お客様」社会　2．敬いの気持ちが強い。　3．どんな物事もマニュアルに従うだけではなく、その場に合った行動を自分で考えて行っていくのが良いよね。

【二】問一．A．いと　B．平然　C．とおま　D．あいま　E．任　　問二．A．エ　B．ウ
問三．マイナスの感情　　問四．イ，オ　　問五．③ウ　⑧エ　　問六．(1)帰国子女　(2)どう思われるか　(3)決めつける　(4)ありのまま　　問七．短歌の音数と合わせたと受けとっている。　　問八．「アンダ」と「アンタ」を書き間ちがえたタンカードを先輩に読まれてしまい、いつも失敗ばかりの自分を反省し落ちこんでいる。
問九．エ　　問十．サンタとトナカイのコンビ　　問十一．何語でもわたしはサヤと呼ばれたいアンタはサヤの友達だから　　問十二．イ

《算　数》

1　(1)8　　(2)5　　(3)$10\frac{5}{6}$　　(4)136　　(5)1，27

2　(1)9通り　　(2)30°　　(3)310ページ

※3　(1)木曜日　　(2)54分

※4　63点

5　(1)C　　(2)600 cm^3

6　(1)1，13　　(2)右図／11 cm^2

7　(1)3マス　　(2)8通り

8　(1)$\frac{2}{3}$　　(2)39番目　　(3)7個

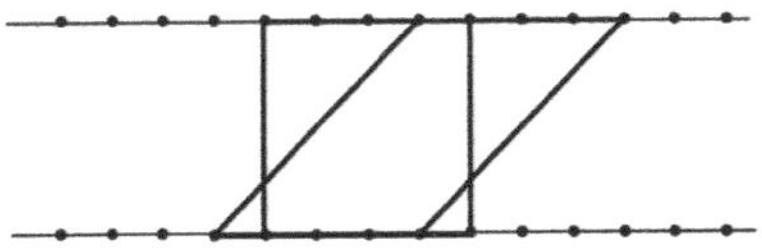

※の考え方は解説を参照してください。

《理　科》

1　(1)道管　　(2)トウモロコシ…下図　ホウセンカ…下図　　(3)トウモロコシ…下図　ホウセンカ…下図
(4)裏　色…赤　　(5)①光合成　②蒸散　③低　④強い／大きい／速い　などから1つ　⑤水分　⑥二酸化炭素

2　(1)わく星　　(2)えい星　　(3)ア，イ　　(4)225日　　(5)地球には大気と海があるから。〔別解〕小さないん石は大気中で燃え尽きてしまい，大きないん石は衝突の後，長い年月で海水などにより風化してしまうから。

3　(1)①イ　②エ　　(2)4倍　　(3)振り子の周期はおもりの重さに関係しないが，ひもの長さが長いほど，周期が大きくなる。　　(4)おもりの大きさにより，振り子全体の長さが長くなるため，大きなおもりの方が周期が大きい。

4　(1)20%　　(2)20 g　　(3)28.8 g　　(4)7.4 g　　(5)水の量を増やす。／温度を上げる。などから1つ

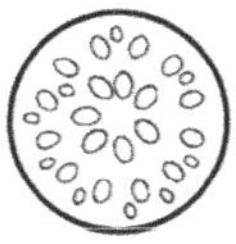

1(2)トウモロコシの図

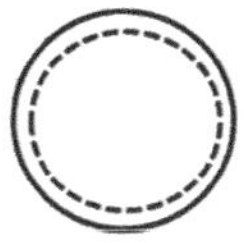

1(2)ホウセンカの図

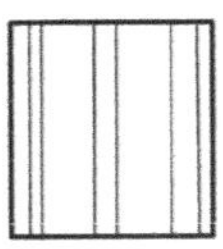

1(3)トウモロコシの図

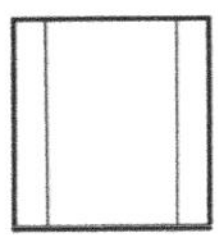

1(3)ホウセンカの図

《社　会》

1 問1．⑴那覇　⑵ア　　問2．⑴首里城　⑵イ　　問3．東京都／大阪府／香川県 のうち1つ　　問4．沖縄県は台風の被害が多く，屋根がわらを(しっくいで)固めたり，家の周りを石垣で囲むことで，被害を減らすため。　　問5．イ
問6．燃やす際に二酸化炭素を排出するが，もともと光合成で吸収されているものなので，実質二酸化炭素排出量が0である点。　　問7．イ，ウ　　問8．⑴ア　⑵エ　　問9．カーボン

2 問1．エ　　問2．イ　　問3．参勤交代　　問4．ア　　問5．エ　　問6．元　　問7．ウ　　問8．1889 年の選挙導入直後は制限が多く，一部の人しか選挙に行けなかった。1925 年に制限が撤廃されて以降，有権者の数も増えはじめ，2015 年には8割以上の国民に選挙権が与えられている。　　問9．奴国　　問10．イ　　問11．エ　　問12．エ
問13．②

《基礎力》

【1】問1．(イ)格別　(ロ)着陸　(ハ)きびしさ　(ニ)収まらなく　　問2．テレビドラマの少女が，活字に目覚めてめきめきと変わっていく様子を観て，自分の子どもの頃の経験と重なって見えたから。　　問3．⑴エ
⑵ア　⑶ウ　　問4．見知らぬ土地に行って，新しいことに挑戦してみよう
問5．(Ⅰ)背中　(Ⅱ)腹　　問6．エ　　問7．ウ→ア→イ→エ　　問8．⑴フランシスコ・ザビエル　⑵エ
問9．子ども時代の感受性を培うもの。

【2】問1．⑴10　⑵$\frac{1}{6}$　　問2．22.28 ㎝　　問3．54 円の損失　　問4．〔1〕⑴①気管　②肺　③肺胞　⑵はく息のほうにはより多くの水蒸気と二酸化炭素が含まれていることが分かるが，吸う空気には変化が起こるほどの水蒸気と二酸化炭素は含まれていない。　〔2〕日本チームが残り1試合(スペインとの対戦)で負けてしまうと，スペインの勝ち点の合計が7となり，日本の勝ち点の合計は3のままになる。このとき，コスタリカとドイツの対戦で，コスタリカが勝ったら勝ち点の合計が6，引き分けたら勝ち点の合計が4となり，ドイツが勝ったら勝ち点の合計が4となり，どの場合も日本の勝ち点の合計3より多くなる。その結果，スペインが1位，コスタリカかドイツが2位になるので，日本チームは決勝トーナメントに進むことができなくなる。

【3】問1．⑴記号…オ　折り鶴は，広島の原爆で亡くなった佐々木禎子さんによって平和の象徴となっており，被爆地として世界の平和を願い続けてきた広島を表現するのにふさわしいと思ったから。　⑵イ　　問2．⑴右図　⑵毎秒3㎝

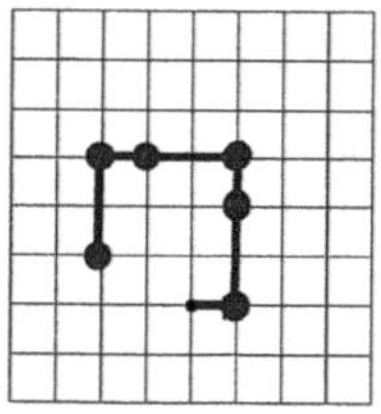

広島修道大学ひろしま協創中学校【入試Ⅲ】

《国　語》

【一】問一．a．ぜんてい　b．留学　c．お　d．連　e．移　問二．Ⅰ．エ　Ⅱ．ウ　Ⅲ．オ　Ⅳ．ア
問三．1．心／心　2．直立不動　問四．ウ　問五．インターネットの発達によって、はなれたところにいる人々と簡単にコミュニケーションが取れるようになったということ。（下線部は交流ができる／通信できるなどでもよい）　問六．ウ　問七．言語表現とジェスチャーが結びついていることを示す例。　問八．C
問九．1．あ．女性　い．男性　2．幼い頃から見聞きする、周りの人の行動や言葉からつくられる。
3．先入観を持ったまま外国の人とコミュニケーションを取ってしまい、うまく理解できないことが起きてしまう。〔別解〕自分のやりたいことを狭めてしまう可能性があったり、思い込みから外れた人を「おかしい」と感じて、いじめや差別につながったりすることが起きてしまう。

【二】問一．a．片手　b．なまなま　c．つつ　d．しんこく　e．万年筆　問二．Ⅰ．カ　Ⅱ．エ　Ⅲ．ウ　Ⅳ．オ　問三．Z　問四．ウ　問五．できないことをできないと、辛くてもちゃんと言えるところ
問六．昔、赤ちゃんだったとしても、その後の人生の中で人を殺したのなら、その人がだれかを苦しめていることになるから。　問七．この世　問八．ア　問九．1．ア　2．自分のおかした罪

《算　数》

1　(1)2023　(2)782.46　(3)4　(4)0.49　(5)$\frac{3}{4}$　(6)1

※2　(1)70点　(2)420 cm^3　(3)16本　(4)3000円

3　修二くん…11月　協子さん…2月　創太くん…8月

4　番号…③　まちがっている理由…余りの5が割る数4より大きいから。

5　(1)11階　(2)08階　(3)01階，10階，16階，19階，44階，47階
(4)02階と03階／12階と13階／22階と23階／32階と33階／42階と43階／52階と53階／29階と30階　のうち2組

6　(あ)600　(い)150　(う)30

※の考え方は解説を参照してください。

2023 算数解説 令和５年度 広島修道大学ひろしま協創中学校【入試Ⅱ】

1 (1) 与式＝(32－12)÷５×２＝20÷５×２＝**8**

(3) 与式＝$5\frac{1}{3}+2\frac{3}{4}\times2=5\frac{1}{3}+\frac{11}{4}\times2=5\frac{1}{3}+\frac{11}{2}=5\frac{2}{6}+5\frac{3}{6}=$**$10\frac{5}{6}$**

(4) 与式＝6.8×13＋6.8×0.1×70＝6.8×(13＋７)＝6.8×20＝**136**

(5) 与式＝６時間 76 分－５時間 49 分＝**１時間 27 分**

2 (1) **【解き方】出た目の数を足した答えが４の倍数になるのは，答えが４，８，12 のときである。**

出た目の組み合わせを(大，小)と表すと，出た目の数を足した答えが４になるのは，(1，3)(2，2)(3，1)の３通り，答えが８になるのは，(2，6)(3，5)(4，4)(5，3)(6，2)の５通り，答えが 12 になるのは，(6，6)の１通りである。よって，全部で，３＋５＋１＝**9(通り)**

(2) **【解き方】右のように作図すると，三角形ＡＯＢはＯＡ＝ＯＢの二等辺三角形となる。**

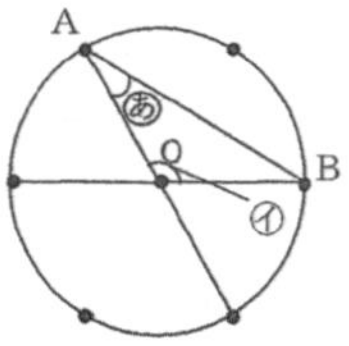

㋑の角は 360°を６等分した２つ分だから，360°×$\frac{2}{6}$＝120°

三角形ＡＯＢは二等辺三角形なので，㋐の角度は，(180°－120°)÷２＝**30°**

(3) **【解き方】全体を１とすると，１日目の残りは $1-\frac{2}{5}=\frac{3}{5}$ で，２日目の残りは１日目の残りの $1-\frac{1}{3}=\frac{2}{3}$ だから，全体の $\frac{3}{5}\times\frac{2}{3}=\frac{2}{5}$ となる。**

全体の $\frac{2}{5}$ が 124 ページにあたるので，全体のページ数は，$124\div\frac{2}{5}$＝**310(ページ)**

3 (1) 1000÷７＝142 余り６より，1000 日後の曜日は金曜日の６日後の曜日の，**木曜日**となる。

(2) ５km＝5000ｍだから，分速 100ｍで歩くときのかかる時間は 5000÷100＝50(分)となる。また，１kmごとに１分の休けいをするので，５km歩くのに４回休けいをする。よって，かかる時間は，50＋１×４＝**54(分)**

4 国語，算数，理科，社会の４科目の平均点が 73 点だから，４科目の合計点は 73×４＝292(点)である。算数，理科，社会の３科目の平均点が 75 点だから，３科目の合計点は 75×３＝225(点)で，国語の得点は，292－225＝67(点)である。国語，理科の２科目の平均点が 65 点だから，２科目の合計点は 65×２＝130(点)なので，理科の得点は，130－67＝**63(点)**

5 (1) 右のように作図する。ＧとＩとＢが重なるので，辺ＰＧは辺ＣＢと重なる。よって，点Ｐと重なる点は点**Ｃ**である。

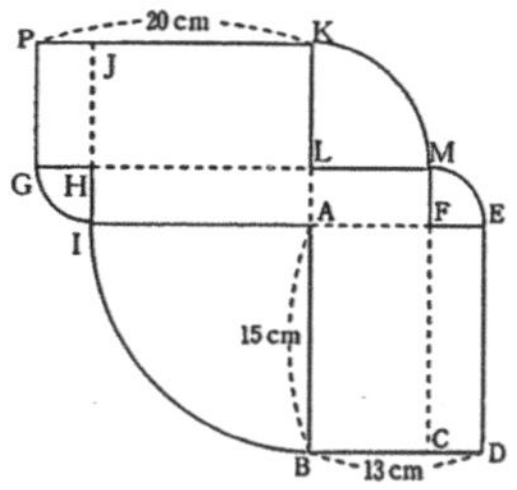

(2) ＪＫ＝ＩＡ＝ＢＡ＝15 cmだから，ＰＪ＝20－15＝５(cm)となる。

辺ＰＪは辺ＣＤと重なるので，ＣＤ＝ＰＪ＝５cmで，ＢＣ＝13－５＝８(cm)

よって，この直方体の体積は，15×８×５＝**600(㎤)**

6 (1) 右のように作図する。正方形と平行四辺形は１cmはなれているので，動きはじめてから１秒後に重なりはじめる。正方形の頂点ＡがＡ′の位置まで動いたとき，重なりが終わる。このときＡは１＋４＋４＋４＝13(cm)動いたので，重なり終わるのは 13 秒後である。よって，正方形と平行四辺形が重なっている時間は，**１秒後から 13 秒後**である。

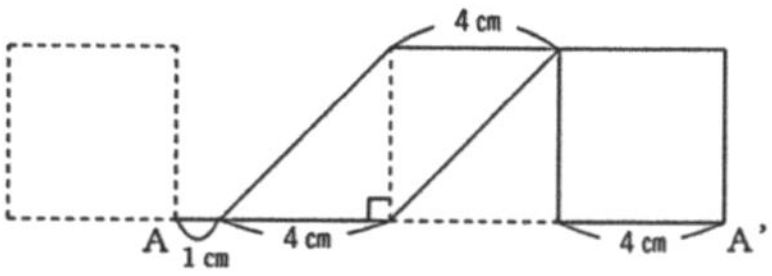

(2) **【解き方】平行四辺形の面積から２つの直角二等辺三角形の面積をひく。**

６秒後の正方形と平行四辺形の位置関係は右の図のようになる。

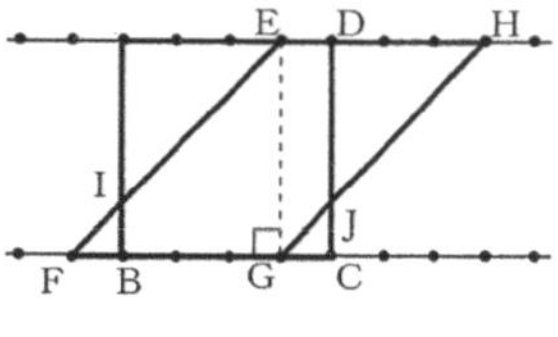

三角形ＥＧＨについてＥＨ＝ＥＧ＝４cmで，角Ｅは直角だから，三角形ＥＧＨは直角二等辺三角形になるので，角Ｈ＝45°　三角形ＤＪＨについて角Ｄは直角，

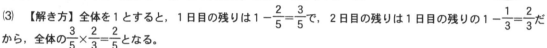

角Ｈは45°だから，三角形ＤＪＨも直角二等辺三角形になり，ＤＪ＝ＤＨ＝３㎝
同様にして，三角形ＦＢＩも直角二等辺三角形になり，ＩＢ＝ＦＢ＝１㎝　　よって，重なっている部分の面積は，
(平行四辺形ＥＦＧＨの面積)－(三角形ＤＪＨの面積)－(三角形ＦＢＩの面積)＝
４×４－３×３÷２－１×１÷２＝**11(㎠)**

図①

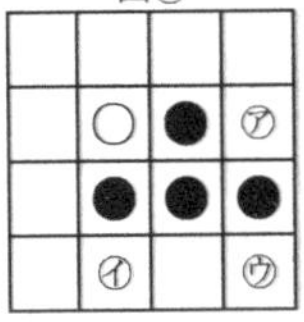

7 (1)　Ａ君が最初にＰと書かれたマスに黒石を置くと，右の図①のようになる。
Ｂ君が白石を置くことをできるのは，㋐，㋑，㋒の**３マス**である。
(2)　**【解き方】まず，Ａ君が最初にＰに置いた場合の条件に合う置き方を考える。Ａ君が最初にＰに置いた場合以外については，Ｐに置いた場合との関係性を考える。**
Ａ君が最初にＰに置いてＢ君が角に置いた場合，図②のようになる。このあとＡ君が置けるのは㋕，㋖，㋗であり，そのうち㋕か㋖に置くと，Ｂ君は次も角における(左上の角)。したがって，Ａ君が最初にＰに置いた場合の条件に合う置き方は，Ａ君が２回目に㋕に置くか㋖に置くかで，２通りある。

図②

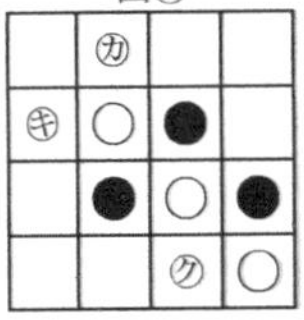

Ａ君が最初に図③のように置いた場合，図③と図①は図③の点線について線対称だから，条件に合う置き方は，先ほどと同様に２通りある。
Ａ君が最初に左上の白石のとなりのどちらに置いても，図①か図３を180°回転させた形になるので，条件に合う置き方はやはり２通りずつある。
以上より，求める置き方の数は，２×４＝**８(通り)**

図③

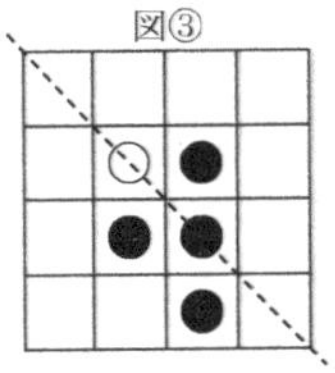

8 (1)　**【解き方】１と１の間には分母が同じ分数が並んでいると考え，約分される前の並びにすると，$\frac{1}{1}$，$\frac{1}{2}$，$\frac{2}{2}$，$\frac{1}{3}$，$\frac{2}{3}$，$\frac{3}{3}$，$\frac{1}{4}$，$\frac{2}{4}$，$\frac{3}{4}$，$\frac{4}{4}$，$\frac{1}{5}$，$\frac{2}{5}$，…となる。したがって，分母がｎの分数がｎ個並び，その分子は１から連続する整数になっている。**
１＋２＋３＋４＋５＝15で，１＋２＋３＋４＋５＋６＝21だから，15＋１＝16(番目)から21番目までは，分母が６の分数となり，19番目はそのうちの19－15＝４(番目)の分数である。よって，19番目の数は，$\frac{4}{6}=\mathbf{\frac{2}{3}}$
(2)　**【解き方】２回目の$\frac{1}{3}$は$\frac{1\times2}{3\times2}=\frac{2}{6}$を約分したもの，３回目の$\frac{1}{3}$は$\frac{1\times3}{3\times3}=\frac{3}{9}$を約分したものである。**
$\frac{1}{9}$は(１＋２＋３＋４＋５＋６＋７＋８)＋１＝37(番目)だから，$\frac{3}{9}$は**39番目**である。
(3)　**【解き方】分母が偶数のグループには必ず$\frac{1}{2}$が１つだけふくまれ，分母が奇数のグループには$\frac{1}{2}$はふくまれない。**
１番目から数えて15回目の$\frac{1}{3}$は$\frac{1\times15}{3\times15}=\frac{15}{45}$を約分したもの，１番目から数えて15回目の$\frac{1}{4}$は$\frac{1\times15}{4\times15}=\frac{15}{60}$を約分したものである。45から60の間の偶数は，46，48，50，52，54，56，58の７個である。分母が60のグループのうちの$\frac{1}{2}=\frac{30}{60}$は数えない。よって，求める個数は**７個**である。

《基礎力》(算数分野のみ)

【２】

問１(1)　与式＝８＋14÷(25－18)＝８＋14÷７＝８＋２＝**10**
(2)　与式＝$\frac{7}{10}-\frac{4}{5}\div\frac{3}{2}=\frac{7}{10}-\frac{4}{5}\times\frac{2}{3}=\frac{7}{10}-\frac{8}{15}=\frac{21}{30}-\frac{16}{30}=\frac{5}{30}=\mathbf{\frac{1}{6}}$
問２　おうぎ形の円周は半径８㎝の円周の$\frac{45°}{360°}=\frac{1}{8}$だから，求める長さは，８×２＋８×２×3.14×$\frac{1}{8}$＝16＋6.28＝**22.28(㎝)**
問３　定価は仕入れ値の２割増しだから，1350×(１＋0.2)＝1350×1.2＝**1620(円)**である。

売り値は定価の２割引きだから，1620×（１－0.２）＝1620×0.８＝1296（円）である。

よって，仕入れ値よりも 1350－1296＝54（円）安く売ったので，54 円の損失になった。

問４〔２〕　日本がスペインに負けた場合，勝ち点が３になる。決勝トーナメントに進めないということは，他の試合の結果に関わらず，勝ち点４以上のチームが２チーム以上あることを説明すればよい。

【３】

問２⑴　１回目の最後の動きから２回目の最初の動きまでと，２回目の最後の動きから３回目の最初の動きまでは，２マス進んだ後，そのまま１マス進むことに気をつける。

⑵　車は合計で９マス＝（９×10）㎝＝90 ㎝進んだ。動き始めてからストップするまでに 30 秒かかったので，求める平均の速さは，90÷30＝３より，毎秒３㎝である。

1 (1) 与式＝2421－400＋２＝2021＋２＝**2023**

(3) 与式＝７－(６＋15)÷７＝７－21÷７＝７－３＝**4**

(4) 与式＝$0.21\times\frac{7}{3}=$**0.49**

(5) 与式＝$(1-\frac{1}{2})+(\frac{1}{2}-\frac{1}{3})+(\frac{1}{3}-\frac{1}{4})=1-\frac{1}{4}=\frac{3}{4}$

(6) 与式＝$\frac{1}{8}\times(4.8+3.2)=\frac{1}{8}\times8=$**1**

2 (1) **【解き方】(平均点)×(人数)＝(合計点)である。**

英語，国語，数学の３教科の平均点が 65 点だから，３教科の合計点は 65×３＝195(点)

よって，数学のテストは，195－72－53＝**70(点)**

(2) **【解き方】縦７cm，横 10 cm，高さ８cmの直方体の体積から，縦７cm，横 10－６＝４(cm)，高さ８－３＝５(cm)の直方体の体積をひけばよい。**

７×10×８－７×４×５＝**420(㎤)**

(3) 木と木の間の部分は，150÷10＝15(かしょ)できる。この 15 か所それぞれの右はしに１本と，最初に１本植えるから，全部で，１＋15＝**16(本)**

(4) **【解き方】兄と弟のお金の比は２：１になったから，兄のお金と全部のお金の比は，２：(２＋１)＝２：３**

兄がもらったお金は，$4500\times\frac{2}{3}=$**3000(円)**

3 修二くんは，日数が 30 日ある月の中で数が一番大きい月で，日数が 30 日ある月は，４月，６月，９月，11 月だから，**11 月**である。協子さんは，４年に１回日数が変わる月なので，うるう日がある**２月**である。創太くんは，日数が 31 日ある２の倍数の月の中で数が一番小さい月で，日数が 31 日ある月は，１月，３月，５月，７月，８月，10 月，12 月だから，**８月**である。

4 ①７÷２＝３余り１となるので，まちがっていると言えない。　②８÷３＝２余り２かもしれないので，まちがっていると言えない。　**③余りの５が割る数４より大きいから**，確実にまちがっている。

5 (1) 電光掲示板のライトの本数と数字の関係は右の表のようになる。ライトの本数が一番少ない数字は１の２本だから，ライトが点いている本数が一番少ない階は十の位も一の位も１の，**11 階**である。

数字	0	1	2	3	4	5	6	7	8	9
ライトの本数	6	2	5	5	4	5	6	4	7	6

(2) ライトの本数が一番多い数字は，８の７本で，２番目は０，６，９の６本である。60 階までなので，十の位でライトの本数が一番多いのは０，一の位でライトの本数が一番多いのは８だから，求める階は **08 階**である。

(3) 本数の和が８になる２つの数字の組み合わせは，０と１，１と６，１と９，４と４，４と７，７と７だから，ライトが８本点いているのは，**01 階，10 階，16 階，19 階，44 階，47 階**である。

(4) **【解き方】十の位の数が変わらない場合と変わる場合で考え方が異なる。**

十の位の数が変わらない場合，一の位のライトの本数が変わらないのは，２から３になったときである。よって，十の位の数が変わらず一の位が２から３になるとき(例えば **02 階と 03 階**)，ライトの本数が上下で変わらない。

十の位の数が変わる場合，一の位は９から０になり，９と０のライトの本数は変わらないので，十の位もライトの本数が変わらない。よって，一の位が９から０になり，十の位が２から３になるとき，つまり **29 階と 30 階**だと，ライトの本数が上下で変わらない。

6 歩いた時間は 12 分であり，お父さんは毎分 50m で歩いていることから，この通路の長さは，50×12＝**600(m)**

修二くんが動く歩道から降りてからは，２人の間の道のりは毎分(50－45)ｍ＝毎分５ｍの割合で縮まるから，修二くんが動く歩道を降りてから50÷５＝10(分)後に搭乗口に着いた。よって，動く歩道以外の長さは45×10＝450(ｍ)だから，動く歩道の長さは，600－450＝**150**(ｍ)

修二くんが動く歩道に乗っていた時間は12－10＝２(分)なので，動く歩道の速さと修二くんの歩く速さの合計は，毎分$\frac{150}{2}$ｍ＝毎分75ｍだから，動く歩道の速さは，毎分(75－45)ｍ＝毎分**30**ｍ

広島修道大学ひろしま協創中学校【入試Ⅱ】

《国　語》

【一】問一．A．迷　B．泣　C．防寒具　D．仮面　E．服装　　問二．a．オ　b．ウ　c．イ
問三．客を西洋料理にして食べる店　　問四．初め…はやっ　終わり…かかる　　問五．１．人間が自然界からの働きかけを受けること。　２．初め…それは　終わり…ろう。　　問六．ウ　　問七．人間として生きていくために必要な範囲を大きく越えて動物を殺すこと。　　問八．１．動物たちがハンターを料理して食べようとしたところです　２．生きるために動物を利用するのは仕方ないけれど、必要以上に動物を殺さないようにすることが大切だと思います

【二】問一．A．そ　B．と　C．くちょう　D．いと　E．あたた　　問二．a．ウ　b．エ　c．ア　d．イ
問三．１．エ　２．父と父の職場の人たち　３．ワンピース　　問四．ウ　　問五．エ　　問六．四
問七．自分が世界中にある刺しゅうの歴史やそこにこめられた人々の思いや暮らしをもっと知りたいと考えている　　問八．１．誰かが誰かのために祈ったり、願いをこめたりして作られたもの。　２．姉の幸せを願って入れるもの。　　問九．ウ，オ

《算　数》

1　(1)49　(2)10.5　(3)$5\frac{2}{5}$　(4)1　(5)100　(6)$1\frac{1}{12}$

2　(1)20 通り　(2)27 個　(3)九　(4)0.24ha　(5)115 度
(6)28000 円　(7)時速 54 km

3　(1)右表と右グラフ　(2)70%

4　(1)右図　(2)辺ＢＣを延長して辺ＡＤと交わる点をＥとする。
∠ＣＥＤ＝(ア)＋(イ)となる。また，(エ)＝∠ＣＥＤ＋(ウ)となる。よって，(ア)＋(イ)＋(ウ)＝(エ)となる。

5　協

6　(1)右表　(2)４月 24 日

7　7.536m

	4/18
A	休み
B	勤務
C	休み

【度数分布表】

身長(cm)	人数(人)
130 以上 ～ 135 未満	2
135 ～ 140	7
140 ～ 145	5
145 ～ 150	8
150 ～ 155	5
155 ～ 160	3
合　計	30

【柱状グラフ】
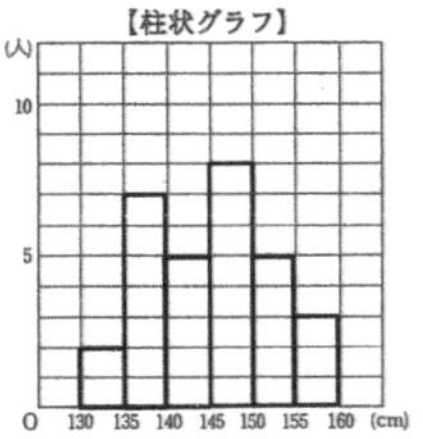

3(1)の表とグラフ

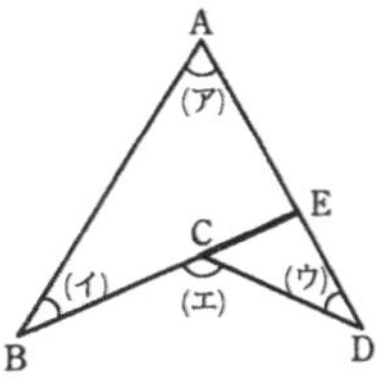

4(1)の図

《理　科》

1　(1)ア　(2)0.7　(3)ウ　(4)12　(5)①オ　②イ　(6)①頭　②胸　③腹
④触角　⑤6　⑥8　⑦4　(7)園芸作物生産における花粉交配の手段として利用している。(下線部は受粉でもよい)

2　(1)③　(2)①二酸化炭素　②赤色　③酸　(3)①右図　②右図
(4)①右図　②棒を支える支点の位置をできるだけ重いものをのせている作用点に近づける。　(5)①電磁石　②-１…時計回り〔別解〕右回り
②-２…モーターの回転する部分に巻いているコイルの巻き数を増やす。

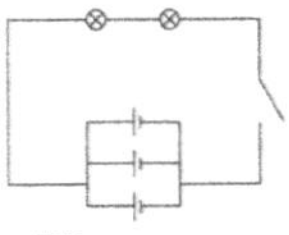

2(3)①の図

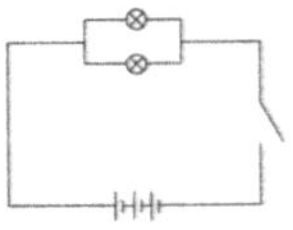

2(3)②の図

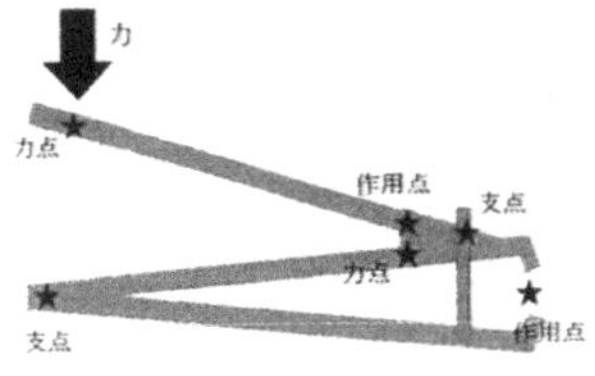

2(4)①の図

《社　会》

1　問1．⑴イ　⑵ア　⑶日本で生産するよりも海外から輸入した方が安いため。　問2．⑴ア　⑵ア　⑶エ　⑷①イ　②Ⅰ．ア．多い　イ．多い　ウ．小麦　Ⅱ．ウ　⑸イ　⑹エ

2　問1．ウ　問2．ウ　問3．聖武天皇　問4．ウ　問5．ア　問6．武家諸法度　問7．ア　問8．ウ　問9．イ　問10．イ　問11．ア

《基礎力》

【1】問1．(ア)**講義**　(イ)じじょう　(ウ)いと　(エ)人工　問2．Ⅰ．イ　Ⅱ．エ　Ⅲ．オ　問3．食糧の貯蔵や食物の煮炊きのため。　問4．⑴那覇(市)　⑵エ　問5．⑴どこで暮らしているという質問に対して、家と答える学生が増えたこと　⑵⒜ロシア　⒝ア　⒞イ　問6．ア　問7．私たちが地球のさまざまな自然とのつながりの中で生かされている感覚。　問8．ア

【2】問1．⑴1　⑵0　問2．正四角すい　問3．8分20秒後　問4．130安打　問5．⑴その数を9で割った余りは，けたの数を9で割った余りに等しい。　⑵2

問6．⑴ア，オ，キ　⑵8通り　問7．⑴(適切な)温度　⑵糖　問8．しん食／運ぱん／たい積

【3】問1．資料2・3から長音を使った正しいローマ字の表記と短縮表記ではない正式な表記が外国人の実態に合っていることがわかる。一方，資料4の訪日外客数のランキングによるとアジア圏からの訪日が上位のため，英語表記とともにランキング上位国の表記も付け加えることで外国人が標識表記を正しく理解することにつながる。

問2．出かけるときに，徒歩や自転車や公共の交通機関で移動するなど，自家用車を使わないようにする。／誰もいない部屋の電気は消したり，使っていない電化製品はコンセントを抜いたりして，電気の使用を減らす。などから1つ　問3．太陽

2022 解答例 令和4年度 広島修道大学ひろしま協創中学校【入試Ⅲ】

《国　語》

【一】問一．A．だいず　B．印刷　C．こうぶつ　D．発展　E．保護　問二．エ　問三．2．ア　3．エ
問四．イ　問五．(1)熱帯雨林が失われたことにより、貴重な野生生物やジャングルが守っていた生物多様性がなくなったこと。　(2)(例文)仕事がなくなった。　問六．ア　問七．生産国･･･インドネシア／マレーシア
消費国…インド／日本　問八．(1)植物油　(2)見えない油　(3)③パーム油をやめる　④多くの加工食品にパーム油が使われている　⑤使われていたとしても明示されていないことが多く、買うか買わないかの判断ができない

【二】問一．A．みずけ　B．指導　C．さかて　D．まあ　E．転　問二．a．イ　b．オ　c．ア　d．ウ
問三．百花の予想とちがって、宝良が小学生のみちるに対してまったく手加減しなかったから。　問四．イ
問五．イ　問六．ウ　問七．おとなげねー　問八．泣き顔を隠そうとしたから。　問九．ア
問十．自分が車いすエンジニアになりたい理由は、競技用車いすを利用する人の笑顔を見たいからだということ。

《算　数》

1　(1)275　(2)29.24　(3)$9\frac{1}{2}$　(4)$\frac{3}{25}$　(5)$\frac{49}{60}$　(6)9.9

2　(1)280ページ　(2)60日　(3)土曜日　(4)600円　(5)20 cm^2

3　(1)34g　(2)11%

4　(1)150 cm^3　(2)2 cm

5　(1)31　(2)2

6　(1)2.5点　(2)45%

7　(1)4時間10分　(2)分速100m　(3)236分間　(4)分速125m　(5)400m

《算　数》

1

(1) 与式 $= 7 \times 7 = 49$

(3) 与式 $= 2 \div \frac{1}{4} - 2\frac{3}{5} = 2 \times 4 - 2\frac{3}{5} = 8 - 2\frac{3}{5} = 5\frac{2}{5}$

(4) 与式 $= \frac{48}{44} \times (\frac{27}{60} + \frac{28}{60}) = \frac{12}{11} \times \frac{55}{60} = 1$

(5) 与式 $= 12.5 \times (13 - 5) = 12.5 \times 8 = 100$

(6) 与式 $= 1\frac{1}{2} - \frac{1}{12} \times 5 = 1\frac{6}{12} - \frac{5}{12} = 1\frac{1}{12}$

2

(1) **【解き方】表にまとめて考える。**

大または小のさいころの目の数が３の倍数になればよいので，

右表の○印の 20 通りある。

		小					
		1	2	3	4	5	6
大	1			○			○
	2			○			○
	3	○	○	○	○	○	○
	4			○			○
	5			○			○
	6	○	○	○	○	○	○

(2) 一番小さい正三角形が $1 + 3 + 5 + 7 = 16$(個)，一番小さい正三角形を $1 + 3 = 4$ (個)合わせてできる正三角形が７個(１個だけ向きが逆)，一番小さい正三角形を $1 + 3 + 5 = 9$ (個)合わせてできる正三角形が３個，一番小さい正三角形を 16 個合わせてできる正三角形が１個ある。よって，全部で $16 + 7 + 3 + 1 = 27$(個)

(3) **【解き方】１つの内角と外角の大きさの和は，180°であること，多角形の外角の和は 360°であることを利用する。**

１つの外角の大きさは，$180° \times \frac{2}{7+2} = 40°$ となる。よって，外角は $360° \div 40° = 9$ (つ)できるから，正九角形だとわかる。

(4) 右図の矢印のように土地を移動させると，しゃ線部分はたて $50 - 10 = 40$(m)，横 $70 - 10 = 60$(m)の長方形となるから，面積は，$40 \times 60 = 2400$(㎡)

1 ha $= 10000$ ㎡より，求める面積は，2400 ㎡ $= (2400 \div 10000)$ ha $= 0.24$ha

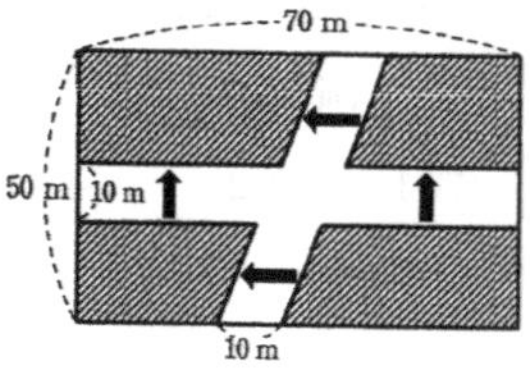

(5) **【解き方】長針は 60 分で 360°進むので，１分ごとに $360° \div 60 = 6°$ 進む。**
短針は 60 分で $360° \div 12 = 30°$ 進むので，１分ごとに $30° \div 60 = 0.5°$ 進む。したがって，１分ごとに長針は短針より $6° - 0.5° = 5.5°$ 多く進む。

時計が 10 時を示すとき，長針と短針が作る小さい方の角度は，$30° \times 2 = 60°$ となる。この角度は１分間で 5.5°大きくなるから，10 時 10 分を表すときは，$60° + 5.5° \times 10 = 115°$ となり，これは長針と短針が作る小さい方の角度である。

(6) 定価は $1000 \times (1 + 0.2) = 1200$(円)，定価の２割引きは $1200 \times (1 - 0.2) = 960$(円)だから，定価で売ると１個につき $1200 - 1000 = 200$(円)利益が増え，２割引きで売ると１個につき $1000 - 960 = 40$(円)損失が増える。
定価で $200 - 50 = 150$(個)，２割引きで 50 個売ったので，利益は，$200 \times 150 - 40 \times 50 = 30000 - 2000 = 28000$(円)

(7) **【解き方】列車Ａと列車Ｂが出会ってからすれ違うまでに列車Ａの最後尾と列車Ｂの最後尾が進んだ道のりの和は，２台の列車の長さの和に等しく，$200 + 150 = 350$(m)である(右図参照)。**

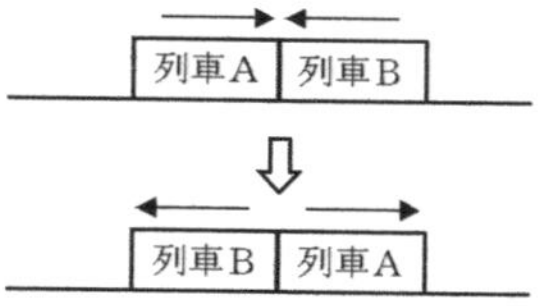

２台の列車は 10 秒で 350m進むから，２台の列車の速さの和は，秒速 $(350 \div 10)$ m ＝秒速 35m である。よって，列車Ｂの速さは秒速 $(35 - 20)$ m ＝秒速 15m ＝時速 $\frac{15 \times 60 \times 60}{1000}$ km ＝時速 54 km

3

(1) 数え間違えのないように丁寧《ていねい》に数えよう。また，150 ㎝以上は 150 ㎝を含《ふく》み，150 ㎝未満は 150 ㎝を含まないので，150.0 ㎝の人は 150 ㎝以上 160 ㎝未満に含まれる。

(2) (1)で作った度数分布表より，140 ㎝以上の生徒は $5 + 8 + 5 + 3 = 21$(人)いるから，全体の $\frac{21}{30} \times 100 = 70$(%)

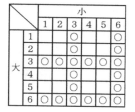

4 (1)(2) 三角形の１つの外角は，これととなりあわない２つの内角の和に等しいことを利用する。

図ｉ

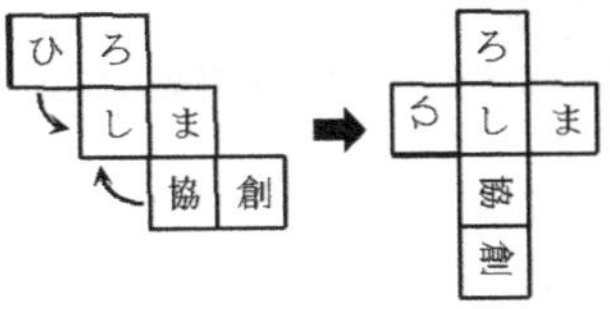

5 立方体の展開図では，となりの面にくっつくのならば，面を 90 度だけ回転移動させることができることを利用すると，右図ｉのように変形できる。
このことから，図１を山折りで組み立てると，右図ⅱのように「ひ」の面の左の辺が「協」の面の下の辺と重なるから，しゃ線部分には「協」が書かれ，向きは解答例のようになる。

図ⅱ

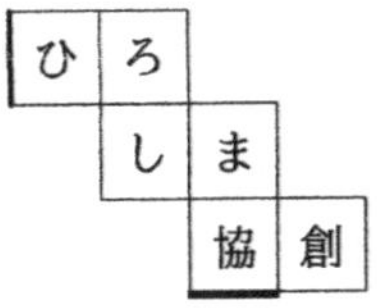

6 (1) **【解き方】４月中は，Ａが３の倍数の日，Ｃが２の倍数の日に休みだとわかる。Ｂは３＋２＝５(日)ごとに勤務３日と休み２日がくり返されることに注目すると，５の倍数または５の倍数より１小さい数の日に休みだとわかる。**
18 日は，２と３の倍数で，５の倍数である 20 より２小さい数だから，Ａは休み，Ｂは勤務，Ｃは休みである。
(2) ＡとＣは同時に休みとなるのは，２と３の最小公倍数である６の倍数の日である。そのうち，５の倍数または５の倍数より１小さい数になる日を探すと，24 日と 30 日が見つかるので，求める日は，４月 24 日である。

7 **【解き方】直線部分は走る距離《きょり》が変わらないので，曲線部分について，第１レーンと第２レーンを走る人の走る距離の差を考える。**
第１レーンの人が走る曲線部分の長さは，合わせると半径が 30ｍの円の円周になるから，30×２×3.14＝60×3.14(ｍ)
第２レーンの人が走る曲線部分の長さは，合わせると半径が 30＋1.2＝31.2(ｍ)の円の円周になるから，31.2×２×3.14＝62.4×3.14(ｍ)
よって，その差は 62.4×3.14－60×3.14＝2.4×3.14＝7.536(ｍ)であり，これが求める長さである。

《基礎力》（算数分野のみ）

【２】

問１(1) 与式＝22－９÷３×７＝22－３×７＝22－21＝１
(2) 与式＝(11－７－４)×20.22＝０×20.22＝０
問２ 辺の長さが等しく面の形が１面だけちがうから，立体は底面が正ｎ角形の角すいだとわかる。さらに，面の数は５つだから，立体は正四角すいとわかる。頂点の数は５個で偶数ではないので，条件に合う。
よって，求める図形の名前は正四角すいである。
問３ ２人が初めて出会うのは，合わせて 1500ｍ(池１周分)進んだときだから，求める時間は，1500÷(100＋80)＝8$\frac{1}{3}$(分後)，つまり，８分($\frac{1}{3}$×60)秒後＝８分 20 秒後
問４ ２割５分５厘《りん》＝0.255 だから，求める安打数は，510×0.255＝130.05 より，130 安打である。
問５(1) 1111＝1000＋100＋10＋１のように，それぞれの数を，けたごとでわけて，９で割った余りを考える。
１÷９＝０余り１，10÷９＝１余り１，100÷９＝11 余り１，1000÷９＝111 余り１，…のように，それぞれのけたで余りが１になるから，けたの数だけ余りが増える。よって，そのけたの数を９で割ることで，その数を９で割ったときの余りを求めることができる。
(2) けたの数は 11 だから，11÷９＝１余り２より，求める余りは２である。

2022 算数解説 令和4年度 広島修道大学ひろしま協創中学校【入試Ⅲ】

1 (3) 与式 $=10-10\div20=10-\frac{1}{2}=9\frac{1}{2}$

(4) 与式 $=\frac{54}{100}\times\frac{2}{9}=\frac{3}{25}$

(5) 与式 $=\frac{60}{60}-\frac{12}{60}+\frac{4}{60}-\frac{3}{60}=\frac{49}{60}$

(6) 与式 $=9.9\times(0.7+0.1+0.2)=9.9\times1=9.9$

2 (1) 本全体の $1-\frac{3}{8}=\frac{5}{8}$ が175ページなのだから，求めるページ数は，$175\div\frac{5}{8}=175\times\frac{8}{5}=280$(ページ)

(2) **【解き方】仕事全体の量を，30と20の最小公倍数である60とする。**

A君1人の1日あたりの仕事の量は $60\div30=2$，A君とBさんの1日あたりの仕事の量は $60\div20=3$ だから，Bさん1人の1日あたりの仕事の量は，$3-2=1$ である。よって，求める日数は，$60\div1=60$(日)

(3) 9月4日は5月6日の，$(\overset{5月}{31}-6)+\overset{6月}{30}+\overset{7月}{31}+\overset{8月}{31}+\overset{9月}{4}=121$(日後)である。$121\div7=17$ 余り2より，9月4日は5月6日の17週間と2日後だから，求める曜日は，木曜日の2つあとの土曜日である。

(4) **【解き方】A君の持っている金額《きんがく》は変わらないことに注目する。**

Bさんが150円使う前の比が4：3，使ったあとの比が2：1＝4：2だから，この比の数の差の $3-2=1$ が150円にあたる。よって，求める金額は，$150\times4=600$(円)

(5) 右のように台形をわけると，長方形と直角二等辺三角形になるから，台形の下底の長さは $3+4=7$ (cm)だとわかる。求める面積は，$(3+7)\times4\div2=20$ (cm²)

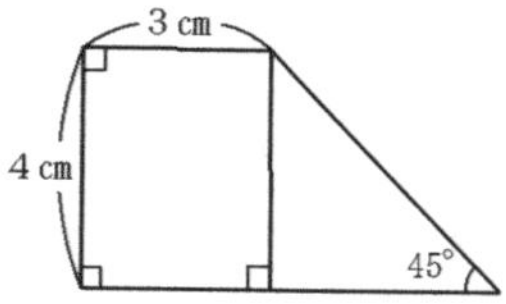

3 (1) **【解き方】含《ふく》まれる食塩の量に注目する。**

5%の食塩水400gに含まれる食塩の量は，$400\times\frac{5}{100}=20$ (g)，14%の食塩水100gに含まれる食塩の量は，$100\times\frac{14}{100}=14$ (g)だから，求める食塩の量は，$20+14=34$ (g)

(2) **【解き方】食塩水の問題は，うでの長さを濃度《のうど》，おもりを食塩水の重さとしたてんびん図で考えて，うでの長さの比とおもりの重さの比がたがいに逆比になることを利用する。**

5%の食塩水100gと14%の食塩水200gを混ぜる予定だったので，右のようなてんびん図がかける。5%と14%の食塩水の量の比は100：200＝1：2だから，a：b＝2：1

求める濃度は，$5+(14-5)\times\frac{2}{2+1}=11$ (%)

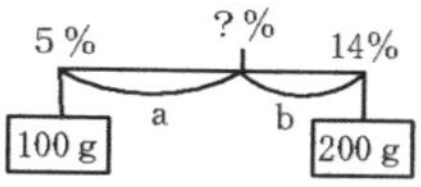

4 (1) $3\times5\times10=150$ (cm³)

(2) 入っている水の体積は変わらず，底面積が $15\times5=75$ (cm²)となるので，求める高さは，$150\div75=2$ (cm)

5 (1) 与式 $=6\times5+6-5=30+6-5=31$

(2) 8＊○＝8×○＋8－○＝8×○－1×○＋8＝(8－1)×○＋8＝7×○＋8

よって，与式より，7×○＋8＝22　　7×○＝22－8　　○＝14÷7＝2

6 (1) 理科は，0点の人が $1+1=2$ (人)，1点の人が $3+4=7$ (人)，2点の人が2人，3点の人が1人，4点の人が $1+2+1=4$ (人)，5点の人が $1+1+2=4$ (人)いる。

よって，理科の平均点は，$(1\times7+2\times2+3\times1+4\times4+5\times4)\div20=50\div20=2.5$ (点)

(2) 社会の得点の方が理科の得点より高い人は，右表の○印の，$1+2+4+1+1=9$ (人)いる。よって，求める割合は，$\frac{9}{20}\times100=45$ (%)

理科の得点(点)						
5	1		1	2		
4		1			2	①
3				1		
2						②
1		3			④	
0			①	①		
	0	1	2	3	4	5

社会の得点(点)

7 (1) A地点からC地点までは1.5km＝1500(m)あるから，求める時間は，$1500\div6=250$ (分)，つまり，$250\div60=4$ 余り10より，4時間10分である。

⑵　**【解き方】速さの比は，同じ時間で進む道のりの比に等しいことを利用する。**

ウサギがA地点からB地点までの1㎞＝1000mを進むとき，カメは60m進むので，このときのウサギとカメの速さの比は，1000：60＝50：3である。よって，求める速さは，分速$(6\times\frac{50}{3})$m＝分速100m

⑶　ウサギがB地点に着くのは，出発から1000÷100＝10(分後)である。ウサギが起きたとき，カメはゴールまであと24÷6＝4(分)の位置にいるから，カメは出発から250分－4分＝246分間進んだ。

よって，求める時間は，246分－10分＝236分間

⑷　ウサギが起きたとき，カメはあと4分でゴールするから，ウサギはB地点からC地点までの1500－1000＝500(m)を4分で走らなければならない。よって，求める速さは，分速(500÷4)m＝分速125m

⑸　ウサギはB地点から4分でゴールすればよいので，求める道のりは，100×4＝400(m)

■ ご使用にあたってのお願い・ご注意

（1）問題文等の非掲載

著作権上の都合により，問題文や図表などの一部を掲載できない場合があります。
誠に申し訳ございませんが，ご了承くださいますようお願いいたします。

（2）過去問における時事性

過去問題集は，学習指導要領の改訂や社会状況の変化，新たな発見などにより，現在とは異なる表記や解説になっている場合があります。過去問の特性上，出題当時のままで出版していますので，あらかじめご了承ください。

（3）配点

学校等から配点が公表されている場合は，記載しています。公表されていない場合は，記載していません。
独自の予想配点は，出題者の意図と異なる場合があり，お客様が学習するうえで誤った判断をしてしまう恐れがあるため記載していません。

（4）無断複製等の禁止

購入された個人のお客様が，ご家庭でご自身またはご家族の学習のためにコピーをすることは可能ですが，それ以外の目的でコピー，スキャン，転載（ブログ，ＳＮＳなどでの公開を含みます）などをすることは法律により禁止されています。学校や学習塾などで，児童生徒のためにコピーをして使用することも法律により禁止されています。
ご不明な点や，違法な疑いのある行為を確認された場合は，弊社までご連絡ください。

（5）けがに注意

この問題集は針を外して使用します。針を外すときは，けがをしないように注意してください。また，表紙カバーや問題用紙の端で手指を傷つけないように十分注意してください。

（6）正誤

制作には万全を期しておりますが，万が一誤りなどがございましたら，弊社までご連絡ください。
なお，誤りが判明した場合は，弊社ウェブサイトの「ご購入者様のページ」に掲載しておりますので，そちらもご確認ください。

■ お問い合わせ

解答例，解説，印刷，製本など，問題集発行におけるすべての責任は弊社にあります。

ご不明な点がございましたら，弊社ウェブサイトの「お問い合わせ」フォームよりご連絡ください。迅速に対応いたしますが，営業日の都合で回答に数日を要する場合があります。

ご入力いただいたメールアドレス宛に自動返信メールをお送りしています。自動返信メールが届かない場合は，「よくある質問」の「メールの問い合わせに対し返信がありません。」の項目をご確認ください。

また弊社営業日（平日）は，午前９時から午後５時まで，電話でのお問い合わせも受け付けています。

2025 春

株式会社教英出版
〒422-8054　静岡県静岡市駿河区南安倍３丁目 12-28
TEL　054-288-2131　　FAX　054-288-2133
URL　https://kyoei-syuppan.net/
MAIL siteform@kyoei-syuppan.net

教英出版の中学受験対策

中学受験面接の基本がここに！
知っておくべき面接試問の要領

面接試験に，落ち着いて自信をもってのぞむためには，あらかじめ十分な準備をしておく必要があります。面接の心得や，受験生と保護者それぞれへの試問例など，面接対策に必要な知識を１冊にまとめました。

- 面接の形式や評価のポイント，マナー，当日までの準備など，面接の基本をていねいに指南「面接はこわくない！」
- 書き込み式なので，質問例に対する自分の答えを整理して本番直前まで使える
- ウェブサイトで質問音声による面接のシミュレーションができる

定価：770円(本体700円+税)

入試テクニックシリーズ

必修編

基本をおさえて実力アップ！
1冊で入試の全範囲を学べる！
基礎力養成に最適！

こんな受験生には必修編がおすすめ！

- 入試レベルの問題を解きたい
- 学校の勉強とのちがいを知りたい
- 入試問題を解く基礎力を固めたい

定価：1,100円(本体1,000+税)

発展編

応用力強化で合格をつかむ！
有名私立中の問題で
最適な解き方を学べる！

こんな受験生には発展編がおすすめ！

- もっと難しい問題を解きたい
- 難関中学校をめざしている
- 子どもに難問の解法を教えたい

定価：1,760円(本体1,600+税)

絶賛販売中！

詳しくは教英出版で検索

教英出版　検索

URL https://kyoei-syuppan.net/

神奈川県

- ①[県立] 相模原中等教育学校
  - 平塚中等教育学校
- ②[市立]南高等学校附属中学校
- ③[市立]横浜サイエンスフロンティア高等学校附属中学校
- ④[市立]川崎高等学校附属中学校
- ✿⑤聖光学院中学校
- ✿⑥浅野中学校
- ⑦洗足学園中学校
- ⑧法政大学第二中学校
- ⑨逗子開成中学校（1次）
- ⑩逗子開成中学校（2·3次）
- ⑪神奈川大学附属中学校（第1回）
- ⑫神奈川大学附属中学校（第2·3回）
- ⑬栄光学園中学校
- ⑭フェリス女学院中学校

新潟県

- ①[県立] 村上中等教育学校
  - 柏崎翔洋中等教育学校
  - 燕中等教育学校
  - 津南中等教育学校
  - 直江津中等教育学校
  - 佐渡中等教育学校
- ②[市立]高志中等教育学校
- ③新潟第一中学校
- ④新潟明訓中学校

石川県

- ①[県立]金沢錦丘中学校
- ②星稜中学校

福井県

- ①[県立]高志中学校

山梨県

- ①山梨英和中学校
- ②山梨学院中学校
- ③駿台甲府中学校

長野県

- ①[県立] 屋代高等学校附属中学校
  - 諏訪清陵高等学校附属中学校
- ②[市立]長野中学校

岐阜県

- ①岐阜東中学校
- ②鶯谷中学校
- ③岐阜聖徳学園大学附属中学校

静岡県

- ①[国立]静岡大学教育学部附属中学校（静岡·島田·浜松）
- ② [県立]清水南高等学校中等部
  - [県立]浜松西高等学校中等部
  - [市立]沼津高等学校中等部
- ③不二聖心女子学院中学校
- ④日本大学三島中学校
- ⑤加藤学園暁秀中学校
- ⑥星陵中学校
- ⑦東海大学付属静岡翔洋高等学校中等部
- ⑧静岡サレジオ中学校
- ⑨静岡英和女学院中学校
- ⑩静岡雙葉中学校
- ⑪静岡聖光学院中学校
- ⑫静岡学園中学校
- ⑬静岡大成中学校
- ⑭城南静岡中学校
- ⑮静岡北中学校
- ⑯ 常葉大学附属常葉中学校
  - 常葉大学附属橘中学校
  - 常葉大学附属菊川中学校
- ⑰藤枝明誠中学校
- ⑱浜松開誠館中学校
- ⑲静岡県西遠女子学園中学校
- ⑳浜松日体中学校
- ㉑浜松学芸中学校

愛知県

- ①[国立]愛知教育大学附属名古屋中学校
- ②愛知淑徳中学校
- ③ 名古屋経済大学市邨中学校
  - 名古屋経済大学高蔵中学校
- ④金城学院中学校
- ⑤椙山女学園中学校
- ⑥東海中学校
- ⑦南山中学校男子部
- ⑧南山中学校女子部
- ⑨聖霊中学校
- ⑩滝中学校
- ⑪名古屋中学校
- ⑫大成中学校
- ⑬愛知中学校
- ⑭星城中学校
- ⑮名古屋葵大学中学校（名古屋女子大学中学校）
- ⑯愛知工業大学名電中学校
- ⑰海陽中等教育学校（特別給費生）
- ⑱海陽中等教育学校（Ⅰ·Ⅱ）
- ⑲中部大学春日丘中学校
- 新刊⑳名古屋国際中学校

三重県

- ①[国立]三重大学教育学部附属中学校
- ②暁中学校
- ③海星中学校
- ④四日市メリノール学院中学校
- ⑤高田中学校
- ⑥セントヨゼフ女子学園中学校
- ⑦三重中学校
- ⑧皇學館中学校
- ⑨鈴鹿中等教育学校
- ⑩津田学園中学校

滋賀県

- ①[国立]滋賀大学教育学部附属中学校
- ②[県立] 河瀬中学校
  - 守山中学校
  - 水口東中学校

京都府

- ①[国立]京都教育大学附属桃山中学校
- ②[府立]洛北高等学校附属中学校
- ③[府立]園部高等学校附属中学校
- ④[府立]福知山高等学校附属中学校
- ⑤[府立]南陽高等学校附属中学校
- ⑥[市立]西京高等学校附属中学校
- ⑦同志社中学校
- ⑧洛星中学校
- ⑨洛南高等学校附属中学校
- ⑩立命館中学校
- ⑪同志社国際中学校
- ⑫同志社女子中学校（前期日程）
- ⑬同志社女子中学校（後期日程）

大阪府

- ①[国立]大阪教育大学附属天王寺中学校
- ②[国立]大阪教育大学附属平野中学校
- ③[国立]大阪教育大学附属池田中学校

④[府立]富田林中学校
⑤[府立]咲くやこの花中学校
⑥[府立]水都国際中学校
⑦清風中学校
⑧高槻中学校（A日程）
⑨高槻中学校（B日程）
⑩明星中学校
⑪大阪女学院中学校
⑫大谷中学校
⑬四天王寺中学校
⑭帝塚山学院中学校
⑮大阪国際中学校
⑯大阪桐蔭中学校
⑰開明中学校
⑱関西大学第一中学校
⑲近畿大学附属中学校
⑳金蘭千里中学校
㉑金光八尾中学校
㉒清風南海中学校
㉓帝塚山学院泉ヶ丘中学校
㉔同志社香里中学校
㉕初芝立命館中学校
㉖関西大学中等部
㉗大阪星光学院中学校

兵庫県

①[国立]神戸大学附属中等教育学校
②[県立]兵庫県立大学附属中学校
③雲雀丘学園中学校
④関西学院中学部
⑤神戸女学院中学部
⑥甲陽学院中学校
⑦甲南中学校
⑧甲南女子中学校
⑨灘中学校
⑩親和中学校
⑪神戸海星女子学院中学校
⑫滝川中学校
⑬啓明学院中学校
⑭三田学園中学校
⑮淳心学院中学校
⑯仁川学院中学校
⑰六甲学院中学校
⑱須磨学園中学校（第1回入試）
⑲須磨学園中学校（第2回入試）
⑳須磨学園中学校（第3回入試）
㉑白陵中学校
㉒夙川中学校

奈良県

①[国立]奈良女子大学附属中等教育学校
②[国立]奈良教育大学附属中学校
③[県立]国際中学校
　　　　青翔中学校
④[市立]一条高等学校附属中学校
⑤帝塚山中学校
⑥東大寺学園中学校
⑦奈良学園中学校
⑧西大和学園中学校

和歌山県

①[県立]古佐田丘中学校
　　　　向陽中学校
　　　　桐蔭中学校
　　　　日高高等学校附属中学校
　　　　田辺中学校
②智辯学園和歌山中学校
③近畿大学附属和歌山中学校
④開智中学校

岡山県

①[県立]岡山操山中学校
②[県立]倉敷天城中学校
③[県立]岡山大安寺中等教育学校
④[県立]津山中学校
⑤岡山中学校
⑥清心中学校
⑦岡山白陵中学校
⑧金光学園中学校
⑨就実中学校
⑩岡山理科大学附属中学校
⑪山陽学園中学校

広島県

①[国立]広島大学附属中学校
②[国立]広島大学附属福山中学校
③[県立]広島中学校
④[県立]三次中学校
⑤[県立]広島叡智学園中学校
⑥[市立]広島中等教育学校
⑦[市立]福山中学校
⑧広島学院中学校
⑨広島女学院中学校
⑩修道中学校
⑪崇徳中学校
⑫比治山女子中学校
⑬福山暁の星女子中学校
⑭安田女子中学校
⑮広島なぎさ中学校
⑯広島城北中学校
⑰近畿大学附属広島中学校福山校
⑱盈進中学校
⑲如水館中学校
⑳ノートルダム清心中学校
㉑銀河学院中学校
㉒近畿大学附属広島中学校東広島校
㉓AICJ中学校
㉔広島国際学院中学校
㉕広島修道大学ひろしま協創中学校

山口県

①[県立]下関中等教育学校
　　　　高森みどり中学校
②野田学園中学校

徳島県

①[県立]富岡東中学校
　　　　川島中学校
　　　　城ノ内中等教育学校
②徳島文理中学校

香川県

①大手前丸亀中学校
②香川誠陵中学校

愛媛県

①[県立]今治東中等教育学校
　　　　松山西中等教育学校
②愛光中学校
③済美平成中等教育学校
④新田青雲中等教育学校

高知県

①[県立]安芸中学校
　　　　高知国際中学校
　　　　中村中学校

福岡県

- ①[国立] 福岡教育大学附属中学校（福岡·小倉·久留米）
- ②[県立] 育徳館中学校／門司学園中学校／宗像中学校／嘉穂高等学校附属中学校／輝翔館中等教育学校
- ③西南学院中学校
- ④上智福岡中学校
- ⑤福岡女学院中学校
- ⑥福岡雙葉中学校
- ⑦照曜館中学校
- ⑧筑紫女学園中学校
- ⑨敬愛中学校
- ⑩久留米大学附設中学校
- ⑪飯塚日新館中学校
- ⑫明治学園中学校
- ⑬小倉日新館中学校
- ⑭久留米信愛中学校
- ⑮中村学園女子中学校
- ⑯福岡大学附属大濠中学校
- ⑰筑陽学園中学校
- ⑱九州国際大学付属中学校
- ⑲博多女子中学校
- ⑳東福岡自彊館中学校
- ㉑八女学院中学校

佐賀県

- ①[県立] 香楠中学校／致遠館中学校／唐津東中学校／武雄青陵中学校
- ②弘学館中学校
- ③東明館中学校
- ④佐賀清和中学校
- ⑤成穎中学校
- ⑥早稲田佐賀中学校

長崎県

- ①[県立] 長崎東中学校／佐世保北中学校／諫早高等学校附属中学校
- ②青雲中学校
- ③長崎南山中学校
- ④長崎日本大学中学校
- ⑤海星中学校

熊本県

- ①[県立] 玉名高等学校附属中学校／宇土中学校／八代中学校
- ②真和中学校
- ③九州学院中学校
- ④ルーテル学院中学校
- ⑤熊本信愛女学院中学校
- ⑥熊本マリスト学園中学校
- ⑦熊本学園大学付属中学校

大分県

- ①[県立]大分豊府中学校
- ②岩田中学校

宮崎県

- ①[県立]五ヶ瀬中等教育学校
- ②[県立] 宮崎西高等学校附属中学校／都城泉ヶ丘高等学校附属中学校
- ③宮崎日本大学中学校
- ④日向学院中学校
- ⑤宮崎第一中学校

鹿児島県

- ①[県立]楠隼中学校
- ②[市立]鹿児島玉龍中学校
- ③鹿児島修学館中学校
- ④ラ・サール中学校
- ⑤志學館中等部

沖縄県

- ①[県立] 与勝緑が丘中学校／開邦中学校／球陽中学校／名護高等学校附属桜中学校

もっと過去問シリーズ

北海道

北嶺中学校
7年分（算数・理科・社会）

静岡県

静岡大学教育学部附属中学校
（静岡·島田·浜松）
10年分（算数）

愛知県

愛知淑徳中学校
7年分（算数・理科・社会）
東海中学校
7年分（算数・理科・社会）
南山中学校男子部
7年分（算数・理科・社会）
南山中学校女子部
7年分（算数・理科・社会）
滝中学校
7年分（算数・理科・社会）
名古屋中学校
7年分（算数・理科・社会）

岡山県

岡山白陵中学校
7年分（算数・理科）

広島県

広島大学附属中学校
7年分（算数・理科・社会）
広島大学附属福山中学校
7年分（算数・理科・社会）
広島学院中学校
7年分（算数・理科・社会）
広島女学院中学校
7年分（算数・理科・社会）
修道中学校
7年分（算数・理科・社会）
ノートルダム清心中学校
7年分（算数・理科・社会）

愛媛県

愛光中学校
7年分（算数・理科・社会）

福岡県

福岡教育大学附属中学校
（福岡·小倉·久留米）
7年分（算数・理科・社会）
西南学院中学校
7年分（算数・理科・社会）
久留米大学附設中学校
7年分（算数・理科・社会）
福岡大学附属大濠中学校
7年分（算数・理科・社会）

佐賀県

早稲田佐賀中学校
7年分（算数・理科・社会）

長崎県

青雲中学校
7年分（算数・理科・社会）

鹿児島県

ラ·サール中学校
7年分（算数・理科・社会）

※もっと過去問シリーズは
国語の収録はありません。

教英出版
〒422-8054
静岡県静岡市駿河区南安倍3丁目12−28
TEL 054-288-2131
FAX 054-288-2133
詳しくは教英出版で検索
教英出版 検索
URL https://kyoei-syuppan.net/

2024 年度

広島修道大学ひろしま協創中学校
入試Ⅱ

国　語

解答時間　50 分　　配点　100 点

〈注意事項〉

1　試験開始の合図があるまで，この問題冊子の中を見てはいけません。

2　問題は1ページから8ページまであります。問題用紙の空いている場所は，下書きや計算などに使ってもかまいません。

3　試験中に問題冊子の印刷不良や解答用紙のよごれなどに気づいた場合は，手をあげて監督者に知らせてください。

4　解答用紙には解答記入らん以外に，受験番号・名前の記入らんがあるので，放送の指示にしたがって，それぞれ正しく記入してください。

5　解答は，すべて解答用紙の解答記入らんに記入してください。

6　解答は，HB または B の黒鉛筆（シャープペンシルも可）を使い，濃く，はっきりと書いてください。

【一】次の文章は「『自分を変えたい』殻を破るためのヒント」（宮武久佳　著）の一節です。文章A・文章Bを読んで、後の問いに答えなさい。

文章A

ふだんの生活の中で、さまざまな決断をする際に、他人の評価が自分に入り込《こ》むことは、ごく普《ふ》通に私にも起きます。

街を歩いていて、ショーウィンドウに飾《かざ》られたジャケットを見て「あ、いいな。あんな明るい色を着てみたい」と思うことがあります。「デザインがちょっとオシャレ。着れば気分が上向きそう――」。いつも目立たない服装をしている私でも、そのように思うのです。で、近づいてａネフダを真剣《けん》にチェックします。

「あの服を着てみたい」というのは、わき立つ思いです。とっさに出てくる純粋《じゅんすい》な思いです。いつも地味な服装の私にすれば、「カラ」を破る機会でもあります。明るい服を着ることで、生活に変化も起きそうです。大げさですが、世界が開けそうです。けれど、現実には［　Ⅰ　］その服を買う行動にまでｂ至りません。

なぜ、一瞬《しゅん》で気に入った服をさっと買わないのでしょうか。

「あの服いいな」と思った次の瞬間に心の中で「いやあ、あんな派手なのはだめだよ」「同僚《りょう》や家族に冷やかされそう」などという考えが出てきます。

その数秒後、「あれに合う靴《くつ》はどうする？　シャツもベルトもないぞ」「今、買わなくても、お金ができた時に？」「明日まで待って、それでも欲《ほ》しければ、買うか？」「そもそも本当に必要か？」「ジャケット買うぐらいだったら、家族のために使ったら？」と買わない理由がいくつもさっと出てくるのです。

①最初の一瞬のひらめきは、すぐにしぼんでどこかに行ってしまうのです。

つまり、②自分の心の中にいるもう一人のさめた自分が「お前には似合わない」と告げ、その後に買わない理由をたくさん作り出すのですね。

［　Ⅱ　］「似合う、似合わない」は他人の評価です。ジャケットが気に入ったその次の瞬間に他人の評価が自分のハートを占領《せん》したことになります。

私たちは一人ひとり、自分の思いで動いているように思っている人が多いかもしれませんが、実は、他人の見方がすぐに自分に取り付きます。

ではなぜ、地味な服を選んでしまうのでしょうか。③目立たない服装が「カラ」となって自分を保護している可能性はあります。おとなしい服装をしている限り、そのことについて誰《だれ》も何も言いません、つまり、自分のことが話題にならないので安心です。派手な服を着るとその分目立つわけですから、時には何か言われたり、からかわれたりすることがあるかもしれません。

店先でたまたまジャケットが目に入って、純粋に「あんな服を着てみたい」と思った気持ちを私はｃジュウシしたいです。素《す》直に「着てみたい」と思った服を手に取ることは、これまでいたカラの中から一歩外を目指したことだからです。

ですが、もしも、「あの明るい色の服を着たい」と思った瞬《しゅん》間に、他人から何か言われることを恐《おそ》れて、「やっぱりやめよう」と思って行動を起こさなかったら、何も変化が起きません。自分の中で、「本当はあれを着たい」という感情もやがて消えていくかもしれないし、「やっぱり買えばよかった」と後悔《こうかい》が残るかもしれません。

「あの服を着てみたい」と思うことは重要です。自分に願望が起きたということです。地味な服装にｄ安住していたのに対して、一歩足を踏《ふ》み出したいということですよね。つまり自分の主体性、もっというと自我《じが》をｅカクチョウすることでこれまで体験しなかった新たな世界に足を踏み入れたいということではないでしょうか。これは、大げさなようですが、結局のところ「自分の人生を歩む」ことを意味するように思います。

文章Ｂ

私は、④自分の人生では自分が主役でありたいと思っています。可能な限り、自分がやりたいことをやり、食べたいものを食べ、行きたいところに行く、住みたいところに住む、つまり自分が思い描《えが》くライフスタイルに向けて主体的に生きることが大切だと思っています。

「あなた」という人間の人生を生きるのはあなただけです。いつも他人の目を意識したり、いつも誰かが作った基準に自分を当てはめて、日々を過ごすのはつまらないですよね。

そもそも、どこかのタイミングで自分自身で独り立ちすることが求められます。親や兄姉、親戚《しんせき》はいつまでもあなたの面倒《めんどう》をみてくれません。つまり自立しなければならないのです。

「自立」というと、学校を出て社会人になる、つまり［Ⅲ］な自立を思いうかべるかもしれませんが、実は子どもの時から、自分はどう生きるかということ、つまり［Ⅳ］な自立について折に触れ考えていくことは大事だと思います。

（中略）

コーヒーか紅茶か、ハンバーグかステーキを選ぶことなら、たとえ間違《まちが》ったとしても実害はないかもしれません。失敗しても数時間もすれば、忘れてしまうことが多いでしょう。

けれど、「大学を選ぶ」「学部を選ぶ」「職業を選ぶ」「パートナーを選ぶ」「住むところを選ぶ」など人生にとって大事なものは、自分で決めるべきことがらですよね。親や兄弟姉妹や友人が決めるのは本筋ではありません。これらは全部、選んだ後で、「違ってたじゃないか」と誰かのせいにすることはできません。

フランスの哲《てつ》学者アラン（１８６８～１９５１）は、人間は「幸福になる義務がある」と言っています。［Ⅴ］でなく「義務」です。［Ⅴ］ならば、それを「行使する」「行使しない」があなたに任されてしまいます。自分の軸が弱いと、「幸福」が他人との関係でうやむやになってしまいます。下手すると、誰か他の人のために自分の幸福をあきらめてしまう事態になります。だけど、「幸福になる義務」であればだれもが幸福な状態でいなければならないことを意味します。義務は全員に課されます。つまり、皆《みな》が皆、幸福であるべきことを意味しそうです。

幸福の定義はまちまちですが、私は「機嫌《きげん》の良い状態」だと捉《とら》えています。⑤「機嫌が良い」と感じる時、あなたは主体的です。他人の尺度は入り込んでいません。あなたが、「あなた」を生きていることを意味します。幸福を追求するためには、あなたの人生において、あなたが主役でなければならないことがわかると思います。

（宮武久佳「『自分を変えたい』―殻を破るためのヒント」岩波ジュニア新書）

文章Aに関する質問です。

問一 ――― a～eのカタカナは漢字に、漢字はひらがなにそれぞれ直しなさい。

問二 文中の[Ⅰ]・[Ⅱ]にあてはまる語として適当なものを次から選び、それぞれ記号で答えなさい。

ア そもそも　イ ますます　ウ なかなか

問三 ―――①「最初の一瞬のひらめきは、すぐにしぼんでどこかに行ってしまう」について答えなさい。

1 「最初の一瞬のひらめき」のことを別の言い方で表している部分をこれよりも前の部分から十三字でぬき出して答えなさい。

2 「最初の一瞬のひらめきは、すぐにしぼんでどこかに行ってしまう」のはなぜか。「～から」に続くようにこれよりも前の部分から十三字でぬき出して答えなさい。

問四 ―――②「自分の心の中にいるもう一人のさめた自分」を次のように説明した。説明文の〔　〕に入る適当な言葉をそれぞれ文中からぬき出して答えなさい。

説明文：〔 1 〕によって〔 2 〕が〔 3 〕された状態。

問五 ―――③「目立たない服装が『カラ』となって自分を保護している」とあるが、どうして「目立たない服装」が「自分を保護している」ことになるのか。文中の言葉を使って六十字以内で答えなさい。

文章Bに関する質問です。

問六 文中の[Ⅲ]・[Ⅳ]にあてはまる語として適当なものを次から選び、それぞれ記号で答えなさい。

ア 能力的　イ 精神的　ウ 経済的

問七 文中の[Ⅴ]には「義務」の反対の意味を表す言葉が入ります。あてはまる言葉を漢字で答えなさい。

問八 ―――④「自分の人生では自分が主役でありたい」について答えなさい。

1 「自分の人生では自分が主役」とは、どういうことか。それを表す部分を文中から三十字以内でぬき出し、初めと終わりの五字で答えなさい。

2 「自分の人生では自分が主役でありたい」と願うのはなぜか。文中から十字以内でぬき出して答えなさい。

問九 ―――⑤『機嫌が良い』と感じる時、あなたは主体的です」とあるが、なぜ「主体的」と言えるのか。本文の内容を参考にして「自分」「判断」の二語を使って答えなさい。

文章A・文章B両方に関する質問です。

問十 文章A・Bの説明として最も適当なものを次から選び、記号で答えなさい。

ア 文章Aも文章Bも生活するなかでの「選ぶ」という場面を例にして、自分が幸福になるためには周囲の人の意見を取り入れて何事も決めていかなければならないと述べている。

イ 文章Aは「服選び」という身近な話題を例にして自らの意志で選ぶことの必要性を述べ、文章Bでは選ぶことの例を人生にまで広げて自分の意志で人生を生きることの重要性を述べている。

ウ 文章Aも文章Bも生活するなかでの「選ぶ」という場面を例にして、「服選び」という小さな決断から「職業を選ぶ」などの大きな決断まですべては自分が他人より幸福になるためだということを述べている。

エ 文章Aは「服選び」を例にして周囲から何も言われないための

選び方を説明し、文章Bでは「職業選び」などを例にして周囲から何も言われないようによく考えて選ばなければならないと説明している。

【二】次の文章を読んで、後の問いに答えなさい。

小学六年生の大地は卓球《たっきゅう》チームに所属している。最後の大会に向けて下級生の純とダブルスを組むよう先生から指示された。家でも事情で環境が変わり、いろいろ考える日々をおくっていた。

「大地、父さんと母さんからのお[a]タンジョウビプレゼントよ」

彼《かれ》はびっくりして、つい思ったことを口にした。

「えっ。お金、大丈夫《だいじょうぶ》なの？」

父さんがいまや専業主夫になってしまって、母さんだけがあくせく働いているというときに、そんな用意をしてくれているなんて思いもしなかったのだ。

父さんと母さんは顔を見合わせて[b]苦笑いした。

「子どもはそんなこと心配しなくっていいの」

心配するなと言われても心配だよ、としつこく言っても仕方ないので、大地はプレゼントに目を移した。大きな箱の中身が急に気になってきた。

母さんがせかす。

「さ、早く」

「うん」

包装紙をとめているセロハンテープをていねいにはがそうと思ったけれど、途中《とちゅう》で面倒《めんどう》になってバリバリ破ってしまった。

「こ、これって」

箱を開けた大地は、びっくりして父さんと母さんの顔を交互《こうご》に見てしまった。

卓球シューズだ。

「どうして？」

[①]ひと言だって、シューズに穴があいてしまった話、してなかったのに。

「怒《おこ》らないで聞いてね」

母さんが説明をし始めた。怒るって、いったい何を怒ることがあるというのだろう？

「実はね、先週、五年生の杉本《すぎもと》くんという男の子が母さんの店に来たの」

「杉本？」

誰《だれ》だろう、と考えて、大地はようやく気がついた。純のことだ。いつも名前で呼ぶから[c]名字を忘れていた。

「純が、いったい何をしに来たわけ？」

「あのね、純くんはね、お金を持ってきたの」

「お金？」

「そう、お年玉やおこづかいをためたお金。五千円持ってきたわ」

「なんのために？」

「そのお金で、大地に新しい卓球シューズを買ってあげてほしい、って」

どういうこと。純が。なんで。

「練習のときに見たんですって。大地のシューズに穴があいているの」

「え……」

②気づかれているなんて、大地は思いもしなかった。純の、おとなしい色白の顔が頭に浮かぶ。母さんは続けた。

「それで、純くん、うちのことを心配してくれたみたいでね。自分のおこづかいを使ってほしいって。③大地に直接言ったら、きっと怒ってことわるだろうから、内緒《ないしょ》でお金を受け取ってほしいって」

おせっかいなやつだな。そういう気持ちもちょっとはあった。けれど大地は、その百倍くらい、純の優しさを感じた。先輩《せんぱい》のお母さんに初めて会いに行って、そういう話をするなんて。

ぼくが逆に純の立場だったら、同じことができるだろうか。誠やハセッチと一緒《いっしょ》に三人で、というならやれるかもしれないけれど、たったひとりで考えて行動するのは途方《とほう》もなく勇気がいる。

ただ、自分には先輩《せんぱい》としてのプライドがある。このくつが、後輩《こうはい》からのプレゼントだったら、やっぱりキャプテンとしてはカッコ悪いというか――。

「じゃあ、母さん。このシューズは④……」

母さんはニコッと笑って、首を横に振《ふ》った。

「もちろん、純くんにはお断りしたの。気持ちはうれしいけれど、うちで大地に買いますからって」

大地はホッとした。それから急にまた心配になってきた。

「でも、このくつ、高いのに」

父さんが笑った。

「大地、少し気にしすぎだぞ」

続けて母さんが言う。

「あのね、心配してくれるのはうれしいけど、父さんが長年働いてくれて、dチョキンもずいぶんあるのよ。退職金だって出たし」

「うそだよ。だったら、母さんがすぐに仕事をする必要ないじゃないか」

大地は追及《ついきゅう》したが、母さんは父さんを見てくすっと笑う。

「それは気持ちの問題。母さんが働いていたほうが、父さんはゆっくり次のことを考えられるでしょ。」

「でも、うちはケーキを買うお金だってないわけだし」

「あらやだ。eゴカイしちゃったのね。せっかくくださるっていうからいただいたけど、もちろん母さん、買うつもりだったのよ」

「そうなの？」

「もしも本当に大変になったら、大地にはちゃんと隠《かく》さずに相談するから。今は安心して。ね？」

「うん」

ようやく大地は納得した。そうだ、大切なことを忘れていた。ちゃんと言わなくちゃ。父さんの顔を見て、それから母さんの顔を見た。

「ありがとう」

⑤父さんはちょっぴり照れたみたいで、陽子の方を見て、そして声を上げた。

「わ、陽子、飛んだぞ」

みんなが話している間に、陽子はショートケーキのイチゴを口にほう

りこみ、でも入りきらなくて果汁《かじゅう》をピューと飛ばしていたのだった。

「あらー、陽子。お行儀《ぎょうぎ》悪い」

ふきんで口や服をふいてあげながら、母さんは大地に言った。

「さっきの続きだけどね。純くんが教えてくれなかったら、大地のシューズのこと、母さんたちは知らなかったわけよね。だから純くんにはよくお礼を言っておいたわ」

「うん」

「純くんはね、このことは大地には秘密にしてほしい、って言ってた。⑥でも、母さんは、いちおう大地に話しておきたいと思ったの」

「うん」

大地は純の顔を思い浮かべた。

あいつ。やってくれるよな。

純との「チームふたり」。実力的には、純が弱くて大地が強い。だから、自分がいつもいつも純を守っていると思っていた。だけど、実際はそうじゃなかったんだな。純も、ぼくのことをよく見ていて、弱い部分をなんとかフォローしてくれようと、必死に頭をひねってくれたんだ。五千円という大金を、ぼくのためにこっそり使ってくれようとしていたとは。

大地が純を守って、純が大地を守って。

⑦ダブルスはいつの間にか、本物の「チームふたり」になっていたのだ。

（吉野万理子『チームふたり』）

問一 ――a～eのカタカナは漢字に、漢字はひらがなにそれぞれ直しなさい。

問二 ――①「ひと言だって、シューズに穴があいてしまった話、してなかったのに」とありますが、話をしなかった大地の気持ちとして最も適当なものを次の中から選び、記号で答えなさい。

ア 卒業まぢかであるので、今新しいシューズを買うよりは、中学校入学にあわせてお願いしようと思っていた。

イ 家事と仕事で毎日いそがしくする母に、言い出すタイミングがつかめず伝えることがいやになった。

ウ 母に代わって父が家のことをするようになり、手伝いのため思うように練習できなくなるので必要ないと思った。

エ 父の代わりに母が仕事に出るようになって、経済的に負担はかけられないと気を使った。

問三 ――②「気づかれている」の「れ」と同じ使い方がされているものを次の中から選び、記号で答えなさい。

ア 校長先生がお話をされた。　イ 友人に話しかけられた。

ウ 朝早く起きられる。　エ 修学旅行が思い出される。

問四 ――③「大地に直接言ったら、きっと怒ってことわるだろうから、内緒でお金を受け取ってほしい」について、純はどういう気持ちでこのように言ったのか。最も適当なものを次から選び、記号で答えなさい。

ア 先輩である大地のプライドを傷つけたくないという気持ち。

イ 卓球の練習以外で大地に怒られるのはいやだという気持ち。

ウ 母親の仕事姿を先に見たことが大地に失礼だという気持ち。

エ いいシューズを持つ自分を自慢《まん》したくないという気持ち。

問五 ――④「……」の部分に言葉を入れたい。どのような言葉を入れたらよいか、考えて答えなさい。

問六 ――⑤「父さんはちょっぴり照れたみたいで」とありますが、この時の父さんの気持ちとして最も適当なものを次から選び、記号で答えなさい。

ア　プレゼントをわたして少し間をおいてからの息子のお礼の言葉に、今さらいわれてもとまどっている。

イ　プレゼントに対する心のこもった大地のお礼に息子の成長を感じ、喜ぶ姿を見られるのがいやで、気づかれまいとしている。

ウ　あくせく働く母に比べ父として頼りない姿をみせているので、あらたまった息子のお礼にどう返してよいかわからないでいる。

エ　面と向かってお礼を言われて、専業主夫として息子に認められたと感動する姿をかくそうとしている。

問七　――⑥「でも、母さんは、いちおう大地に話しておきたいと思ったの」とありますが、純の申し出に逆らってまで大地に話しておきたいと考えた母さんの思いとして最も適当なもの次から選び、記号で答えなさい。

ア　大地にこのことを伝え、純の気持ちをむだにしないよう二人でがんばってほしいと願っている。

イ　大地にこのことを伝え、後輩に心配をかけないようもっとがんばりなさいとはげましている。

ウ　大地にこのことを伝え、純にまで家計状況を気づかいされるような大地の態度を反省させたい。

エ　大地にこのことを伝え、家のことを気づかってシューズのことを言わなかった大地をせめている。

問八　――⑦「ダブルスはいつの間にか、本物の『チームふたり』になっていたのだ」について答えなさい。

1　「本物の『チームふたり』」になるまでのダブルスを大地はどのように考えていたか、文中の言葉を使ってわかりやすくまとめなさい。

2　大地が考える「本物の『チームふたり』」について、次に示す文章（数か月後に行われた試合風景）も参考にして説明しなさい。

　大地は、ボールを小さく投げた。落ちてきたところを、ラケットの真ん中でしっかりとらえる。思い切り手首をひねって、球に横回転をかけて送りだした。

　白いボールが、コンコン、とコートにバウンドしていく。相手のラケットに当たって、球が高く高くはね上がった。

「なんだこれ」

　田村選手がびっくりした顔をしている。

よし。大地はガッツポーズをしかけたが、その球は運悪く、うちのコートの隅にぽとりと落ちた。

しまった！

　そのときだった。純が入れ代わりにすっと前に出て、ラケットを伸ばした。気負ってスマッシュをしたりせず、基本に忠実に、ラケットを軽く前に出してボールを相手コートの右隅《すみ》に押しこんだ。意表をつかれた相手チームの大瀬選手は一歩も動けない。

　球はワンバウンドして、床に落ちていった。応援席から、ワーッと歓声が上がった。

「いいぞ！」

　辻先生の声が聞こえて、

「よっしゃぁ――――っ」

　大地と純は、高くかかげた手のひらを合わせた。

　やれる。やれる気がする。

「もう一本取るぞ」

「はいっ」

後輩とか先輩とかもう関係ない。自分が打つボールも、純が返すボールも、みんなふたりで打っているんだ。
大地は構えた。目の前のブルーのコートが、これから乗りだす海原のようだ。
勝ちたいという気持ちを乗せて、今、ボールはラケットから飛びだしていく――。

2024年度

広島修道大学ひろしま協創中学校
入試Ⅱ

算　数

解答時間　50分　　配点　100点

【注意事項】

1　試験開始の合図があるまで，この問題冊子の中を見てはいけません。

2　問題は 1 ページから 6 ページまであります。問題用紙の空いている場所は，下書きや計算などに使ってもかまいません。

3　試験中に問題冊子の印刷不良や解答用紙のよごれなどに気づいた場合は，手をあげて監督者に知らせてください。

4　解答用紙には解答記入らん以外に，受験番号・名前の記入らんがあるので，放送の指示にしたがって，それぞれ正しく記入してください。

5　解答は，すべて解答用紙の解答記入らんに記入してください。

6　解答は，HB または B の黒鉛筆（シャープペンシルも可）を使い，濃く，はっきりと書いてください。

1 次の計算をしなさい。

(1) $3256-568$

(2) $4.14 \div 0.46$

(3) $(22-2\times4)\div7\times6$

(4) $\frac{6}{7}\times4\frac{2}{3}-\frac{1}{12}$

(5) 4 km − 1430 m =　　　　　m

2　次の問いに答えなさい。

(1)　子どもたちにあめを配ります。１人５個ずつ配ると20個余るが，１人８個ずつ配ると１個足りませんでした。子どもの人数とあめの個数を求めなさい。

(2)　右の図のように，半径２cmの円の中に正六角形があります。この正六角形のまわりの長さは何cmであるか求めなさい。

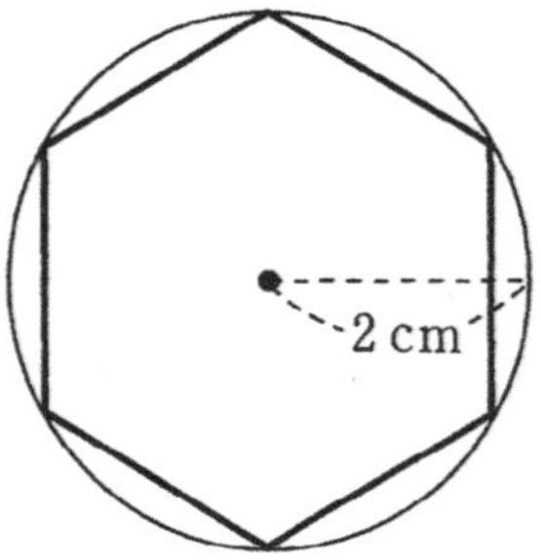

(3)　$\frac{3}{4}$分は何秒か答えなさい。

3　次の問いに答えなさい。

(1)　１から10までの数が１列に並んでいます。□の中に＋か－を書いて，その計算結果を２にすることはできないことがわかっています。

できない理由を「偶数《ぐうすう》」と「奇数《きすう》」両方の言葉を使って説明しなさい。

10□9□8□7□6□5□4□3□2□1＝2

(2)　男子16人，女子14人のクラスで算数のテストをしたところ，男子の平均点が70点，クラス全体の平均点が73点でした。このとき，女子の平均点は何点になりますか。
言葉や式で考え方を説明し答えなさい。ただし，小数第二位を四捨五入して答えなさい。

4　下の図のように立方体を積み上げた立体について考えます。次の問いに答えなさい。

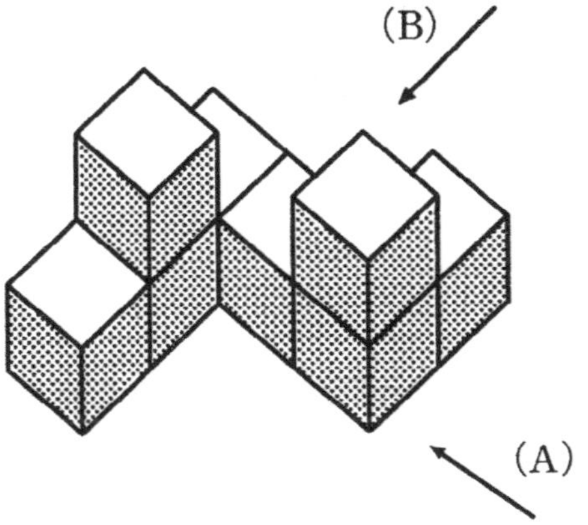

(1)　(A)の方向から立体を見たときどのように見えるでしょうか。見え方として正しいものを次の(ア)～(エ)から選びなさい。

(ア)

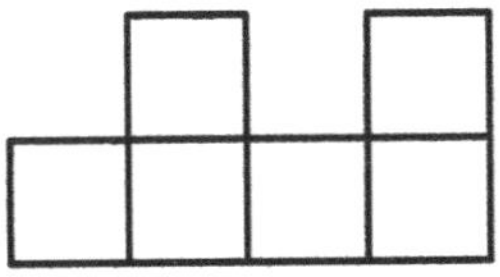

(イ)

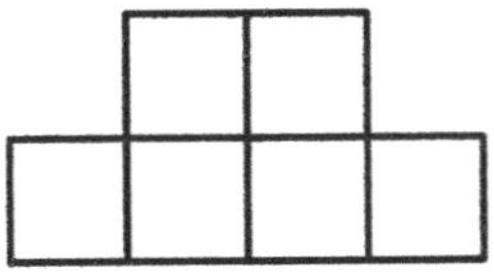

(ウ)

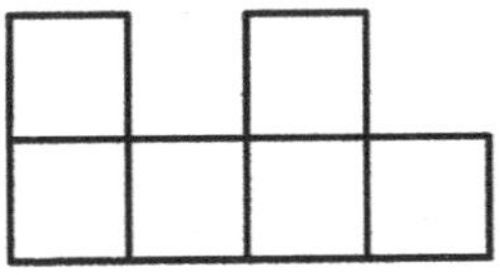

(エ)

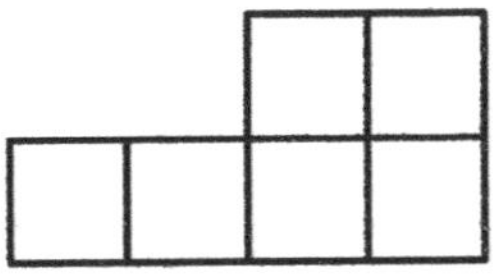

(2)　(B)の方向から立体を見たときにどのように見えるでしょうか。見える図形を解答らんのマス目にかきなさい。

5　協子さんと創太くんは 100 m 走でレースをしました。創太くんは 100 m を 15 秒で走り切ってゴールしました。創太くんがゴールしたとき，協子さんはゴールの 10 m 手前にいました。そこで，創太くんはスタートラインから 10 m 下がった位置からスタートして，もう一度協子さんとレースをしました。ただし，協子さんと創太くんは常に同じ速さで走っていて，1回目も2回目も同じ速さで走るものと考えます。次の問いに答えなさい。

(1)　協子さんは秒速何 m の速さで走っているか答えなさい。

(2)　創太くんは2回目のレースのとき，何秒でゴールするか答えなさい。

(3)　2回目のレースの結果，協子さんと創太くんはどちらが先にゴールしますか。また，そのような結果になる理由を言葉や式で説明しなさい。

6 右の【図１】は，ある立体の展開図を表しています。この展開図を組み立ててできる立体について，次の問いに答えなさい。ただし，円周率は3.14とします。

(1) 【図１】における(ア)の長さを求めなさい。

【図１】

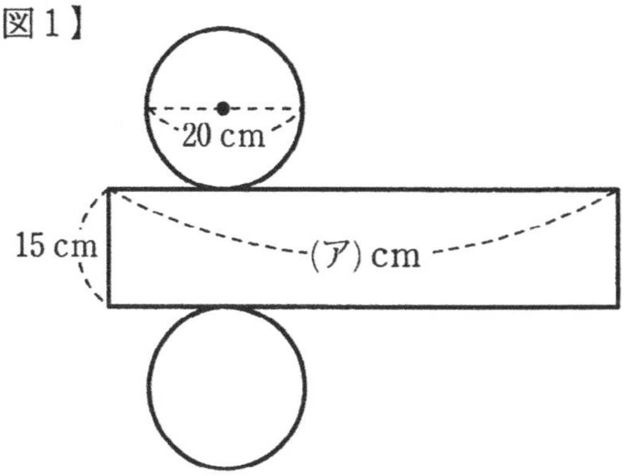

(2) この展開図を組み立ててできる立体の表面積を求めなさい。

(3) この展開図を組み立ててできる立体の体積を求めなさい。

7　下の図のA，B，C，D，E，Fの6つの部分を，赤，青，緑の3色でぬります。
ただし，となり合う部分はちがう色をぬるものとします。次の問いに答えなさい。

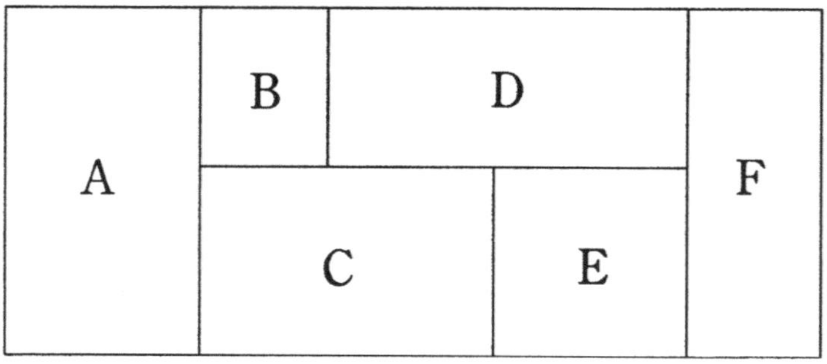

(1)　Aを赤，Bを青でぬった場合，残りのC，D，E，Fはそれぞれ何色でぬればよいかを答えなさい。

(2)　となり合う部分をちがう色でぬる場合，必ずAとDは同じ色でぬることになります。AとD以外に必ず同じ色でぬることになる2つの部分の組をすべて答えなさい。

(3)　色のぬり方は全部で何通りあるかを答えなさい。

2024 年度

広島修道大学ひろしま協創中学校

入試Ⅱ

理　科

解答時間　30 分　　配点　各 50 点

〈注意事項〉

1　試験開始の合図があるまで，この問題冊子の中を見てはいけません。

2　問題は1ページから6ページまであります。問題用紙の空いている場所は，下書きや計算などに使ってもかまいません。

3　試験中に問題冊子の印刷不良や解答用紙のよごれなどに気づいた場合は，手をあげて監督者に知らせてください。

4　解答用紙には解答記入らん以外に，受験番号・名前の記入らんがあるので，放送の指示にしたがって，それぞれ正しく記入してください。

5　解答は，すべて解答用紙の解答記入らんに記入してください。

6　解答は，HB または B の黒鉛筆（シャープペンシルも可）を使い，濃く，はっきりと書いてください。

1　次の児童と先生の授業の会話を読んで，以下の問いに答えなさい。

道子先生：今日の理科の授業は，皆さんが2023年度に興味《きょうみ》を持ったことを調べて報告するという宿題の中間発表の時間です。

鈴子さん：はい。私は，シロアリについて調べました。

修さん：はい。私は，クマによる人への被害《ひがい》がとても増えたことに興味を持ちました。

峯子さん：はい。私は，イグノーベル賞とノーベル賞について関心を持ちました。

協創さん：はい。私は，お酒に強い人と弱い人がいるのはどうしてなのか疑問を持ちました。

道子先生：では，最初に鈴子さん，シロアリについてお願いします。

鈴子さん：私のいなかの祖父母《そふぼ》の家でシロアリが見つかり，大さわぎになりました。シロアリは住宅の木材を食べるので，放っておくと家がこわれてしまうということなので，シロアリを退治《たいじ》してくれる会社にたのんで，シロアリを駆除《くじょ》してもらいました。

協創さん：家は大丈夫だったのですか。

鈴子さん：おふろや台所の床下《ゆかした》がぼろぼろになっていました。湿気《しっけ》の多いところが好きなヤマトシロアリが犯人だったそうです。シロアリは(①)の仲間で，女王と王のペアを中心とした社会性昆虫《こんちゅう》です。

峯子さん：昆虫に家が食べられるなんて，恐ろしいですね。

道子先生：時間が来たので，次の人に行きましょう。修さん，クマについてお願いします。

修さん：本州・四国では(②)，北海道では(③)というクマが，山から人の住んでいるところに来て，人に被害を与えているというニュースをよく聞きます。となりの小学校区に住んでいるいとこが，家の近くでクマがいるのを見てびっくりしたと言っていました。秋田県ではクマによる人身事故《じんしんじこ》の被害者数《ひがいしゃすう》が過去最多《かこさいた》になったためか，ホームセンターで，鈴《すず》・携帯《けいたい》ラジオ・防犯《ぼうはん》ブザー・ホイッスル・爆竹《ばくちく》・おもちゃの火薬銃《かやくじゅう》・撃退《げきたい》スプレーなどの「クマよけ商品」がとても売れていて，たびたび売り切れる商品もあるそうです。

鈴子さん：なぜ山の中にいるクマが人のいるところに来るようになったのですか。

修さん：それは，(④)と言われています。

協創さん：ニホンザルも住宅地に来て，人に危害《きがい》を加えたり，家に侵入《しんにゅう》したりしているニュースもよく聞きますね。これも怖いですね。

道子先生：時間が来たので，次の人に行きましょう。峯子さん，イグノーベル賞とノーベル賞についてお願いします。

峯子さん：2023年9月にイグノーベル賞の発表があり，日本人が17年連続受賞しました。宮下芳明・明治大学教授と中村裕美・東京大学特任准《じゅん》教授が，(⑤)によって「栄養学賞」を受賞しました。10月にはノーベル賞が発表になりました。生理学・医学賞は(⑥)が，物理学賞は(⑦)が，化学賞は(⑧)が受賞しました。生理学・医学賞を受賞された2名のうち，カタリン・カリコ博士は，ボート競技《きょうぎ》で，北京オリンピックとロンドンオリンピックで2回金メダルを獲得《かくとく》した娘さんがいることで話題になりました。

修さん：ノーベル賞は知っているのですが，イグノーベル賞というのは何ですか。

峯子さん：イグノーベル賞というのは，ノーベル賞のパロディーとして，米国で 1991 年に創設された賞です。人々を笑わせ，考えさせる研究が受賞されます。

協創さん：17 年連続受賞なんて，日本人として誇《ほこ》らしいですね。

道子先生：時間が来たので，次の人に行きましょう。協創さん，お酒に強い人，弱い人についてお願いします。

協創さん：私の母はお酒が好きで，毎晩《まいばん》飲んでいます。日本酒やワインや焼酎《しょうちゅう》やウイスキーなど，どんな種類のお酒でも飲めます。お酒に強く，酔っぱらった姿は見たことありません。それに対して父は，お酒が弱く，ビールをコップ 1 杯飲んだだけで顔が赤くなります。それ以上飲むと頭が痛《いた》くなるそうです。

鈴子さん：私の家は逆で，母はお酒が飲めません。父は毎晩飲んでいます。

協創さん：お酒にはエタノールというアルコールが入っています。体の中でエタノールは(⑨)などの臓器《ぞうき》から吸収されると(⑩)に集められ，無害なものにつくり変えられます。その分解の途中《とちゅう》で体に良くないアセトアルデヒドという物質ができます。その物質を分解するはたらきをする酵素《こうそ》というものがあるのですが，この酵素がちゃんとはたらく人と，はたらきが弱い人がいるそうです。そしてびっくりしたのは，弱い人は，東アジア由来《ゆらい》の人しかいないそうです。

修さん：では東アジア由来の人以外はお酒の弱い人はいないのですか。欧米《おうべい》の人などはみんなお酒が強いのですか。

峯子さん：そういえばヨーロッパでは仕事をしている平日の昼休みにお酒を飲む習慣《しゅうかん》があるという話を聞いたことがあります。酵素のはたらきが強いからでしょうか。

協創さん：そのことについては調べてみたいと思います。研究者の方々は，お酒が弱い方が有利《ゆうり》にはたらくことがあるから，そのような人々がいるのではないかと言われています。⑪血液中に感染《かんせん》する寄生体《きせいたい》から体を守るのに有利とか，がんになりにくいとか，いろいろな仮説《かせつ》があります。まだはっきりしたことはわからないそうなので，私は，どんな仮説があるのか，これからもっと調べてみようと思います。

道子先生：みんなよく調べましたね。では，時間が来たので，今日の授業はこれで終わります。

（1）（①)に当てはまるものを，次のア～エから一つ選び，記号で答えなさい。

ア．アリ　イ．ハチ　ウ．ゴキブリ　エ．コオロギ

（2）（②)，（③)に当てはまるものを，次のア～エから一つずつ選び，記号で答えなさい。

ア．　ホッキョクグマ

イ．　ヒグマ

ウ．　メガネグマ

エ．　ツキノワグマ

（3）（④）を文章で答えなさい。

（4）（⑤）～（⑧）に当てはまるものを，次のア～エから一つずつ選び，記号で答えなさい。

ア．「量子《りょうし》ドット」の研究

イ．新型コロナウイルスのワクチン開発《かいはつ》に貢献《こうけん》

ウ．電子《でんし》を観察するのに必要な，「アト秒」の光を作り出す研究

エ．食べ物の味を変えることができる電気を流した箸《はし》とストローに関する実験

（5）（⑨)に当てはまるものを，次のア～カから二つ選び，記号で答えなさい。

ア．じん臓《ぞう》　イ．心臓《しんぞう》　ウ．小腸《しょうちょう》　エ．大腸《だいちょう》　オ．胃《い》　カ．肺《はい》

（6）（⑩)に当てはまる臓器の名前を答えなさい。

（7）下線部⑪について，人の成人の血液量は，男性で体重の 8%といわれています。S さんの体内に 5.28L の血液があるとしたら，S さんの体重は何 kg ですか。血液 1mL は 1g として計算しなさい。

2 図1のように，鉄しんにエナメル線を100回巻きつけて電磁石《でんじしゃく》をつくりました。このとき，方位磁針《ほういじしん》を電磁石の左側から近づけると，方位磁針のS極が電磁石の左側に向けてふれました。これについて，以下の問いに答えなさい。

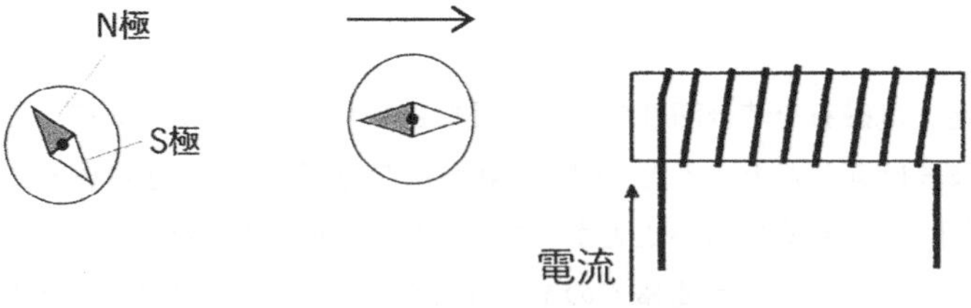

図1

（1）電磁石の左端は何極か答えなさい。

（2）電流を図1の逆向きに流したところ，方位磁針の向きはどのようになりますか。最も適切なものを次のア～エのうちから一つ選び，記号で答えなさい。

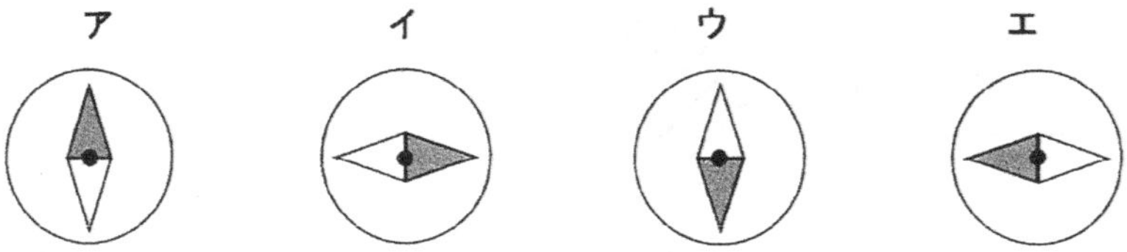

次に，鉄しんにエナメル線を巻く回数や電池の数，つなぎ方をかえてゼムクリップが電磁石につく数を調べる実験を行いました。その結果を表1に示しています。これについて，以下の問いに答えなさい。

表1

	巻き数	電池の数		ゼムクリップがついた数
A	100	1	直列	4個
B	100	2	並列	4個
C	200	1	直列	8個
D	200	2	直列	16個
E	200	2	並列	8個
F	400	3	直列	（ X ）個

（3）この実験において，鉄しんにエナメル線を巻く回数を変えるとき，エナメル線をつぎ足したり，短く切るようなことをしてはいけません。この理由を記述しなさい。

（4）以下の①・②の性質を調べるためには，A～Fのうちどの二つの結果を比べればよいですか。解答用紙中に合うようにそれぞれ記号で答えなさい。ただし，同じ記号を何回も使用してよいものとします。

① 電磁石の強さと電流の大きさ

② 電磁石の強さとエナメル線の巻き数

（5）表中のFの条件で実験を行ったとき，ゼムクリップがつく数Xは何個になるか答えなさい。

(6) 電磁石を活用したものの例として，モーターがあげられます。これは，棒磁石と電磁石の２つの磁石同士が反発したり引き合ったりすることで回転を続けています。次の文章中の空欄（ア）～（ウ）に当てはまる語句として最も適切なものの組み合わせを，以下の①～⑫のうちから一つ選び，記号で答えなさい。

図２の状況のとき，電磁石を時計回りの方向に回転させたい場合，電磁石のＹの部分は（　ア　）極にすればよい。そのまま回転したとすると，図３の状況になるが，このとき電磁石Ｙの部分は（　イ　）極にすることで時計回りの回転を続けることができる。なお，モーターの回転を最も速くしたいときは，電磁石の極の入れ替えのタイミングが電磁石のＹの部分が（　ウ　）のときに行えばよい。

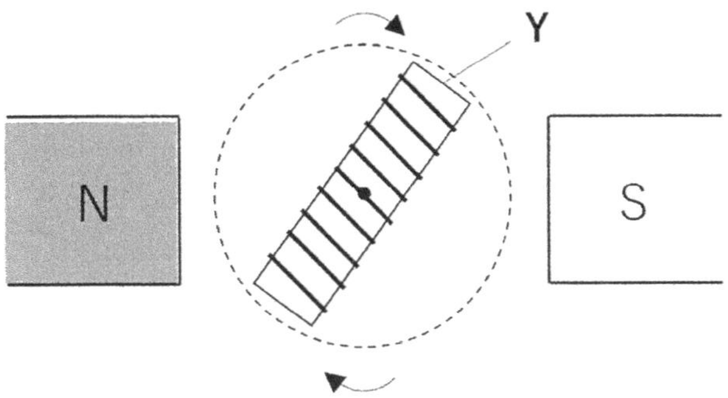

図２

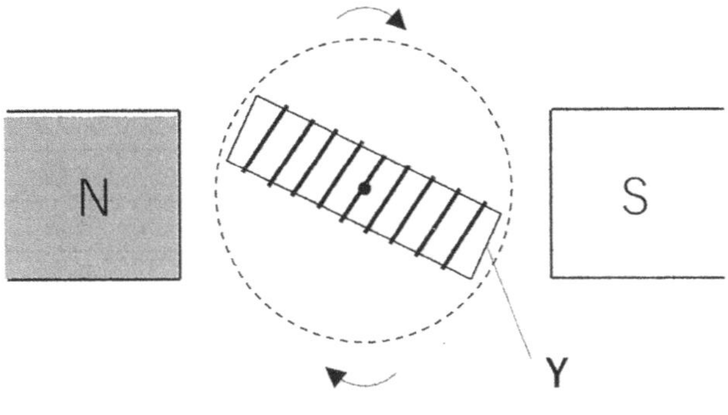

図３

	ア	イ	ウ
①	N	N	S 極を通過する前
②	N	N	S 極を通過中
③	N	N	S 極を通過した後
④	N	S	S 極を通過する前
⑤	N	S	S 極を通過中
⑥	N	S	S 極を通過した後
⑦	S	N	S 極を通過する前
⑧	S	N	S 極を通過中
⑨	S	N	S 極を通過した後
⑩	S	S	S 極を通過する前
⑪	S	S	S 極を通過中
⑫	S	S	S 極を通過した後

3 （Ⅰ）ある温度において $1m^3$ の空気にふくむくことのできる最大の水蒸気《すいじょうき》の質量《しつりょう》をグラムで表したものを飽和水蒸気量《ほうわすいじょうきりょう》といいます。湿度《しつど》とは，空気中に含まれる水蒸気量が，その温度の飽和水蒸気量に対して何%かを表したものです。

気温 25℃で，$1m^3$ の空気にふくまれる水蒸気の質量が 12.9g のとき（空気 A），右のグラフを使って，以下の問いに答えなさい。

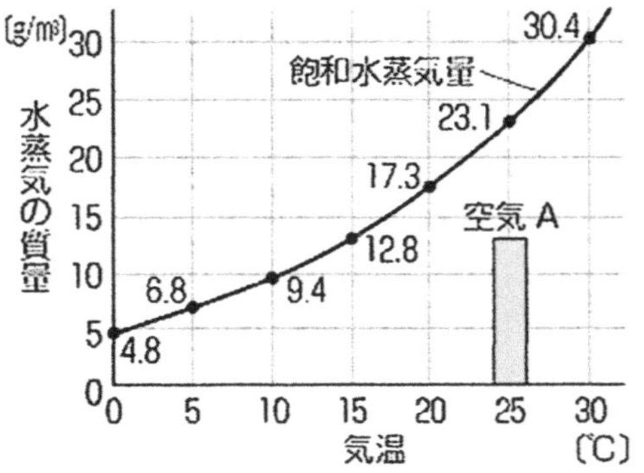

（1）この空気の湿度は何%ですか。小数第 2 位を四捨五入して小数第 1 位まで答えなさい。

（2）この空気を 5℃まで下げると，空気 $1m^3$ あたり何 g の水滴ができますか。小数第 1 位まで答えなさい。

（Ⅱ）次の（3）～（9）に当てはまる数字を答えなさい。ただし，同じ数字を何回も使用してよいものとします。

気象観測《きしょうかんそく》において，空全体を 10 としたとき，雲の量が（3）～（4）のときは「くもり」，（5）～（6）のときは「晴れ」，（7）～（8）のときは，晴れの中でも「快晴《かいせい》」といいます。また，雲は大まかな形のちがいから（9）種類に分けられています。

2024 年度

広島修道大学ひろしま協創中学校

入試Ⅱ

社会

解答時間　30 分	配点　50 点

〈注意事項〉

1　試験開始の合図があるまで，この問題冊子の中を見てはいけません。

2　問題は1ページから 11 ページまであります。問題用紙の空いている場所は，下書きや計算などに使ってもかまいません。

3　試験中に問題冊子の印刷不良や解答用紙のよごれなどに気づいた場合は，手をあげて監督者に知らせてください。

4　解答用紙には解答記入らん以外に，受験番号・名前の記入らんがあるので，放送の指示にしたがって，それぞれ正しく記入してください。

5　解答は，すべて解答用紙の解答記入らんに記入してください。

6　解答は，HB または B の黒鉛筆（シャープペンシルも可）を使い，濃く，はっきりと書いてください。

【１】次のレポートは，小学６年生の協子さんが冬休みの宿題で書いたものです。レポートを読み，以下の問いに答えなさい。

お正月に食べたおせちはとてもおいしかったです。おせちには，縁起《えんぎ》のいい食べ物がたくさんあることを知りました。また中四国でとれた新鮮な食べ物がたくさん使われていて，おいしく食べているだけなのに，地元に貢献《こうけん》している気分になってとてもうれしかったです。特に印象に残っているものを写真と一緒に紹介したいと思います。

a 鯛《たい》 重箱を開くと一番上に盛り付けされていてとても迫力《はくりょく》があった。「めでたい」とかけておせちによく食べられるみたいだ。多くが養しょくによってつくられているそうだ。	
かまぼこ スーパーではよく見かけるけど，おせちやお雑煮《ぞうに》でしか食べないから，１年ぶりで懐かしい気持ちになった。松竹梅の絵が描かれていて，特別な気持ちになった。	
b くわい 初めて食べた。最初は何かわからなくて，不思議な形をしているからびっくりした。c 広島県の特産物で生産量は１位だそうだ。ほくほくしていてとてもおいしかった。	

問１　次の［資料１］～［資料４］を読み取り，**誤っているもの**をア～エから１つ選び，記号で答えなさい。

［資料１］漁業産出額上位５道県（2021 年）

都道府県	産出額（ｔ）
北海道	256,850
長崎	93,607
愛媛	84,964
鹿児島	65,846
宮城	65,517
全国	1,255,175

出典：農林水産省「令和３年漁業産出額」より作成

［資料２］かまぼこ生産量上位５県（2022 年）

都道府県	生産量（t）
兵庫	42,295
新潟	39,588
千葉	35,758
愛知	28,588
山口	28,511
全国	412,855

出典：農林水産省「令和４年水産加工統計調査」より作成

［資料３］くわい生産量上位５府県（2020年）

順位	都道府県	生産量（t）
第１位	広島	111
第２位	埼玉	59
第３位	茨城	11
	大阪	11
第４位	京都	5
	全国	202

出典：農林水産省「地域特産野菜生産状況調査」より作成

［資料４］くわい生産量推移（単位：t）

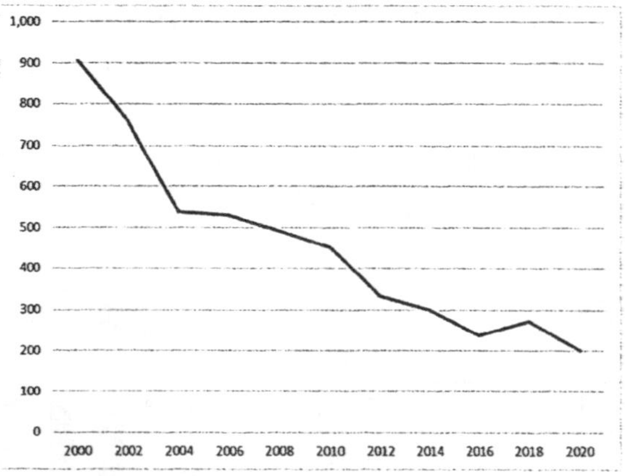

出典：農林水産省「地域特産野菜生産状況調査」より作成

ア．漁業産出額上位５道県は全国の漁業産出額の約50%を占めている。

イ．かまぼこの生産量第１位の兵庫県は，全国生産量の約１割を占めている。

ウ．くわいの生産量上位５府県は，すべて海に面している。

エ．くわいの生産量は2000年から2020年にかけて約45%減少している。

問２　レポート中の下線部ａについて，鯛の多くは養しょくによって生産されています。養しょく漁業とは何か，簡単に説明しなさい。

問３　レポート中の下線部ｂに関連して，協子さんはくわいについて調べていく中で，中華人民共和国が原産地であることを知りました。中華人民共和国について，以下の問いに答えなさい。

⑴　中華人民共和国の国旗として正しいものをア～カから１つ選び，記号で答えなさい。

ア

イ

ウ

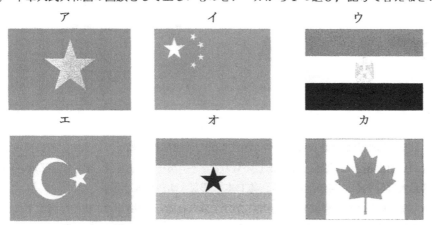

エ

オ

カ

⑵　次の文はかつて中華人民共和国で行われていた政策を説明したものです。この政策名は何か，答えなさい。

> 中華人民共和国では，人口を抑制《よくせい》するために夫婦１組につき，子どもを１人に制限する政策がとられていた。1979年に導入されたものであったが，現在は少子高齢化などが新たな問題として起こり，この政策は廃止されている。

問４　レポート中の下線部ｂについて，くわいが広島県の特産物であることを知った協子さんはほかにも広島県が生産量１位の特産物がないか調べてみることにしました。すると，かきが生産量１位であることに気づきました。［資料５］・［資料６］に関連する以下の問いに答えなさい。

［資料５］かき（養しょく）生産量（2019 年）

都道府県	生産量（ｔ）
広島	99, 144
宮城	21, 406
岡山	12, 166
兵庫	7, 361
岩手	6, 341
全国	161, 646

出典：農林水産省「海面漁業生産統計調査」より作成

［資料６］かき（養しょく）生産量推移（2008 年～2019 年）

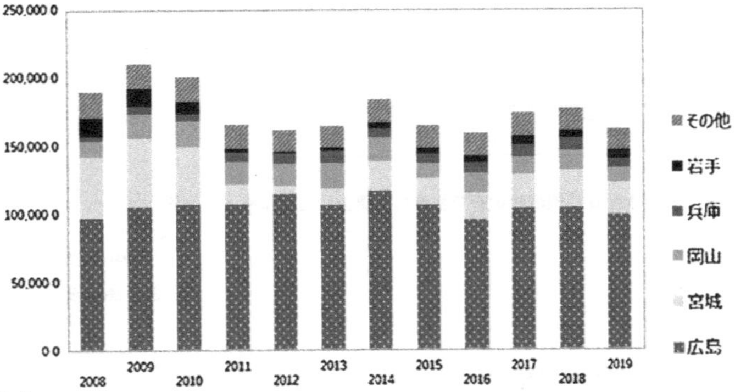

出典：『食品データ館』

⑴　かきの養しょくについて述べた文として**誤っているもの**をア～エから１つ選び，記号で答えなさい。

ア．かきの生産量上位５県はどの県も日本海に面していない。

イ．広島県のかき（養しょく）生産量は全国の生産量の６割を占めている。

ウ．広島県のかき（養しょく）生産量は多少の増減はあるものの，常に１位である。

エ．宮城県・岩手県のかきは小ぶりだが，身がしまっており濃厚なのが特徴《とくちょう》である。これは，太平洋に面し，波が穏やかだからである。

⑵　［資料５］より，岩手県の形として正しいものをア～エから１つ選び，記号で答えなさい。

ア

イ

ウ

エ

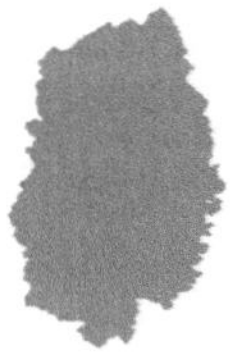

⑶　［資料６］より，宮城県は 2011～2013 年にかけて著しく生産量が減っています。その理由として考えられる，2011 年に起きた災害として正しいものをア～エから１つ選び，記号で答えなさい。

ア．阪神・淡路大震災　イ．芸予地震　ウ．東日本大震災　エ．関東大震災

⑷　［資料５］・［資料６］より，宮城県～岩手県にかけてみられる三陸海岸は，山地が海面下に沈み，複雑な海岸線を持っているという特徴があります。このような海岸を何というか答えなさい。

問５　日本の漁業に関連する次の文章について，以下の問いに答えなさい。

日本の周辺には暖流と寒流が流れており，特に三陸海岸は暖流と寒流がぶつかり合うことから，日本でも有数の漁場となっている。この地点を（　Ｘ　）という。

⑴　（　Ｘ　）に入る語句を漢字２字で答えなさい。

⑵　（　Ｘ　）の地点が有数の漁場となる理由を簡単に説明しなさい。

⑶　（　Ｘ　）を形成する暖流と寒流の組み合わせとして正しいものをア～エから１つ選び，記号で答えなさい。

ア．リマン海流 ― 日本海流（黒潮）

イ．千島海流（親潮）― 対馬海流

ウ．千島海流（親潮）― 日本海流（黒潮）

エ．リマン海流 ― 対馬海流

問６　レポート中の下線部ｃに関連する以下の問いに答えなさい。

⑴　次の文章中の空らんＹに入る果樹の名称を，下の［資料７］と［地図］を参考にして答えなさい。

地図上では，果樹園の地図記号（ ○ ）が多くみられます。生口島《いくちじま》がもつゆるやかな斜面《しゃめん》と，瀬戸内ならではの温暖な気候が活かした果樹栽培がさかんです。特に，生口島は広島県の特産物でもある［　Ｙ　］の代表的な生産地として知られています。

［資料７］Ｙの生産量（2020年）

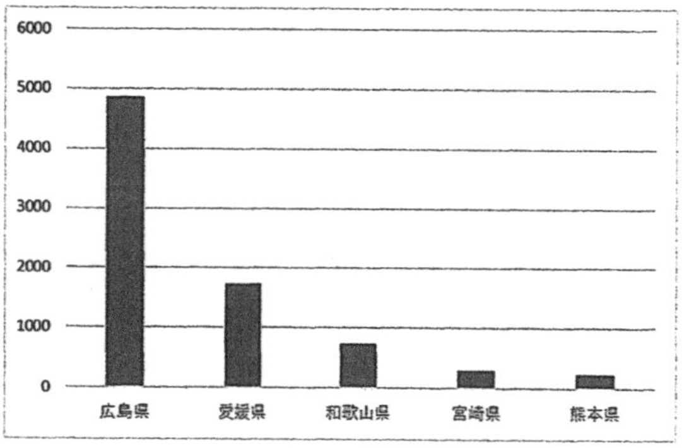

出典：農林水産省「特産果樹生産出荷実績調査」

［地図］広島県尾道市生口島

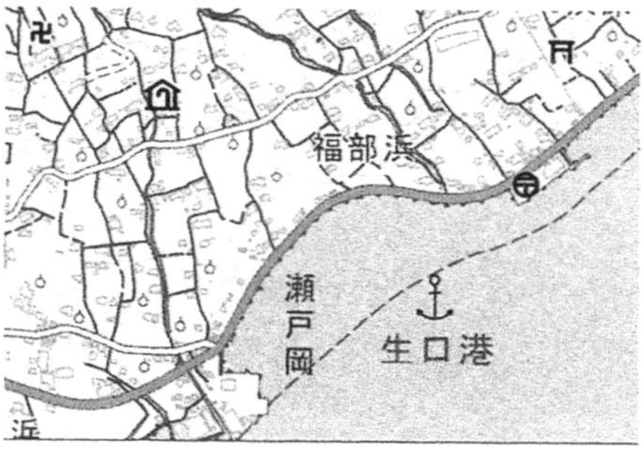

⑵　以下のA～Dの雨温図は地図上のア・イ・ウ・広島のものです。広島県の雨温図として正しいものをA～Dから１つ選び，記号で答えなさい。

A

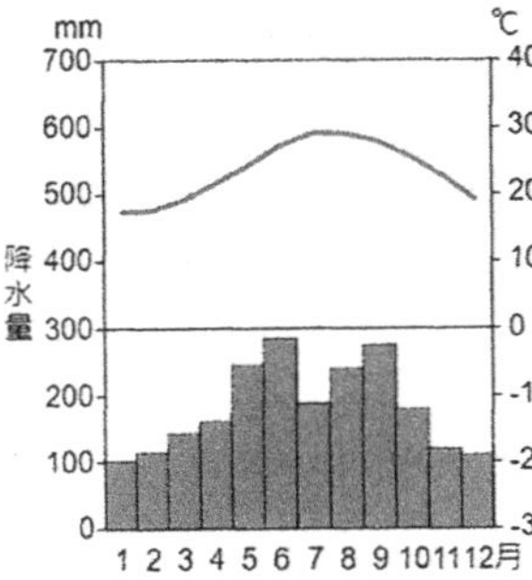

B

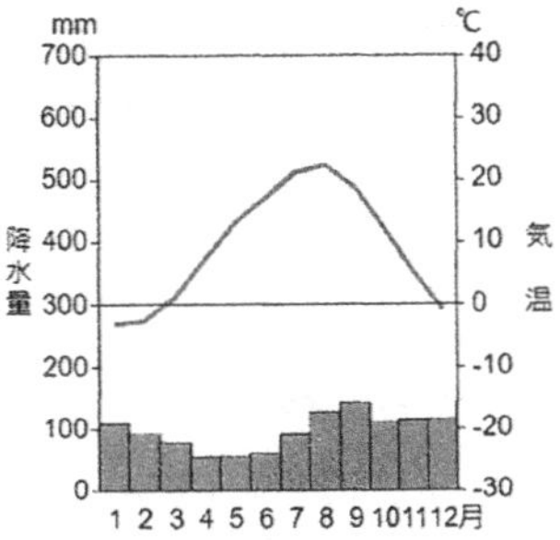

C

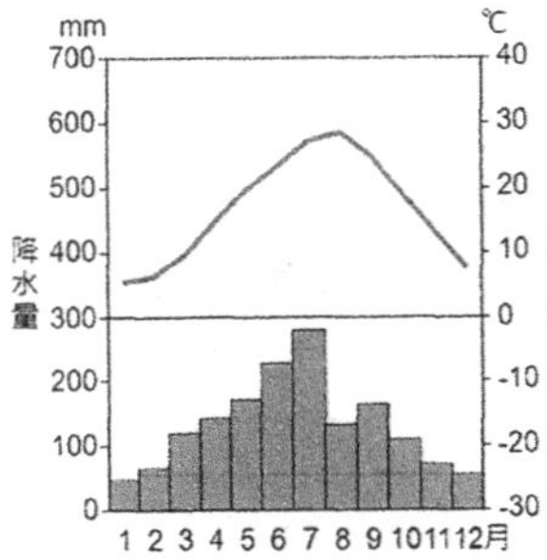

D

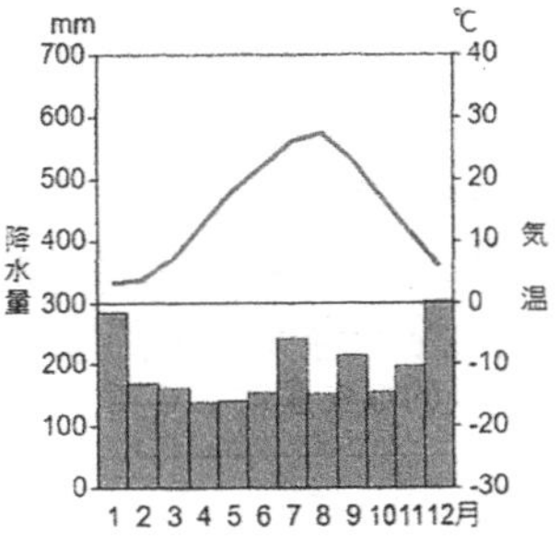

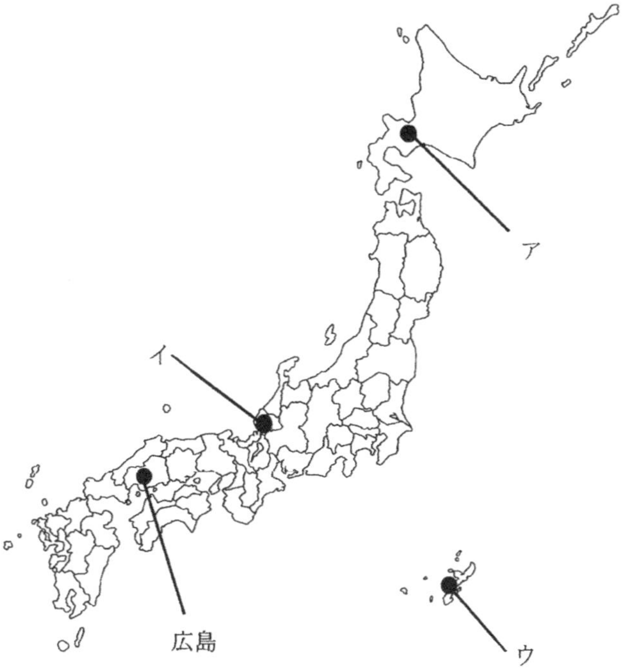

（問題は次のページに続きます）

【２】ある小学校の６年１組は，社会の時間に「日本における女性と政治の関わり」をテーマとして，調べ学習に取り組みました。そのまとめとして，「日本の女性は昔から政治との関わりが深い」と「日本の女性は伝統的に政治との関わりが薄《うす》い」の２つのグループに分かれて，ディベート（議論）を行いました。以下の議事録《ぎじろく》は，ディベートをした時のものです。議事録を読んで，各問いにそれぞれ答えなさい。

議事録（話し合ったこと）

創太くん	2023 年のジェンダーギャップ指数《しすう》（各国の男女格差を数値化したもの）を調べると，日本は 146 か国中 125 位で，特に政治の分野では 138 位でした。 この結果は，日本の女性が伝統的に政治との関わりが薄かったということを示していると考えます。
協子さん	たしかに，現在日本の女性はあまり政治に関わっていない，と言えるかもしれません。しかし，これまで歴史で習ってきたことを踏まえると，伝統的に関わりが薄いとは言えないと思います。 例えば，歴代の天皇を調べると，８人の女性天皇がいます。特に，初の女性天皇である推古天皇は，①聖徳太子らと協力して政治を行いました。このことから，日本の女性は昔から政治との関わりが深いと考えられます。
創太くん	女性の天皇がいたことは事実ですが，やはり男性の天皇の方が圧倒的に人数は多いです。それに，平安時代には藤原氏の男性が政治の実権を握っていたのですから，やはり女性の関わりは薄いと言わざるを得ません。
協子さん	ところが，自分の娘たちを天皇の妻にすることで，藤原氏は実権を握ったのです。ですから，女性の存在はとても大きいと言えます。また，藤原氏の娘たちの教育係をつとめた清少納言や紫式部といった人たちが，現在まで受けつがれる②日本風の文化を発展させたということも無視するべきではないと思います。
創太くん	でも，鎌倉時代以降は武士，つまり男性中心の世の中になり，女性が政治に関わることは不可能になりました。
協子さん	本当に不可能だったのでしょうか？たしかに，男性中心の武家社会において，女性は将軍にはなれませんでした。しかし，将軍や権力者の妻として政治に影響を与えた女性はいました。③こちらの表をご覧ください（表を提示しながら説明をする）。
協子さん	また，女性は政治的に利用されることもありました。例えば徳川家光は，行列を組んで１年おきに領地と江戸との間を行き来させる［　　　　］を大名に徹底《てってい》させるために，大名の妻と子どもが江戸で暮らすことを義務づけました。 良いかどうかは別として，女性が政治に利用されるということは，裏を返せば，女性が政治に関わっていたと言えると思います。

	（中略）
協子さん	今回調べてみて，女性は伝統的に政治との関わりが薄いということはなく，むしろ女性が政治から遠ざけられていったのは，実は明治時代以降なのではないか，と考えるようになりました。
創太くん	日本において女性に選挙権が保障された初めての選挙が行われたのは，1946年4月，つまり④<u>第二次世界大戦</u>の後であり，アメリカ（1920年）やイギリス（1928年）などの国と比べると遅いです。このことが，現在の女性政治家の少なさに影響を及ぼしているのではないかと考えています。

問1　下線部①の人物と最も関連のある史料をア～エから１つ選び，記号で答えなさい。

ア

> 記録を見ますと，唐の国力は衰退《すいたい》しています。また遣唐使には，どのような危険が生じるか，分かりません。遣唐使の派遣《はけん》をどうするか，話し合って決めますよう，お願いします。

イ

> 倭の王が使者を派遣してきた。その国書には「日がのぼる国の天子，日がしずむ国の天子に国書を届けます」と書いてあった。隋の皇帝はこの国書を読んで，不機嫌《ふきげん》になった。

ウ

> これまでの古い習慣を改め，政権を朝廷にお返しし，広く天下の議論をつくして天皇のご決断を仰《あお》ぎ，心を一つにして協力して国を守っていけば，外国とも肩を並べられるでしょう。

エ

> 天は人の上に人をつくらず，人の下に人をつくらずと言っている。（略）賢《かしこ》い人とおろかな人との違いは，学んでいるか，学んでいないかによってできたものであるという。

問2　下線部②の文化の説明として正しいものをア～エからすべて選び，記号で答えなさい。

ア．現在も世界の国々で読まれている『源氏物語』は，紫式部によって書かれた。

イ．清少納言は，すぐれた随筆《ずいひつ》である『土佐日記』を書いた。

ウ．束帯《そくたい》と呼ばれる男性の服装や，十二単と呼ばれる女性の服装が生み出された。

エ．遣唐使によって最先端の情報がもたらされたことで，日本独自の文化が生まれた。

問3　議事録中の空らん［　　　　］に入る正しい語句を漢字４字で答えなさい。

問4　下線部③に関連して，協子さんのグループは表を作成しました。以下の表を見て，⑴～⑷の各問いに答えなさい。

協子さんのグループが作成した表

名前	時代	夫	主なできごと
北条政子 	鎌倉時代	A 源頼朝	・B 承久の乱 …頼朝亡き後，「尼将軍」と呼ばれた政子の演説が，鎌倉の武士たちを団結させた。
日野富子 	C 室町時代	足利義政	・応仁の乱 …弟に将軍の位をゆずるつもりだった義政に，義尚（義政と富子の息子）を次の将軍にするよう迫《せま》ったことが応仁の乱の原因の一つとなった。
淀 	安土桃山～江戸時代	D 豊臣秀吉	・大阪の陣 …織田信長の姪《めい》であり，秀吉の妻であり，秀頼の母であった淀は，政治的な影響《えいきょう》力を持っていたが，大阪夏の陣で徳川家康に敗れて自害した。

⑴　図１は，下線部Aの人物と武士（御家人）との関係についてまとめたものです。図中の空らん［　X　］，［　Y　］に当てはまる語句をそれぞれ答えなさい。

図１

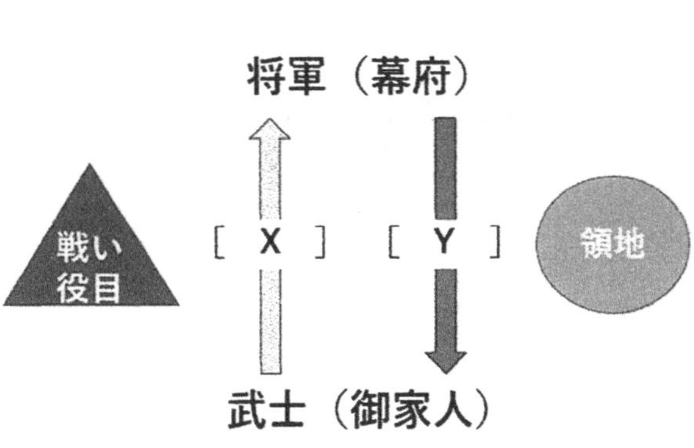

⑵　下線部Bの戦いは，鎌倉幕府とだれとの戦いか。次のア～エから１つ選び，記号で答えなさい。

ア．朝廷（上皇）　　イ．平氏　　ウ．元（モンゴル）　　エ．足利氏

⑶　下線部Cの時代の文化として**誤っているもの**をア～エから１つ選び，記号で答えなさい。

ア

イ

ウ

エ

⑷　下線部Dの人物が行った刀狩によって，武士と百姓との関係はどうなったか。刀狩の内容を含めて説明しなさい。

問５　下線部④の戦争について，ア～エの出来事を起きた順に並べかえなさい。

ア．日本軍，ハワイの真珠湾を奇襲攻撃《きしゅうこうげき》

イ．アメリカ軍，広島と長崎に原子爆弾を投下

ウ．日本，満州国の承認《しょうにん》をめぐり国際連盟を脱退《だったい》

エ．満州で日本軍と中国軍が軍事衝突《しょうとつ》（満州事変）

問6　ディベートが終わった後，先生から意見がありました。以下の「先生の意見」を読んで，問いに答えなさい。

「先生の意見」

どちらのグループもよく調べていましたね。いくつか，気づいたことを指摘《してき》します。
「関わりが深い」のグループは，古代に着目してみても良かったのではないでしょうか。例えば，縄文時代におまじないなどに使われたとされる⑤<u>土偶</u>や，⑥<u>邪馬台国の女王</u>について調べてみてもよかったと思います。
一方，「関わりが薄い」のグループは……（以下，略）

⑴　下線部⑤として正しいものをア～エから１つ選び，記号で答えなさい。

ア

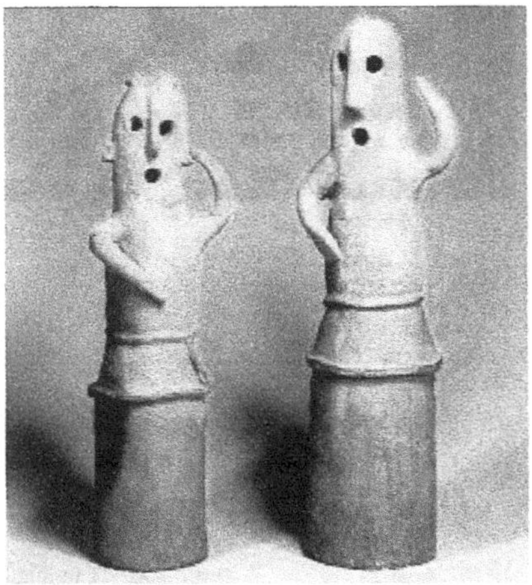

イ

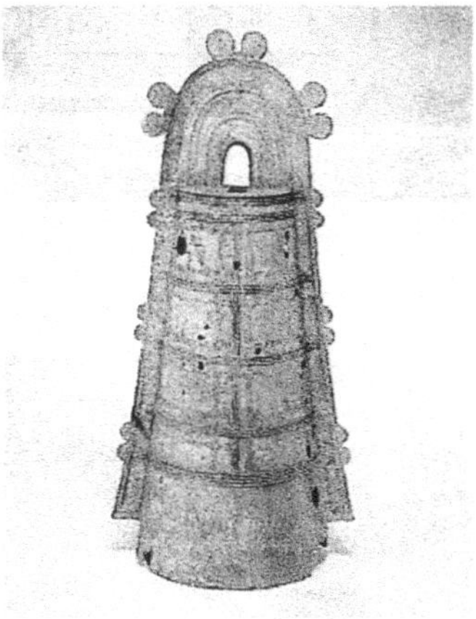

ウ

エ

⑵　下線部⑥の人物名を漢字３字で答えなさい。

2

問九

問十

【二】

問一

a タンジョウビ

b 苦笑い（い）

c 名字

d チョキン

e ゴカイ

問二

問三

問四

問五

問六

問七

問八

1

2

算数

2024年度
広島修道大学ひろしま協創中学校　入試Ⅱ

解答らん

1	(1)		(2)	
	(3)		(4)	
	(5)	m		
2	(1)	子どもの人数　　人，　あめの個数　　個		
	(2)		(3)	
3	(1)	【理由】		
	(2)	【考え方】	答	

小計	※

理科

2024 年度　広島修道大学
ひろしま協創中学校　中学入試Ⅱ

解答らん

1

(1)		(2)	②		③			
(3)								
(4)	⑤		⑥		⑦		⑧	
(5)		(6)		(7)	kg			

2

(1)	極	(2)		
(3)				
(4)	①	と	②	と
(5)	個	(6)		

※	小計

社 会

2024 年度　広島修道大学
ひろしま協創中学校　中学入試Ⅱ

解答らん

【1】

問1							
問2							
問3	(1)		(2)				
問4	(1)		(2)		(3)		
	(4)						
問5	(1)						
	(2)						
	(3)		問6	(1)		(2)	

※	小計

3)

【2】

問1		問2		問3	

問4	(1)	X		Y		
	(2)		(3)			
	(4)					

問5	→ → →

問6	(1)		(2)	

※	小計

受験生は※印のらんには記入しないこと。

受験番号		名前		得点	※ ※50点満点 （配点非公表）

3

(1)	%	(2)	g				
(3)		(4)		(5)		(6)	
(7)		(8)		(9)			

※	小計

受験生は※印のらんには記入しないこと。

受験番号		名前		得点	※ ※50点満点 （配点非公表）

4	(1)			
	(2)			
5	(1)		(2)	
	(3)	先にゴールするのは 【理由】		
6	(1)		(2)	
	(3)			
7	(1)	C… ，D… ，E… ，F…		
	(2)	と　と	(3)	

小計	※

受験生は※印のらんには記入しないこと。

受験番号		名前	

得点	※ ※100点満点 （配点非公表）

国語

二〇二四年度　広島修道大学ひろしま協創中学校　入試Ⅱ

受験番号	
名前	

※受験生は＊のらんには記入しないでください。

A	B	C	D	E	F	G	H	I	J	K	L	M	N	O	P	Q	合計
＊	＊	＊	＊	＊	＊	＊	＊	＊	＊	＊	＊	＊	＊	＊	＊	＊	＊

※100点満点
（配点非公表）

解答らん（句読点は字数に数えます）

【一】

問一　a ネフダ　b 至り（り）　c ジュウシ　d 安住　e カクチョウ

問二　Ⅰ　Ⅱ

問三　1　2　から

問四　1　2　3

問五

問六　Ⅲ　Ⅳ

問七

1

2024 年度

広島修道大学ひろしま協創中学校
入試Ⅲ

国　語

解答時間　50 分　　配点　100 点

〈注意事項〉

1　試験開始の合図があるまで，この問題冊子の中を見てはいけません。

2　問題は1ページから8ページまであります。問題用紙の空いている場所は，下書きや計算などに使ってもかまいません。

3　試験中に問題冊子の印刷不良や解答用紙のよごれなどに気づいた場合は，手をあげて監督者に知らせてください。

4　解答用紙には解答記入らん以外に，受験番号・名前の記入らんがあるので，放送の指示にしたがって，それぞれ正しく記入してください。

5　解答は，すべて解答用紙の解答記入らんに記入してください。

6　解答は，HB または B の黒鉛筆（シャープペンシルも可）を使い，濃く，はっきりと書いてください。

【二】次の文章を読んで、後の問いに答えなさい。句読点や記号はすべて一字として数えます。（設問《せつもん》の都合で一部本文を省略《しょうりゃく》した所があります。）

【文章】

お詫び

著作権上の都合により、文章は掲載しておりません。ご不便をおかけし、誠に申し訳ございません。

教英出版

お詫び

著作権上の都合により、文章は掲載しておりません。ご不便をおかけし、誠に申し訳ございません。

教英出版

お詫び
著作権上の都合により、文章は掲載しておりません。
ご不便をおかけし、誠に申し訳ございません。
教英出版

（白石優生『タガヤセ！ 日本』）

※農水省…農林水産省。農林・畜産・水産業関係の中央行政機関。

問一 ━━部㋐～㋔について、カタカナは漢字に直し、漢字はその読みをひらがなで答えなさい。

問二 〰〰部ⓐ「生産」の反対の意味の言葉を本文からぬき出して答えなさい。

問三 〰〰部ⓑ「停止」と同じ構成の熟語を次から選び、記号で答えなさい。

ア 往復　イ 来客　ウ 日没　エ 道路

問四 〰〰部ⓒ「受け入れられる」の「られる」と同じ使い方をしているものを次から選び、記号で答えなさい。

ア 町で声をかけられる。
イ 先生が家に来られる。
ウ 美しい桜の花が見られる。
エ 考えさせられる取り組みだ。

問五　[Ⅰ]・[Ⅱ]にあてはまる言葉を次から選び、それぞれ記号で答えなさい。ただし、同じ記号をくり返し使わないこと。

ア　たとえば　イ　だから　ウ　しかし　エ　さて

問六　――部①「『農業』と『ほかの産業』とのいちばんのちがい」について、筆者はどのように述べているか。次の文の（　　）に入る言葉を本文から八字でぬき出して答えなさい。

ほかの産業とちがって、農業は（　　）だ、ということ。

問七　――部②「『生産調整』が難しい産業」について、酪農の例で考えると、なぜ生産調整が難しいのか。本文の言葉を使って四十字以内で説明しなさい。

問八　――部③「そのたび」について、「その」がさす内容を解答らんに合うように三十字以内でぬき出し、最初と最後の三字を答えなさい。

（　　）になるたび。

問九　――部④「この数字をもっと上げていかなければなりません」について、何を上げないといけないのか。次の（　　）に入る言葉を漢字五字でぬき出して答えなさい。

（　　）の数字。

問十　修君たちのグループではこの【文章】について話し合った。次の会話を読んで、あとの問いに答えなさい。

修　コロナ禍で、農家の人たちが大変だったことがわかるね。

道子　そうね。呼びかけを知った時には「牛乳が余っているならヨーグルトやクリームを作ればいい」と思っていたけれど、そう簡単にはできない[1]のね。

協子　後半には筆者のメッセージが書かれているわね。

創一郎　消費者が農家に協力する[2]って、どういうことかな。

修　作者の呼びかけにヒントがあるんじゃないかな。

道子　[A]ことだと思うわ。

創一郎　ぼくたちにできるかな。

修　できることは限られているけど、家族や学校で取り組めば、大きな力になるかもしれないよ。

【問い】

(1)　――部1「簡単にはできない」について、簡単にできないのはなぜか。解答らんに合うように、【文章】の言葉を使って二十五字以内で答えなさい。

呼びかけが行われている時は、（　　）。

(2)　――部2「消費者が農家に協力する」とはどうすることか。[A]に入る内容を自分で考えて二十五字以内で答えなさい。

【二】　次の文章を読んで、後の問いに答えなさい。句読点や記号は、すべて一字として数えます。

夕食のあいだじゅう、恭介《きょうすけ》はきげんが悪かった。きげんの悪い時、恭介はいつも思う。僕《ぼく》はジャングルに住みたい。

「もうすぐ、卒業式ね」
すきやきのなべにお㋐サトウをたしながら、お母さんが言った。
「そうしたら、恭介も中学生か」
お父さんが言った。
「まだだよ。まだ二月だから小学生だよ」
「でも、もうすぐじゃないか。入学手続きだってすませたんだろ」
「うん」
恭介はぶっちょうづらのまま、しらたきを口いっぱいにほおばった。
㋑今朝、学校に行ったら、女の子たちがサイン帖《ちょう》をまわしていた。もうすぐおわかれだね、とか、さみしいね、とか、そんなことばかり話していた。ひとりが、恭介のところにもサイン帖を持ってきた。
「俺《おれ》、書かないよ」
「どうして」
「だって、さみしくねぇもん」
女の子はⓐきまり悪そうにそこに立っていた。
「何だよ。書きたくないんだからいいだろ」
「もういいわよ。暮林《くればやし》くんになんかたのまない」
女の子はサイン帖をかかえたまま、小走りで自分の席にもどった。みんなの㋒シセンが恭介にあつまる。
「ちぇっ、何だよ」
恭介はどすんと席にすわった。机の上に、一時間めの教科書と、ノートと、ふでばこをだす。ちぇっ、あいつも見ていた。ななめ前の方から、暮林くんのいじわる、という顔をして、恭介を見ていた。（中略）
給食は、あげパンと、とん汁と、牛乳とみかんだった。恭介は給食当番で、かっぽう着を着て給食をとりにいく。
「やった。とん汁《じる》だ」
恭介は、今までとん汁の日に給食当番になったことが一度もなかった。教室のうしろに立って、一人一人の器《うつわ》にとん汁をつぐ。みんなステンレスのお盆《ぼん》を持って一列にならぶ。あと三人、あと二人、あと一人。恭介はドキドキした。あいつの番だ。
「少しにして」
あいつが言う。恭介は、なるべく豚肉《ぶたにく》の多そうなところを、じゃばっと勢いよくつぐ。なみなみとつがれたとん汁をみて、あいつはⓑまゆをしかめた。
「少しにしてって言ったでしょ」
「せんせーっ、野村さんが好き嫌《きら》いします」
恭介が声をはりあげると、大島先生はまのぬけた声でこたえる。
「それはよくないなぁ。野村さん、がんばって食べてごらん」
野村さんは、大きな目できゅっと、恭介をにらみつけた。
お母さんが、恭介のちゃわんに、くたくたに煮《に》えたすきやきのにんじんを入れた。
「好き嫌いしてると背がのびないわよ」
実際、恭介は背が低かった。野村さんは女子の中でまん中より少し小さく、その野村さんとならんで、ほとんどおなじくらいだった。
「もういらないよ。ごちそうさまっ」

恭介ははしをおいて、二階にあがった。部屋に入るとベッドの上に大の字に横になる。野村さんの顔が浮かんでくる。動物でいうならバンビだ、と恭介は思う。三年生の時にはじめていっしょのクラスになって、四年生は別々で、五年生、六年生とまたいっしょになった。野村さんについて恭介が知っていることといえば、㋓ホケン委員で、とん汁が嫌いで、女子にしては足がはやい、ことくらいだった。①今朝あんなことがあったから、今日は一日、誰《だれ》も恭介にサイン帖を持ってこなかった。もちろん野村さんもだ。恭介はベッドからおりて、机のひきだしをあけた。青い表紙の②サイン帖が入っている。ちぇっ、恭介はひきだしをしめて、もう一度ベッドに横になった。

　中学にいったら生活がかわるだろうなぁ、と恭介は思った。勉強だってしなくちゃいけないし、先生だって大島みたいなのんきなやつじゃないにきまっている。野球とか基地ごっこばかりをやっているわけにはいかなくなる。クラスのみんなもばらばらになってしまう。あいつなんか私立にいってしまうから、なおさら会えない。あーあ。③ジャングルに住みたい。

　ジャングルに住んだら、と恭介は考える。勉強もない、家もない、洋服も着ない。穴をほってその中で暮らそう。ライオンとゴリラを飼おう。狩《か》りをして、その獲物《えもの》を食べればいい。皮をはいで㋔毛布にしよう。となりのほら穴にあいつが住んでいて、僕があいつの分も狩りをしてやる。僕とあいつのほかには人間は誰《だれ》もいなくて、猿《さる》とか、へびとか、しまうまとか、ペットっぽくない動物だけが住んでるといい。

　恭介が④大島先生に呼びだされたのは、次の日の放課後だった。職員室はストーブがききすぎていてあつい。大島先生は今まで生徒を呼びだしたことなど一度もなかったので、恭介は少しドキドキした。

「わざわざ呼びだしたりして悪かったね」

　先生が言った。

「何の用だと思う」

「わかりません」

「そうだよな。ずいぶん前のことだし」

「はぁ」

「去年の春に、遠足に行ったろ。あのとき買い食いしたのは暮林くんだけじゃないって、わかってたんだ。代表でおこられてもらったんだよ。すまなかったね」

「はぁ」

「話はそれだけだ。もうじき卒業だから、きちんと言っておきたくてね。じゃ、気をつけて帰れよ」

「……はい」

　いったいなんなんだ。へんなやつ。恭介は下駄箱《げたばこ》でくつをはきかえながら、まだ心臓がドキドキしていた。もちろん、遠足のときのことは恭介もよくおぼえていた。

　僕と、高橋と、清水と、それから三組のやつらも何人かいっしょに、アイスクリームを買い食いした。集合の時、僕だけがおこられた——でも、そんな昔のこともういいよ。教師があやまるなんて、気持ちわるい。ちぇっ、大島ともあと一ヵ月のつきあいだと思うとせいせいする。

　大島先生の言葉や態度は、いつも恭介をイライラさせる。すまなかったね、

なんて。もうじき卒業だから、なんて。
「あれ」
下駄箱の奥《おく》に、白い表紙のノートが入っている。⑤サイン帖だった。
「誰のだろう」
［Ⅰ］とページをめくり、恭介はびくんとして手をとめた。あいつのだ。あいつのサイン帖だ。どのページもみんな、なみちゃんへ、で始まっている。なみちゃんというのは野村さんの名前だった。恭介は、すのこを［Ⅱ］とけって校庭にとびだした。冬の透明《とうめい》な空気の中を、思いきり走る。かばんが［Ⅲ］鳴る。
家にとびこんで、ただいま、と一声どなると、恭介は階段をかけあがり、自分の部屋に入った。かばんの中からサイン帖をだす。野村さんのサイン帖。一ページずつ、たんねんに読む。おなじような言葉ばかりが並んでいた。卒業、思い出、別れ、未来。
「おもしろくもないや」
声にだしてそう言って、恭介はノートを机の上にぽんとほうった。
その日はそのあとずっと、⑥サイン帖のことが頭をはなれなかった。夕食のあいだも、おふろのあいだも、テレビをみているあいだも、恭介は頭のどこかでサイン帖のことを考えていた。みんなの前で、僕は書かないよって言ったんだ。書けるわけがないじゃないか。それなのにこっそり下駄箱に入れるなんて、絶対、書いてなんかやるもんか。恭介はいつもより少し早く、自分の部屋にひきあげた。
ドアをあけると、机の上の白いノートがまっさきに目にとびこんでくる。

あーあ。やっぱり僕はジャングルに住みたい。ジャングルには卒業なんてないもんな。そりゃあ、中学にいけばいいこともあるかもしれない。あいつよりかわいい子がいて、大島よりぼんやりした教師がいるかもしれない。でも、それはあいつじゃないし、大島じゃない。僕だって、今の僕ではなくなってしまうかもしれない。恭介は机の前にすわり、青いサインペンで、ノートに大きくこう書いた。
野村さんへ。
俺たちに明日はない。暮林恭介
いつか観《み》た映画の題名は、そっくりそのまま今の恭介の気持ちだった。
次の日、恭介が⑦サイン帖をわたすと、野村さんは、
「ありがとう」
と言ってにっこり笑った。机のひきだしにしまってある自分のサイン帖のことが、恭介の頭をかすめた。あいつの下駄箱に入れておいたら、あいつは何て書いてくれるだろう。女の子だから、やっぱり思い出とか、お別れとか、書くんだろうか。恭介は、首のあたりがくすぐったいような気がした。教室の中は、ガラスごしの日ざしがあかるい。

（江國香織『つめたいよるに』新潮文庫刊）

問一 ━━部㋐～㋔について、カタカナは漢字に直し、漢字はその読みをひらがなで答えなさい。

問二 〰〰部ⓐ「きまり悪そうに」・ⓑ「まゆをしかめた」とはどのような様子か。次から選び、それぞれ記号で答えなさい。

ⓐきまり悪そうに　ア　うれしくて照れをかくすように
イ　とまどって気まずそうに
ウ　かなしくてさびしそうに
エ　おどろいて腹立たしそうに

ⓑまゆをしかめた　ア　うれしい思いでまゆを下げた
イ　くやしさでまゆをつり上げた
ウ　不快な思いでまゆを寄せた
エ　おどろきでまゆを上げた

問三　[Ⅰ]～[Ⅲ]にあてはまる言葉を次から選び、それぞれ記号で答えなさい。ただし、同じ記号をくり返し使わないこと。

ア　がたがた　イ　ひらひら　ウ　かたかた　エ　ぱらぱら

問四　――部①「あんなこと」とはどのようなことか。本文の言葉を使って二十五字以内で答えなさい。

問五　――部②・⑤・⑥・⑦「サイン帖」には、一つだけちがうものがある。その記号で答えなさい。

問六　――部③「ジャングルに住みたい」について、恭介がジャングルに住みたいと思ったのはなぜか。最もふさわしいものを次から選び、記号で答えなさい。

ア　これから起こるさまざまな変化に対する心配や悩みを考えなくてよくなるから。
イ　狩りをしたり、ライオンやゴリラを飼ったりすることで女の子に自慢《じまん》できるから。
ウ　両親から、小学校での勉強や生活態度についての文句や不満を言われなくなるから。
エ　さまざまな野生動物や植物が生きている大自然の中で自分の力を試してみたいから。

問七　――部④「大島先生に呼びだされた」について、大島先生は何をするために恭介を呼び出したのか。本文の言葉を使って四十字以内で答えなさい。

問八　道子さんたちのグループは、この文章を読んで話し合いました。次の会話を読んで、後の問いに答えなさい。

道子　最初と最後の一文が対照的よね。
協子　最初は「恭介はきげんが悪かった」と書いてあるわね。
修　最後の「（　Ⓐ　）」という言葉は、教室の様子を書いているんだけど、同時に恭介の気持ちを表しているような気がしたよ。
創一郎　[1]恭介の卒業に対する気持ちが大きく変わっているよね。変わったきっかけは何だろう。
協子　サイン帖だと思うわ。
道子　サイン帖に「俺たちに明日はない」って書いたから、かしら。
創一郎　「俺たちに明日はない」って、どういう意味かな。
修　（　Ⓑ　）じゃないかな。
道子　恭介くんがちょっと大人になったような気がするわね。

【問い】

(1)（　Ⓐ　）に入る言葉を本文からぬき出して答えなさい。

(2)（　Ⓑ　）に入る言葉として最もふさわしいものを次から選び、記号で答えなさい。

ア　気になる女の子が自分とはちがう学校に行くので、卒業すると会えなくなってしまうということ

イ　卒業すると自分もまわりもすっかり変わってしまい、今のままではいられなくなるということ

ウ　中学生になると勉強がいそがしくなるので、明日のことなど考えられなくなるということ

エ　きびしい先生がいる中学校に入ると、今までのように遊んではいられなくなるということ

(3)　―――部1について、恭介の気持ちはどのように変わったのか。六十字以内で説明しなさい。ただし、次の条件を守ること。

条件①　「最初は」という言葉で書き始めること。

条件②　「卒業」・「サイン帖」という言葉を使うこと。

2024年度

広島修道大学ひろしま協創中学校
入試Ⅲ

算　数

解答時間　50分	配点　100点

【注意事項】

1　試験開始の合図があるまで，この問題冊子の中を見てはいけません。

2　問題は 1 ページから 6 ページまであります。問題用紙の空いている場所は、下書きや計算などに使ってもかまいません。

3　試験中に問題冊子の印刷不良や解答用紙のよごれなどに気づいた場合は，手をあげて監督者に知らせてください。

4　解答用紙には解答記入らん以外に，受験番号・名前の記入らんがあるので，放送の指示にしたがって，それぞれ正しく記入してください。

5　解答は，すべて解答用紙の解答記入らんに記入してください。

6　解答は，HB または B の黒鉛筆（シャープペンシルも可）を使い，濃く、はっきりと書いてください。

5)
)】

1 次の計算をしなさい。

(1) $7+13\times12$

(2) $\frac{9}{14}\div1\frac{2}{7}$

(3) $3+(1.25-0.375)\times24$

(4) $8\times406-8\times19-8\times134$

(5) $1-\frac{1}{2}+\frac{1}{3}-\frac{1}{4}+\frac{1}{5}-\frac{1}{6}$

2　次の問いに答えなさい。ただし，解答らんに言葉や式で考え方を説明しなさい。

(1)　1から100までの整数のうち，6の倍数であるが，8の倍数ではない数は何個あるか求めなさい。

(2)　協子さんは分速300 mで走り，創太くんは分速400 mで走ります。この2人が同じ方向に同時に走り出したとき，2人の間のきょりが20 mになるのは何秒後か求めなさい。

(3)　小学生8人が小テストを行ったところ，平均点は6.5点でした。8人のうち，6人の点数は7，8，6，9，4，3点と分かっています。点数が分かっていないAさんとBくん2人の点数の比が2：3のとき，Aさんの点数を求めなさい。

3　ペットボトルに 1.5 L のジュースが入っています。このうち 27 % をこぼしてしまいました。ペットボトルに残っているジュースは何 mL か求めなさい。

4　落とした高さの $\frac{3}{5}$ だけはね上がるボールがあります。このボールを 180 cm の高さから落としたとき，落とした高さと 2 回目にはね上がった高さとの差を求めなさい。

5　○＊△ の計算を，○＊△＝○－△＋○ ×△ と定めます。6＊△＝26 となるような △ にあてはまる数を求めなさい。

6　65 冊のノートと，127 個の消しゴムと，220 本のえんぴつを何人かの子どもに同じ数ずつ配ると，どれも 3 つずつ余りました。子どもの人数は何人か求めなさい。

7　右の図は，正方形 ABCD です。図のように，辺 BC を 1 辺とする正三角形 BCE を作り，点 A と点 E，点 D と点 E をそれぞれ結びます。このとき，ア，イ の角度をそれぞれ求めなさい。

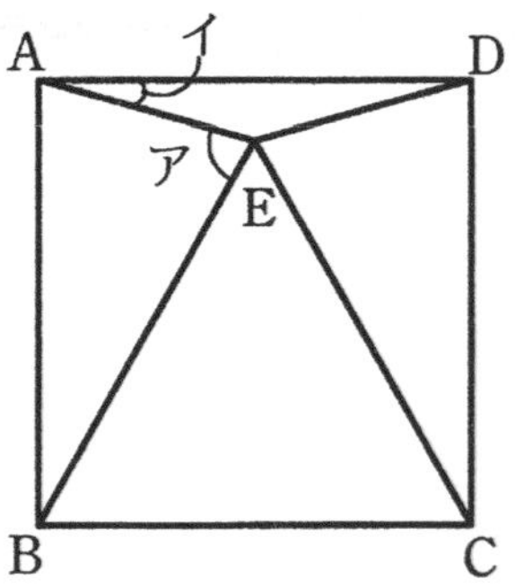

8　次の図は，正方形の中に円がぴったりおさまっています。点 P と点 Q はちょうど円と正方形がくっついている点で，PQ の長さは 4 cm です。このとき，しゃ線部分の面積を求めなさい。ただし，解答らんに言葉や式で考え方を説明しなさい。また，円周率は 3.14 として計算しなさい。

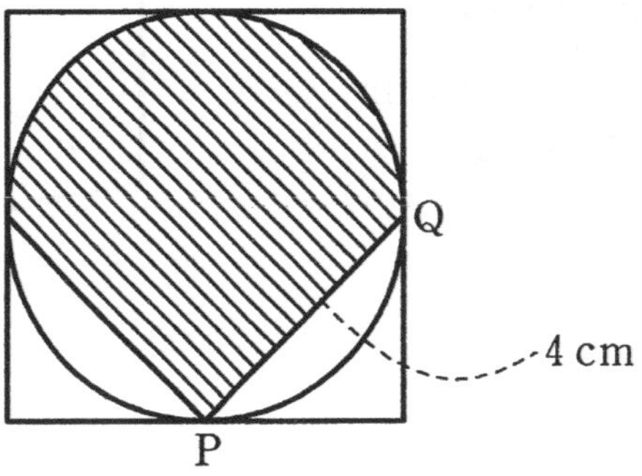

9　【図1】のような底面が直角三角形の三角柱があります。それぞれの辺の長さは図のとおりです。

【図1】

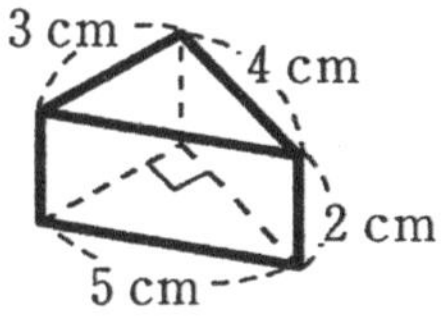

【図2】は【図1】のそれぞれの辺を2倍したもの，【図3】は【図1】のそれぞれの辺を3倍したものです。

【図2】

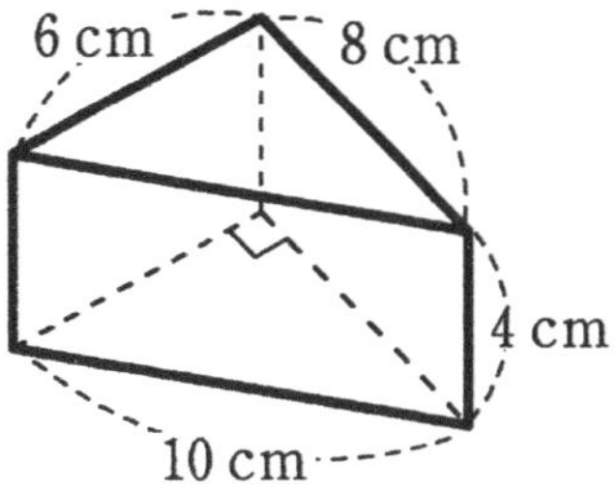

【図3】

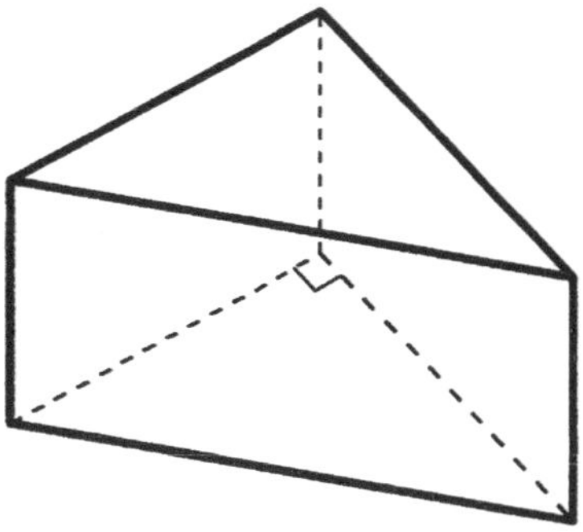

大きい方から順に三角柱を直角の部分がちょうど重なるように積み重ねていきます。

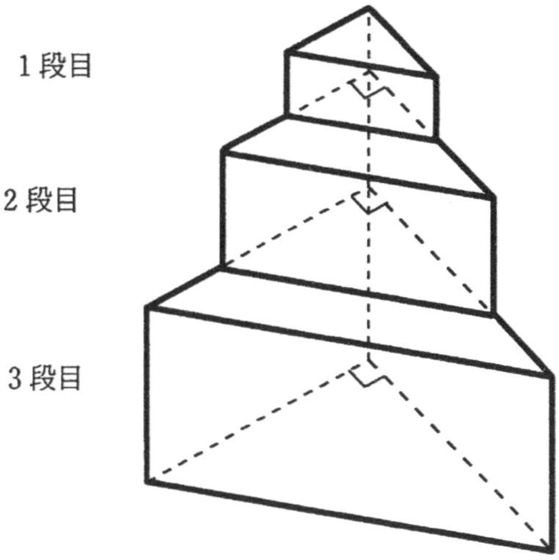

この後も，【図１】のそれぞれの辺を４倍，５倍…したものを積み重ねていきます。このとき，次の問いに答えなさい。

(1)　３段積み重ねたときの体積の合計を求めなさい。

(2)　何段積み重ねたときに，体積の合計がはじめて 3000 cm^3 より大きくなるか求めなさい。

10　赤色，青色，黄色，緑色のさいころが１個ずつあります。この４個のさいころを投げて，出た目をかけた数について考えます。このとき，次の問いに答えなさい。

(1)　出た目をかけた数が３となる目の出方は何通りあるか求めなさい。

(2)　出た目をかけた数が４となる目の出方は何通りあるか求めなさい。

(3)　出た目をかけた数が 32 となる目の出方は何通りあるか求めなさい。

問十
(2)
ことだと思うわ。

【二】

問一
㋐ サトウ
㋑ 今朝
㋒ シセン
㋓ ホケン
㋔ 毛布

問二
ⓐ
ⓑ

問三
Ⅰ
Ⅱ
Ⅲ

問四

問五

問六

問七

問八
(1)
(2)
(3)

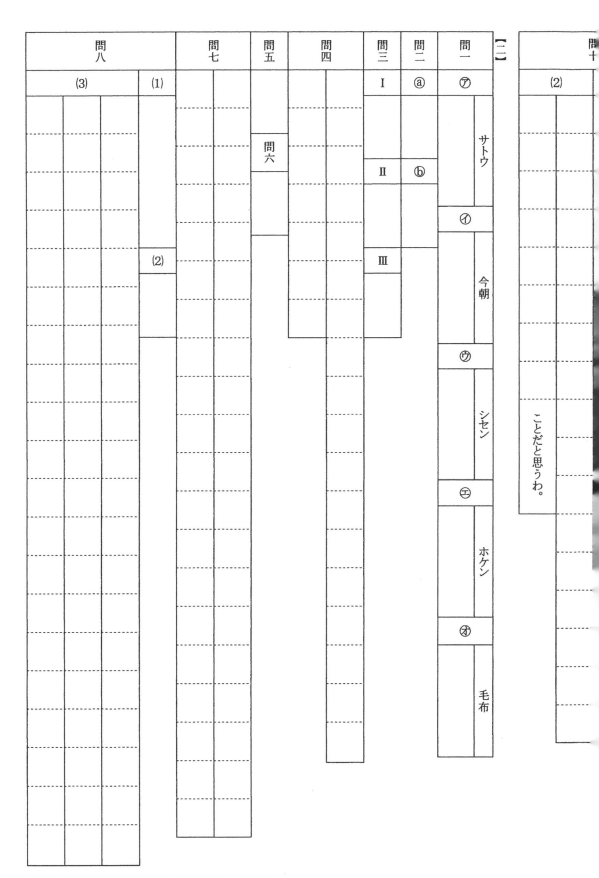

算　数

2024年度
広島修道大学ひろしま協創中学校　入試III

解　答　ら　ん

1	(1)		(2)	
	(3)		(4)	
	(5)			

2	(1)	【考え方】 答
	(2)	【考え方】 答
	(3)	【考え方】 答

小計	※

2)

<table>
<tr><td>3</td><td colspan="2"></td><td>4</td><td colspan="2"></td></tr>
<tr><td>5</td><td colspan="2"></td><td>6</td><td colspan="2"></td></tr>
<tr><td>7</td><td colspan="2">ア＝</td><td colspan="3">イ＝</td></tr>
<tr><td>8</td><td colspan="3">【考え方】</td><td>答</td><td></td></tr>
<tr><td>9</td><td>(1)</td><td></td><td>(2)</td><td colspan="2"></td></tr>
<tr><td rowspan="2">10</td><td>(1)</td><td></td><td>(2)</td><td colspan="2"></td></tr>
<tr><td>(3)</td><td></td><td colspan="3"></td></tr>
</table>

小計	※

※印のらんには記入しないでください。

<table>
<tr><td>受験番号</td><td></td><td>名前</td><td></td><td>得点</td><td>※
※100点満点
（配点非公表）</td></tr>
</table>

国語

二〇二四年度 広島修道大学ひろしま協創中学校 入試Ⅲ

受験番号

名前

※受験生は＊のらんには記入しないでください。

A	B	C	D	E	F	G	H	I	J	K	L	M	N	O	P	Q	合計
*	*	*	*	*	*	*	*	*	*	*	*	*	*	*	*	*	*

※100点満点
（配点非公表）

解答らん（句読点と記号は字数に数えます）

【一】

問一
㋐ ギジュツ
㋑ 用いて　いて
㋒ ヨキ
㋓ 不測
㋔ 天候

問二

問三

問四

問五
Ⅰ
Ⅱ

問六
ほかの産業とちがって、農業は
だ、ということ。

問七

問八
最初
最後
になるたび。

問九
の数字。

⑴ 呼びかけが行われている時は、

2023 年度

広島修道大学ひろしま協創中学校

入試Ⅱ

国　語

解答時間　50 分　　配点　100 点

〈注意事項〉

1　試験開始の合図があるまで，この問題冊子の中を見てはいけません。

2　問題は1ページから 8 ページまであります。問題用紙の空いている場所は，下書きや計算などに使ってもかまいません。

3　試験中に問題冊子の印刷不良や解答用紙のよごれなどに気づいた場合は，手をあげて監督者に知らせてください。

4　解答用紙には解答記入らん以外に，受験番号・名前の記入らんがあるので，放送の指示にしたがって，それぞれ正しく記入してください。

5　解答は，すべて解答用紙の解答記入らんに記入してください。

6　解答は，HB または B の黒鉛筆（シャープペンシルも可）を使い，濃く，はっきりと書いてください。

【一】次の文章を読んで、後の問いに答えなさい。

ある英英辞典によると、英語圏《けん》では最近、たとえば乗客 passenger ということばの代わりに顧客《こ》 customer ということばを使うことが増えているようです。(Oxford Advanced Learner's Dictionary, 6th edition)。乗客にはかってよりも、パワーと選択肢《たくし》があるというニュアンスを出すためだそうです。

[1]、日本ではどうでしょう。①「消費者が生産者やサービス提供者よりもパワーと権威《い》を持つ社会」でしょうか。そうとも言えそうですが、やや異なるような気もします。スーパーのレジでの対応を思い出してみてください。

[2]、あなたは高校生です。あなたは、まえのひとの支払《はら》いが[A]スむのを待っています。あなたの番がまわってきました。

「おまたせしました、いらっしゃいませ」。あなたはあまり待たされませんでしたが、そうレジの店員さんに言われるでしょう。

「○○ポイントカードはおもちですか?」。あなたはそれを持っていないとしましょう。

「失礼いたしました」。中年すぎの店員さんは、何かとても悪いことをしてしまったかのように、高校生のあなたに謝《あやま》ります。

商品の値段がひとつひとつバーコードで読みとられていきます。

「ありがとうございます、五八〇円になります」。あなたは千円札を出して、おつりをもらいます。

「四二〇円のおかえしです。お[B]タシかめください。ありがとうございました。またどうぞ、ご利用くださいませ」。店員さんはおへそのあたりに両手の手のひらをあて、ひじを横に張った格好《かっこう》でうやうやしくあなたにお礼を言います。

千円も買わない買い物客にこのような対応をする国は、日本以外にはありません。最近は、日本式のサービスを[C]導入しようとする外国のサービス業が増えているそうです。ですから、似たような接客をするスーパーがどこかの国にあるかもしれませんが、私は寡聞《かぶん》[注1]にして知りません。

デパートの店員が従業員出入り口を出入りするとき、売場にむかってかならず一礼するような国は日本だけでしょう。外国では、高級店をのぞき、たいてい無愛想《ぶあいそう》な接客をされます。

[3]、無愛想だから不快かというと、そうでもないのがおもしろいところです。

一方、日本なら、有名デパートであろうと百円ショップであろうと、ファミリーレストラン(以下、ファミレスと略す)であろうと、レンタルビデオ店であろうと、まさしく「お客様は神様です」といった感じで接客されます。

「パワーと権威《い》を持つ」というよりも、過剰《じょう》に丁重にもてなすべき存在。

怒《おこ》らせたり、不快な思いをさせたりしてはいけない相手。

代金を払《はら》ってくれる(可能性がある)かぎり、できるだけ満足させなければならないひと。[I]

それが日本の消費者への、すくなくとも[D]ゲンバの店員の対応です。ですから、[注2]マンガが描《えが》いているように、すこしでも従業員の不手際《てぎわ》があると、すぐに謝罪して客の不快感を取り除こうとします。このような日本社会の実態を表現することばとして、私は、「お客様」社会を使いたいと思います。

消費者ということばには、理性的で合理的なひと、というニュアンスが感じられます。[II]

しかし、じっさいの客はそういうひととして扱《あつか》われていません。「かしこいお客様」などということばもありませんし、あったとしてもかなり変に感じます。なにより私たちは、ふだん買い物したり外食したりするときに、店員から「消費者さん」などと呼ばれません。たいていは「お客様」「お客さん」です。けれども「お客さん」はあまり使われなくなり、「お客様」と呼びかけられることが増えているように感じます。[III]

たとえば、外食チェーン店に入ると、対応に出てきた店員さんが「いらっしゃいませ、お客様～」「お客様、何名様でしょうか?」「お客様、三名様お越《こ》しで～す」と大きな声を出し、他の店員に何名の客が来たかを知らせます。すると他の仕事をしている店員さんたちも「いらっしゃいませ～」と声をかけてきます。支払《はら》いを終えて帰るときにも「お客様、お帰りで～す」とひとりの店員さんが発声すると、他の店員がまたまた口々に「お客様、ありがとうございました～」「またおこしくださいませ～」と大きな声をかけてきます。私の感覚では、せいぜい「お客さん」でいいと思うのですが、「さん」ではなく「様」が使われます。[IV]

（中略）

さて、「様」を使う理由はなんでしょう。もちろんそれは、客は店員よりも一段上の存在であり、客には丁重なもてなしをうける価値があること、店員はほんとうにそう思っているのだということ、こういったことを客に感じさせたいからです。

ただし店員は、客を自分より一段上の存在だと、こころの底から思っているわけではありません。マニュアルに従って接客しなければならないから、たとえばハンバーガーショップの店員さんは、五歳《さい》ぐらいの E幼児に対しても、一人前の大人に対するのとおなじ丁重な態度で「本日は店内でお召《め》しあがりですか?」と訊《たず》ねるのです。接客のアルバイトをしたことがあるひとにとっては、あたりまえのことでしょう。

そんな訳で、ときどき変なことが起きます。写真家でエッセイストでもある星野博美が、ある日、ファミレスで見かけたできごとです。

さっき店に小学五年生ぐらいの男の子が一人で入ってきた。（中略）
するとウェイトレスがいった。
「[A]」
小学生は慣れたようにただ首を横に振《ふ》り、禁煙《えん》席に向かった。
いや、早急《さっきゅう》な判断はできない。後から親が来るのかもしれないと思って見ていたが、彼はたった一人だった。
いくらマニュアル化された世界だからといって、これほど頭を使わないままでいいのだろうか?

（星野博美『銭湯の女神』文春文庫）

ちょっと信じがたいエピソードですが、事実のようです。私のようなおじさんが、店で丁重に「お客様」扱いされているのも、小学生に「[A]」とつい訊ねてしまうのとおなじく、機械的な反応にすぎないのでしょう。どんな客にも丁重な接客を徹底するための、②マニュアルが生んだ喜劇です。

（『「お客様」がやかましい』森真一　ちくまプリマー新書）

注1寡聞…自分に知識がないことをけんそんして言う表現。
注2マンガ…原文には、様々な出来事にすぐ謝る店員を描いているマンガがのっている。

問一 ――A～Eのカタカナを漢字に直し、漢字は読みを答えなさい。

問二 [1] [2] [3] にあてはまるものとして最もふさわしいものを次から選び、記号で答えなさい。ただし、同じ記号はくり返し使えません。

ア　では　イ　ただし　ウ　たとえば　エ　したがって

問三 ――①『消費者が生産者やサービス提供者よりもパワーと権威《い》を持つ社会』でしょうか。そうとも言えそうですが、やや異なるような気もします」とありますが、これに対して筆者は日本社会の消費者をどのような存在と書いていますか。本文から十四字でぬき出して答えなさい。

問四 本文には次の一文がぬけています。どこに入れれば良いか、[I]～[IV]の中から選び、記号で答えなさい。

> だから、「かしこい消費者」や「消費者教育」ということばは成り立ちます。

問五 [A]にはどのような言葉が入るか、自分で考えて二十字以内で答えなさい。ただし、[A]には同じ言葉が入ります。

問六 ――②「マニュアルが生んだ喜劇」とありますが、ここでいう「喜劇」とはどういうことですか。自分の言葉で説明しなさい。ただし「喜劇」とは、「人が思わず笑ってしまうような面白い出来事」という意味です。

問七 次は本文についてAさん、Bさん、Cさんが授業内で話し合っている様子です。これを読み、後の問いに答えなさい。

Aさん：筆者はこの文章の中でどのような主張をしているのか改めて考えてみよう。
Bさん：筆者は最近の消費者について、「怒《おこ》らせたり、不快な思いをさせたりしてはいけない相手」と言っているね。
Cさん：そんな消費者たちが多くなっているのが今の社会なんだろうね。
Bさん：そのような社会の実態を筆者は（　I　）と呼んでいるね。
Cさん：そのような社会の実態について筆者は最近の消費者には「お客さん」ではなく、「お客様」が使われるとも言っているね。
Aさん：そうだね。それに加えて、筆者は行き過ぎたマニュアル化についても述べているね。
Bさん：それについては「機械的な」と言っているから良く思っていない気

がするな。人間らしさがなくなっているよね。どうしたら良いのかな？

Cさん：今回の話の接客もそうだけど（　　Ⅱ　　）。

1　（　Ⅰ　）に入る言葉を、本文から七字でぬき出しなさい。

2　――部について「様」は「さん」と比べてどのようにちがうか。解答らんに合うように自分で考えて答えなさい。

3　（　Ⅱ　）に入る言葉を「マニュアル」、「自分」という言葉を入れて五十字以内で答えなさい。

【二】次の文章を読んで、後の問いに答えなさい。

中二の九月に、マレーシアからの帰国子女になった花岡沙弥《さや》(私)は、日本の中学に順応しようと苦労している。また、図書館の延滞《たい》本の取り立てをしてまわる「督促《とくそく》女王」と呼ばれるようになった中三の佐藤莉々子《さとうりりこ》は転校生で、なかなか学校になじめずにいる。中二の男子の藤枝《ふじえだ》はお父さんがマレーシアの人と再婚する。学校を休みがちな藤枝と莉々子とはかつて吟《ぎん》行(和歌などを作りにでかける)仲間であった。現在は沙弥と莉々子が吟行仲間である。

始業式の日。下校の時間になったばかりの教室で、勢いよく扉《とびら》が開いた。

扉のほうを見なくても、この開け方は、まず間違《ちが》いない。

「ちょっと！　いくら待っても来なかったんだけど！」

「あー、寝坊《ねぼう》したから。」

怒《いか》りをあらわにして現れた佐藤先輩《ぱい》に藤枝は［　A　］答えた。

「ぎりぎりまで待ってたから、わたしまで遅《ち》刻するところだったじゃない。危《あや》うく今年の皆勤《かい》賞を逃《のが》すところだった。」

「朝のお祈《いの》りをして、気づいたら二度寝《ね》してた。」

口から［　B　］出てきたお祈《いの》りという言葉に、わたしたちははっとする。

教室にはまだたくさん人が残ってるけど、①聞かれても大丈《じょう》夫なのかな？

「藤枝、イスラム教徒になったってホントなの？」

②近くにいた朋香《ともか》ちゃんが屈託《くったく》のない表情でストレートにきいた。まるで、幼稚《ち》園児が「動物園にゾウさんいるの？」と尋《たず》ねるみたいに。

「そうだよ。」
藤枝は答える。「そうだよ、ゾウさんはいるよ。」と答えるみたいに自然。
「やっぱり商店街で見かけた、あのベール被《かぶ》った人は、藤枝のお母さんだったのかあ。すごくきれいなベールで、わたしほしくなっちゃった。あれって日本で売ってる?」
「分かんない。たぶん、ネットで買ったりしてるんじゃないかな。」
朋香ちゃんの言葉には、マイナスの感情や[注1]疎《そ》外しようとするA意図は全然感じられなかった。
「ちゃんと、お祈りしてるんだ。一日何回もあるから大変じゃない?」
わたしが遠慮《りょ》がちにきくと、まあ、と藤枝は返した。
マレーシアでは、約六割の人たちがイスラム教徒だから、朝になると、お祈りの放送が[注2]モスクから流れる。でもここはそんな環《かん》境とはちがう。
「一日五回もあるからたまにサボるけど。学校では、会議室を使っていいって言われてる。」
藤枝はBヘイゼンと答える。そんな藤枝をC遠巻きに見て、③耳打ちをしている人たちもいる。
でも。④藤枝は藤枝だ。佐藤先輩も、わたしも、きっと朋香ちゃんもそう思っている。
わたしだって。帰国子女だってことは事実。でも、それは事実で、だからどうだって自分を決めつけることはない。なかには決めつけてくる人もいるだろうけど、ほんの少しでも花岡沙弥自身を見てくれる人がいてくれればそれでいい。それ以外の人に、どう思われるかを気にしすぎていた。
教室を見回すと、みんなそれぞれグループでしゃべったり取っ組み合ったりしている。朋香ちゃんはいつの間にかわたしたちから離《はな》れて、テニス部の子たちと動画サイトで人気のダンスをしているし、オカモトくんはお笑い芸人の一発芸を真似てすべっている。
「あ、教室に[注3]タンカード忘れた。⑤三十一秒で戻《もど》るから待ってて。」
佐藤先輩はわたしにそう告げると、髪《かみ》をなびかせて教室を出ていった。
何でそんな半端《ば》な数、と思ったけど、佐藤先輩のことだから、短歌の音数と合わせたんだろうな。
いや、でも三十一秒は無理でしょ、三年生の教室は一つ上の三階だし。
(中略)
「はい、サヤ。タンカード渡《わた》しておくね。吟行できない代わりに、冬休み中、勉強のD合間にいっぱい詠《よ》んだから。」
自己申《しん》告三十一秒で教室に戻ってきた佐藤先輩がタンカードを差し出す。
「あーっ! ありがとうございます!」
わたしの大声に、先輩は後ずさりした。席に座《すわ》っている藤枝は耳をふさいでいる。
「ちょっと何。大げさだよ。」
「だって。」
タンカードを渡してくれたからだけじゃない。
だってサヤって呼んでくれた。

わたしのクリスマスの願いを叶《かな》えてくれた。タンカードの短歌で伝えた思いが伝わったんだ。

「それにしても、『アンタは友達』っていうフレーズには笑ったけど。」

「あんた……？　アンダですよ。」

「アンタって書いてあったよ。」

えっ、ウソだと焦《あせ》りながらタンカードを開くと、

『何語でもわたしはサヤと呼ばれたい　アンタはサヤの友達だから』

「わー！　タにテンテン忘れてるーっ！　あの、『アンダ』って書いたつもりだったんです。『アンダ』は、マレーシア語で丁寧《ていねい》な二人称の『あなた』っていう意味で……。」

あーもう、何でいつもこう、抜《ぬ》けてるんだろう。

ごめんなさい、と⑥わたしがしょげると、

「別にいいよ。あんたはわたしの友達だから。」

莉々子先輩がくすくす笑った。

友達。

⑦くすぐったくて心地《ここち》いい。

ずっと、友達の距離《きょり》で呼び合いたかった。佐藤先輩じゃなくて、花岡さんじゃなくて。

「何か、二人仲いいねっ。」

また、ひらりと舞《ま》い戻《もど》ってきた朋香ちゃんがわたしたちに声をかける。

「えっと……。」

⑧不意打ちに、わたしは一瞬《しゅん》言葉につまる。

莉々子先輩と仲よくしてるところを見られた。前だったら、それは大問題だったけど……。

もう大丈《じょう》夫。

うん、わたしはうなずいた。

どう受け止められるかは、朋香ちゃんを信じてEマカせる。

「いつの間にか友達だったのかあ。そういえば、終業式の日にサンタとトナカイのコンビだったもんね。」

朋香ちゃんが莉々子先輩に親指を立てた。

「正直いつも怖いですけど、⑨あれはナイスです！」

その言葉に、黙《だま》っていた藤枝がぷっと笑った。

（『リマ・トゥジュ・リマ・トゥジュ・トゥジュ』こまつあやこ）

注1疎外…のけ者にする。

注2モスク…イスラム寺院。

注3タンカード…作った短歌などを書きしるすための紙。

問一　――A～Eのカタカナを漢字に直し、漢字は読みを答えなさい。

問二　[A]　[B]にあてはまるものとして最もふさわしいものを次から選び、記号で答えなさい。

ア　そっと　イ　はっきりと　ウ　するりと　エ　しれっと

問三　――①「聞かれても大丈夫なのかな?」とありますが、なぜ沙弥はそのように思ったのですか。次の文の空らんにあてはまる七字の言葉を本文からぬき出しなさい。

聞かれてしまうと［　　　　］を持たれてしまうかもしれないと思っているから。

問四　――②「近くにいた〜尋ねるみたいに」で使われている表現技法を次から二つ選び、記号で答えなさい。

ア　反復法　イ　明ゆ（直ゆ）法　ウ　暗ゆ（いんゆ）法

エ　ぎ人法　オ　倒置法

問五　――③「耳打ちをしている」⑧「不意打ち」とは本文でどのような意味で使われていますか。最もあてはまるものをそれぞれ次から選び、記号で答えなさい。

「耳打ちをしている」…ア　伝え合っている　イ　悪口を言っている

ウ　ひそひそ話をしている　エ　びっくりしている

「不意打ち」…ア　わざとらしい行動　イ　いやみな行動

ウ　攻撃的な行動　エ　予告なしの行動

問六　――④「藤枝は藤枝だ」とありますが、この言葉から沙弥は自分自身に対してどのように思っていることが分かりますか。それを説明した次の文の（1）〜（3）にあてはまる言葉を本文からぬき出し、（4）は自分で考えて答えなさい。

自分が（　1　）であることによって、人に（　2　）を気にしすぎていたが、自分を（　3　）ことをしないで（　4　）の自分でいられればよいと思っている。

問七　――⑤「三十一秒で戻るから待ってて」の「三十一」の数字を沙弥はどのような意味と受け取っていますか。本文の語句を用いて答えなさい。

問八　――⑥「わたしがしょげる」とありますが、この時の沙弥の気持ちを六十字以内で答えなさい。

問九　――⑦「くすぐったくて心地いい」とありますが、この時の気持ちを説明している次の文の［1］［2］に、最もあてはまる組み合わせを次から選び、記号で答えなさい。

莉々子先輩に「友達」として認められたその呼び方が［　1　］て、［　2　］。

ア　1うれしく　2晴れ晴れする　イ　1わずらわしく　2うれしい

ウ　1てれくさく　2気まずい　エ　1気はずかしく　2気分がいい

問十　――⑨「あれ」の指す部分を十五字以内でぬき出して答えなさい。

問十一　本文の中にサヤの作った短歌が一首のっています。その短歌をぬき出して答えなさい。

問十二　本文の内容に最もあてはまるものを次から一つ選び、記号で答えなさい。

ア　藤枝は、佐藤先輩とけんかをしていたが、短歌作りを通して仲直りをし、協力することの大切さを感じている。

イ　沙弥は、仲間との関係から自分の思いに素直になり、自分を信じることの大切さを感じている。

ウ　沙弥は、クラスの中で境遇《ぐう》が違う友だちをまとめる朋香ちゃんの様子を見て、リーダーシップの大切さを感じている。

エ　藤枝は、遅刻などの細かいことを気にしないおおらかさが大切であると感じている。

2023年度

広島修道大学ひろしま協創中学校
入試Ⅱ

算　数

解答時間　50分　　配点　100点

【注意事項】

1　試験開始の合図があるまで，この問題冊子の中を見てはいけません。

2　問題は 1 ページから 6 ページまであります。問題用紙の空いている場所は，下書きや計算などに使ってもかまいません。

3　試験中に問題冊子の印刷不良や解答用紙のよごれなどに気づいた場合は，手をあげて監督者に知らせてください。

4　解答用紙には解答記入らん以外に，受験番号・名前の記入らんがあるので，放送の指示にしたがって，それぞれ正しく記入してください。

5　解答は，すべて解答用紙の解答記入らんに記入してください。

6　解答は，HB または B の黒鉛筆（シャープペンシルも可）を使い，濃く、はっきりと書いてください。

1 次の計算をしなさい。

(1) $(32-6\times2)\div5\times2$

(2) $3.9\div0.78$

(3) $5\frac{1}{3}+2.75\div\frac{1}{2}$

(4) $6.8\times13+0.68\times70$

(5) 7時間16分 − 5時間49分 = 　　　時間　　　分

2　次の問いに答えなさい。

(1)　大小2個のさいころを同時に投げるとき，出た目の数を足した答えが4の倍数になるのは何通りあるか求めなさい。

(2)　右の図は，点Oを中心とする円の円周を6等分したものです。㋐の角度を求めなさい。

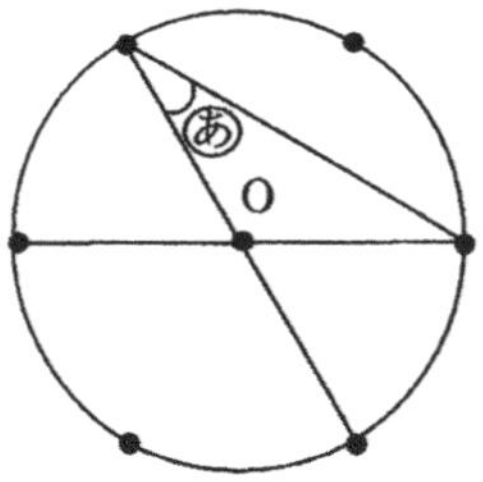

(3)　ある本を読むのに，1日目は全体の$\frac{2}{5}$を，2日目は残りの$\frac{1}{3}$を読んだところ，残り124ページとなりました。この本は全部で何ページあるか求めなさい。

3　次の問いに答えなさい。ただし，解答らんに考え方（解き方や式など）も書きなさい。

(1)　2023年1月13日は金曜日です。その1000日後は何曜日になるか，答えなさい。

(2)　Aさんは分速100mで歩き，1km歩くごとに1分の休けいをとります。Aさんが5km進むには何分かかるか，答えなさい。

4　Aさんは国語，算数，理科，社会の4科目の平均点が73点でした。算数と理科と社会の3科目の平均点は75点で，国語と理科の2科目の平均点は65点でした。このとき，理科の得点は何点になるか，あなたの考えを説明し，答えなさい。

5　右の図は，ある立体の展開図を表している。この展開図を組み立ててできる立体について，次の問いに答えなさい。

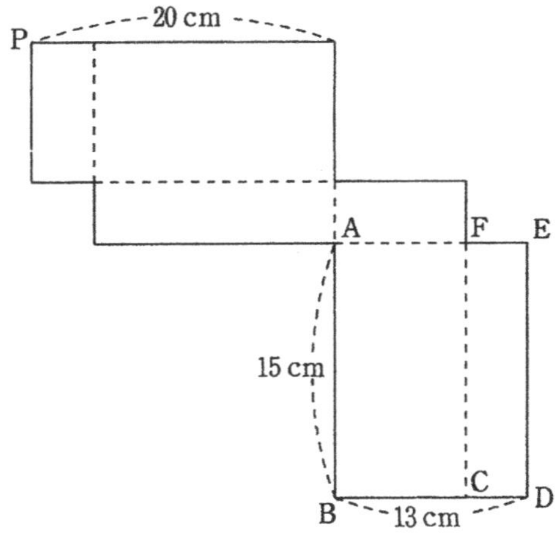

(1)　点Pと重なる点は，点A～Fのうちどれか，記号で答えなさい。

(2)　この立体の体積を求めなさい。

6　次の図のような，高さが等しい正方形と平行四辺形があります。正方形が図の位置から矢印の向きに毎秒1cmで動くとき，次の問いに答えなさい。

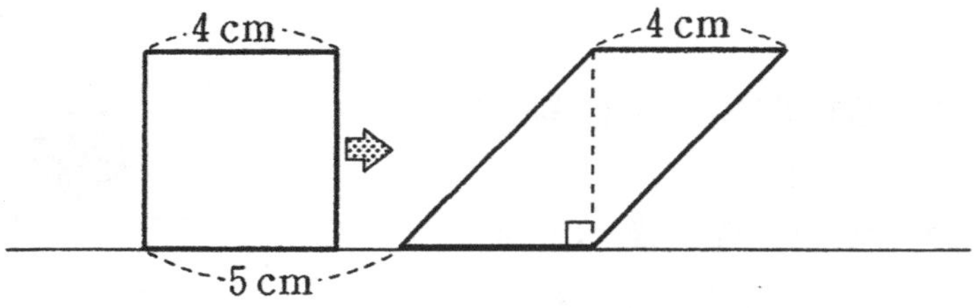

(1)　正方形と平行四辺形が重なっている時間は，正方形が動きはじめてから何秒後から何秒後までか求めなさい。

(2)　正方形が動きはじめてから6秒後の正方形と平行四辺形の位置関係をかき，正方形と平行四辺形が重なっている部分の面積は何cm^2か求めなさい。

7　右の図のように，4 行 4 列のマス目に白と黒の石が置いてあります。次のルールにしたがって A 君と B 君が交ごに石をマスに置くとき，次の問いに答えなさい。

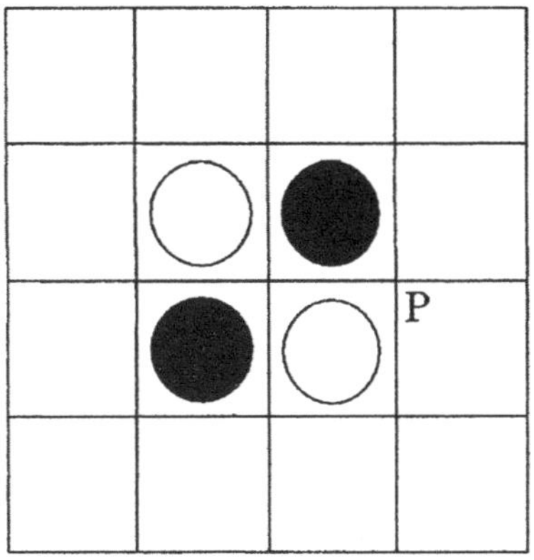

ルール①　：　A 君から順番に，A 君は黒石を B 君は白石を置く。

ルール②　：　自分の色の石で縦，横，ななめに別の色の石をはさんだとき，はさまれた石を自分の石の色に変える。

ルール③　：　石は別の色の石をはさめる位置にしか置くことができない。

(1)　A 君が最初に P と書かれたマスに石を置いたとします。B 君が初めて石を置くとき，石を置くことができるマスは何マスあるか求めなさい。

(2)　B 君が 1 回目，2 回目ともに角のマスに石を置く置き方は何通りあるか求めなさい。

8　次のように，ある規則にしたがって数が並んでいます。次の問いに答えなさい。

1	$\frac{1}{2}$	1	$\frac{1}{3}$	$\frac{2}{3}$	1	$\frac{1}{4}$	$\frac{1}{2}$	$\frac{3}{4}$	1	$\frac{1}{5}$	$\frac{2}{5}$	…
1番目	2番目	3番目	4番目	5番目	6番目	7番目	8番目	9番目	10番目	11番目	12番目	…

(1)　19番目の数を求めなさい。

(2)　3回目の $\frac{1}{3}$ が出てくるのは，1番目から数えて何番目か求めなさい。

(3)　1番目から数えて15回目の $\frac{1}{3}$ と1番目から数えて15回目の $\frac{1}{4}$ の間には，$\frac{1}{2}$ が何個並んでいるか求めなさい。

2023 年度

広島修道大学ひろしま協創中学校

入試Ⅱ

理科・社会

解答時間 50 分　　配点 各 50 点

〈注意事項〉

1 試験開始の合図があるまで，この問題冊子の中を見てはいけません。

2 問題は理科が1ページから4ページ，社会が6ページから13ページまであります。問題用紙の空いている場所は，下書きや計算などに使ってもかまいません。

3 試験中に問題冊子の印刷不良や解答用紙のよごれなどに気づいた場合は，手をあげて監督者に知らせてください。

4 解答用紙には解答記入らん以外に，受験番号・名前の記入らんがあるので，放送の指示にしたがって，それぞれ正しく記入してください。

5 解答は，すべて解答用紙の解答記入らんに記入してください。

6 解答は，HB または B の黒鉛筆（シャープペンシルも可）を使い，濃く，はっきりと書いてください。

7 理科や社会の問題は，どちらから解いても構いません。

理科の問題はここから始まります

1 植物のつくりを調べるために次のような実験をしました。

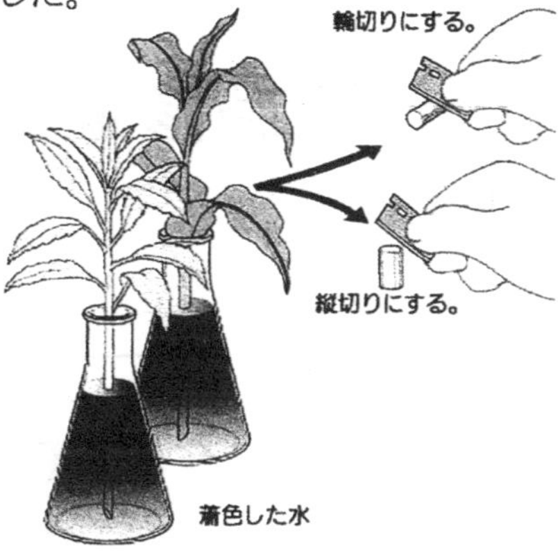

【実験１】赤インクをとかした水を，トウモロコシとホウセンカの根から吸わせ，次の日に茎の断面《だんめん》を観察しました。

（１）茎の断面《だんめん》を観察すると，赤色に染まった部分が管のようになっていました。この管の名前を何と言いますか。

（２）トウモロコシとホウセンカの茎を水平に輪切りにした横断面《おうだんめん》を解答らんに書き込みなさい。ただし，赤インクで染まった部分を鉛筆で黒色で示してください。

（３）トウモロコシとホウセンカの茎を縦《たて》切《ぎ》り《り》にした縦断面《じゅうだんめん》を解答らんに書き込みなさい。ただし，赤インクで染まった部分を鉛筆で黒色で示してください。

【実験２】ホウセンカの葉の表と裏に塩化コバルト紙をはりつけ観察しました。

（４）葉にはりつけた塩化コバルト紙は表と裏のどちらが早く色が変わりますか。また，色は何色に変わりますか。

（５）次の文章の（　　）にあてはまる言葉を答えなさい。

植物は日差しが強い昼間は（　①　）や（　②　）を盛んにおこなっている。しかし，気温が高く湿度が（　③　）くて，風速が（　④　）条件下では（①）のはたらきが昼間に一時的に低下する現象がみられることがある。これは（②）によって植物から（　⑤　）が失われるのを防ぐために気孔《きこう》が閉じ，その結果（　⑥　）を取り込むことができず（①）のはたらきが一時的に低下するためである。

2　太陽のまわりには，地球をふくめて８つの大きな天体が存在します。太陽に近い順に水星，金星，地球，火星，木星，土星，天王星《てんのうせい》，海王星《かいおうせい》です。これらは太陽を中心にして，同一平面状を同じ方向に，それぞれ異なる一定の速さで円をえがいてまわっていると考えることができ，この動きを公転《こうてん》といいます。太陽のまわりを一周して元の位置に戻ってくるまでの時間を公転周期《こうてんしゅうき》といい，地球は１年です。公転周期は太陽に近いほど短く，太陽から遠いほど長くなっています。水星の公転周期は 0.24 年で，海王星の公転周期は 165 年です。

（１）下線部の天体のことを何と言いますか。

（２）(1)のまわりをまわっている星を何と言いますか。

（３）地球から真夜中には観測《かんそく》できない天体は次のうちのどれですか。すべて選び記号で答えなさい。

ア．水星　　イ．金星　　ウ．火星　　エ．木星　　オ．土星

（４）図の２つの円は金星と地球の公転を表しています。太陽，金星，地球の順で一直線にならんでから，次に同じように一直線にならぶまでは 1.6 年かかります。金星の公転周期は何日ですか。小数第１位を四捨五入し整数で答えなさい。

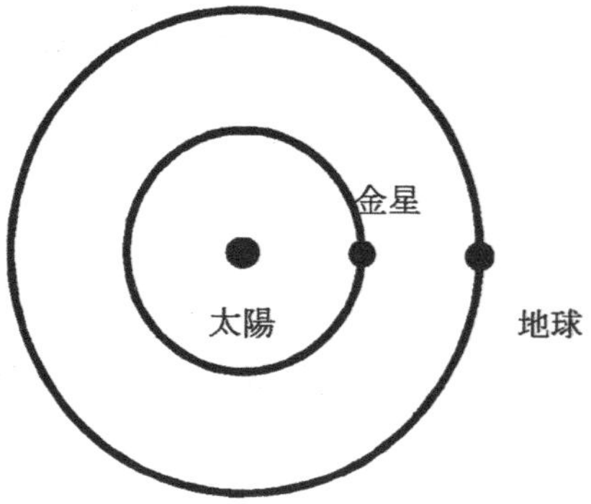

（５）地球の（２）は，月です。月にはクレーターと呼ばれるでこぼこがあります。これはいん石の衝突《しょうとつ》によってできたと考えられています。地球には月のように多くのクレーターがありません。それはなぜですか。簡単な文章で答えなさい。

3　ふり子について，以下の各問いに答えなさい。

図のように糸におもりをつるしてふり子をつくり，ある高さからおもりをはなす。ふり子の糸の長さ，おもりの重さを変えて次のような実験を行った。

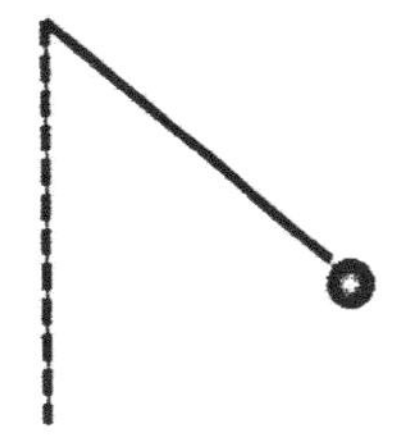

【実験１】おもりをはなす位置，ふり子の糸の長さを変えず，おもさを変えて10往復する時間を調べると次の表のような結果になった。

おもりの重さ[g]	10	20	30	40
10往復の時間[秒]	12.4	12.6	12.2	12.5

【実験２】おもさ100gのおもりを，はなす位置を5cmにし，ふり子の長さを変えて10往復する時間を調べると次の表のような結果になった。

ひもの長さ[cm]	20	40	60	80	100	120	140	160
10往復の時間[秒]	8.9	12.5	15.4	17.8	19.9	21.8	23.5	25.0

（１）ふり子のおもりをAの位置まで持ち上げ，静かにはなしたとき，次の図のア～エを通過するときの速さを調べた。

① もっとも速かったのは，ア～エのうちどれか。

② もっとも遅かったのは，ア～エのうちどれか。

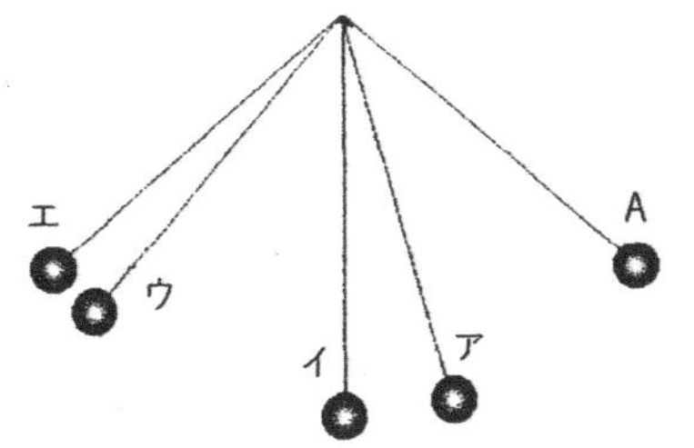

（２） 実験２から，ふり子の周期※が２倍になるのは，ひもの長さが何倍になるときか。

（３） 実験１・２から，ふり子の周期には，どのような性質があるといえるか。「おもりの重さ」「ひもの長さ」という語句を用いて答えなさい。

※ 周期とはふり子が１往復する時間のこと

【実験３】 図のように，同じ長さの糸を用意し，材質は同じで大きさの異なる２つのおもりを使い，ふり子を作った。ふり子の振れ幅を同じにし，２つの周期を測った。

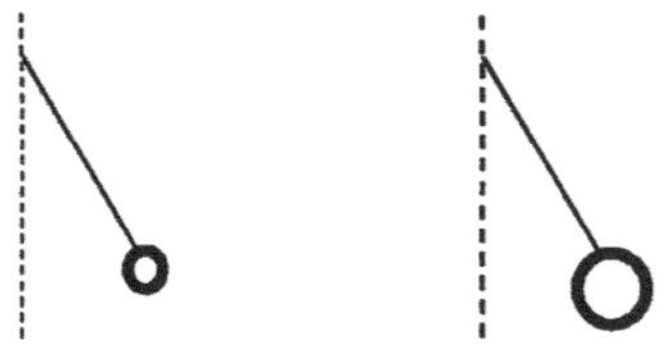

（4） 実験 3 を行ったとき，おもりの大きいふり子と，小さいふり子どちらの周期が大きいか。説明しなさい。

4 次の表は，水の温度と砂糖，食塩の 100g の水に溶ける最大の量[g]の関係を表したものである。これらの物質について，[操作 1]～[操作 4]を行った。下の各問いに答えなさい。ただし，答えが割り切れない場合は，小数第一位までの値で答えなさい。

水の温度[℃] 物質[g]	20	40	60	80
砂糖	200	240	290	360
食塩	35.5	36.0	37.0	38.0

[操作 1] 40℃の水 100g に 220g の砂糖をすべて溶かし，水溶液 A を作った。
[操作 2] 操作 1 の後，20℃まで冷却すると，溶け残りができた。
[操作 3] 40℃の水 80g にできるだけたくさん食塩を溶かし，水溶液 B を作った。
[操作 4] 60℃の水 200g に食塩 50g を溶かした。この水溶液を加熱し，水 80g を蒸発させた後，20℃まで冷やしたところ，溶け残りがでてきた。

（1） 水 100g に砂糖 25g を溶かした。この水溶液の濃度は何パーセントか。

（2） 操作 1・2 で，でてきた溶け残りは何 g か。

（3） 操作 3 の水溶液 B にとけている食塩は何 g か。

（4） 操作 4 で，でてきた溶け残りは何 g か。

（5） 操作 2 や操作 4 では溶け残りが生じている。このような溶け残りをへらすためには様々な方法が考えられる。何を変化させると溶ける量が変化するか。１つ答えなさい。

1　2022年は，沖縄県が日本に復帰して50年という節目の年です。そこで協子さんは，沖縄県についてまとめることにしました。以下のメモを読み，問いに答えなさい。

沖縄県

人口約145万人　県庁所在地（　A　）市　①全国で４番目に小さい県

気候
- １年を通して暖かい
- ②台風が多くやってくる

産業
- 主な農作物は④さとうきびやパイナップル
- もずくの⑤養殖《ようしょく》がさかん
- 沖縄固有のアグー⑥豚《ぶた》が生産されている

観光
- 美《ちゅ》ら海《うみ》水族館や世界文化遺産に登録されている（　B　）が人気
- 夏には③エイサー祭りが開かれる

課題
- 日本にあるアメリカ軍専用施設の７割が沖縄県にある
- ⑦海水温の上昇によるさんごしょうの白化

問１　メモの（　A　）について，以下の問いに答えなさい。

⑴　（　A　）にあてはまる都市名を答えなさい。

⑵　以下の雨温図は東京・広島・（　A　）である。（　A　）の雨温図をア～ウから１つ選び記号で答えなさい。

ア

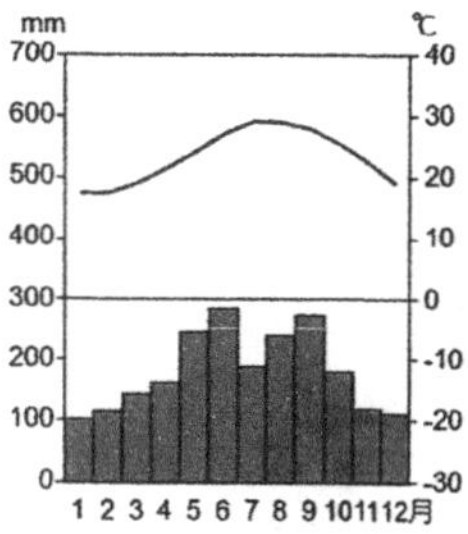

イ

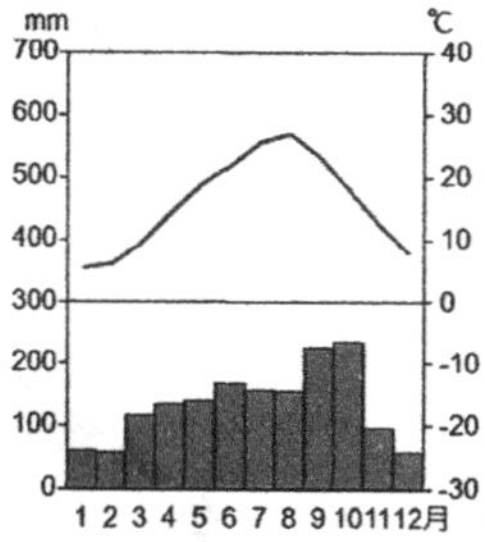

ウ

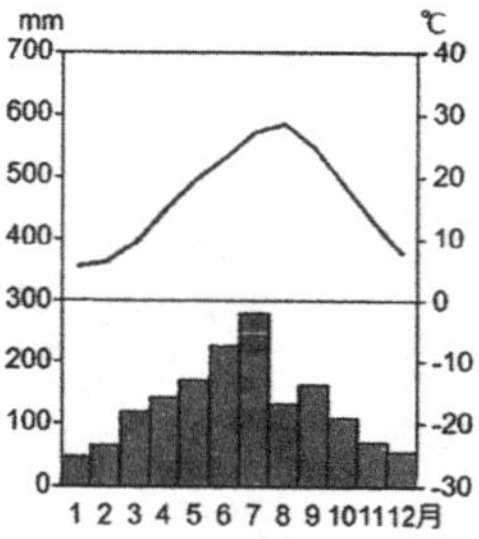

問２　メモの（　B　）について，以下の問いに答えなさい。

⑴　（　B　）にあてはまる語句を答えなさい。

(2)　以下の写真から（　B　）にあてはまるものをア～エから１つ選び記号で答えなさい。

ア

イ

ウ

エ

問３　下線部①について，沖縄県より面積の小さい都道府県を１つ答えなさい。

問４　下線部②について，沖縄にある伝統的な家は写真のようになっています。写真を参考にしながら，なぜそのような工夫がされているのか，家の特徴《とくちょう》もあわせて説明しなさい。

問５　下線部③の様子を表しているものを，ア～エから１つ選び記号で答えなさい。

ア

イ

ウ

エ

問６　下線部④について，さとうきびは近年バイオマス発電に利用され，環境にやさしいエネルギーだと言われています。どのような点で環境にやさしいのか説明しなさい。

問７　下線部⑤について，右の表はかきの養殖（生産量）の上位 10 都市のランキングです。この表を説明した以下の文から正しいものを記号で全て答えなさい。

【市町村別】

	都道府県	市町村	生産量(t)	シェア
1	広島県	呉市	24,633	17.06%
2	広島県	江田島市	22,317	15.45%
3	広島県	広島市	21,804	15.10%
4	広島県	廿日市市	17,668	12.23%
5	宮城県	石巻市	15,911	11.02%
6	広島県	大竹市	6,909	4.78%
7	広島県	東広島市	4,045	2.80%
8	岩手県	南三陸町	3,218	2.23%
9	三重県	鳥羽市	3,165	2.19%
10	宮城県	大船渡市	2,297	1.59%

（農林水産省「海面漁業生産統計調査」より）

ア．表にある都道府県は全て中国地方と東北地方にある。

イ．上位５都市だけで，全国シェアの７割を超える。

ウ．上位 10 都市のかき生産量の内，広島県だけで６割を超える。

エ．かきは日本海に面している都道府県でよくとれる。

問８　下線部⑥について，以下の問いに答えなさい。

⑴　以下の地図は肉牛・鶏《にわとり》・豚の飼育数上位５都道府県を示しています。
豚の飼育数上位５都道府県を表している地図をア～ウから１つ選び記号で答えなさい。

ア

イ

ウ

⑵　豚肉を食べてはいけない宗教として，イスラム教があります。イスラム教に関連する以下の文のうち，**誤《あやま》っているもの**をア～エから１つ選び記号で答えなさい。

ア．１ヶ月間，日中に食べ物を口にしてはいけない時期がある。

イ．イスラム教の聖典はコーランである。

ウ．イスラム教徒はお酒を飲むことを禁止されている。

エ．１日３回，聖地に向かって祈りをささげる。

問９　下線部⑦について，海水温の上昇の原因として地球温暖化が挙げられます。政府は，2050 年までに温室効果ガスの排出をゼロにする「○○○○ニュートラル」を目指すことを宣言しています。○○○○に入る言葉をカタカナ４字で答えなさい。

2 以下の史料を読んで，各問いに答えなさい。

①	②	③
一，政治のことは，会議を開き，みんなの意見を聞いて決めよう。 一，みんなが心を合わせ，国の政策を行おう。 一，みんなの志がかなえられるようにしよう。 一，aこれまでのよくないしきたりを改めよう。 一，b新しい知識を世界に学び，国を栄えさせよう。	一，大名は，毎年４月に［　X　］すること。近ごろは，［　X　］の人数が多すぎるので，少なくすること。 一，自分の領地の城を修理する場合，届け出ること。 一，c将軍の許可なしに，大名の家どうしで結婚してはいけない。 一，すべて幕府の法令に従い，全国どこでもそれを守ること。	高麗《こうらい》注1）はd私の東方の属国注2）である。日本は高麗に近く，ときどき中国に使いを送ってきたが，d私の時代になってからは一人の使いもよこさない。～中略～今後はたがいに訪問し友好を結ぼうではないか。～中略～武力を使いたくはないのでよく考えてほしい。 注1）当時の朝鮮半島にあった国 注2）中国の支配下に入っていること
④	⑤	⑥
第１条　連合国は，日本が完全に主権を回復することを認める 第２条 １）日本は朝鮮の独立を認め，朝鮮の全ての権利を放棄する。 ２）日本は，台湾と澎湖《ほうこ》諸島の全ての権利を放棄する。 ３）日本は，千島列島と樺《から》太《ふと》の全ての権利を放棄する。	建武中元２（57）年に倭の［　Y　］が漢に朝貢《ちょうこう》注1）したので，光武帝はe印綬《いんじゅ》注2）をおくった。～中略～桓帝《かんてい》と霊帝《れいてい》のころ注3），倭は大いに乱れ，長い間代表者が定まらなかった。 注1）中国王朝へ貢ぎ物をおくること 注2）印とそれを結びとめるひも 注3）２世紀ころ	安土城下の町中に対する定め 一，この安土の町は［　Z　］としたので，いろいろな座注1）は廃止し，さまざまな税は免除する。 一，街道を行き来する商人は中山道《なかせんどう》注2）を素通《すどお》りせず，この町に宿を取るようにせよ。 注1）特権をもらった商人の同業者団体 注2）関西から関東までを結ぶ，内陸部を通るルート

問１　史料①中の波線ａの「これまでのよくないしきたり」について，適切なものを次のア～エより１つ選び記号で答えなさい。

ア．天皇を中心とした皇族・貴族を中心の政治

イ．鎌倉幕府を中心とした北条氏による執権政治

ウ．室町幕府を中心とした守護大名の地域別支配と下剋上《げこくじょう》の風潮

エ．江戸幕府を中心とした徳川氏による支配と外国人を排除しようとする風潮

問２　史料①中の波線ｂの一環として，貿易の発展があげられます。当時の日本と貿易相手国の変化をグラフから読み取れることとして，ア～エから適切な説明文を１つ選びなさい。

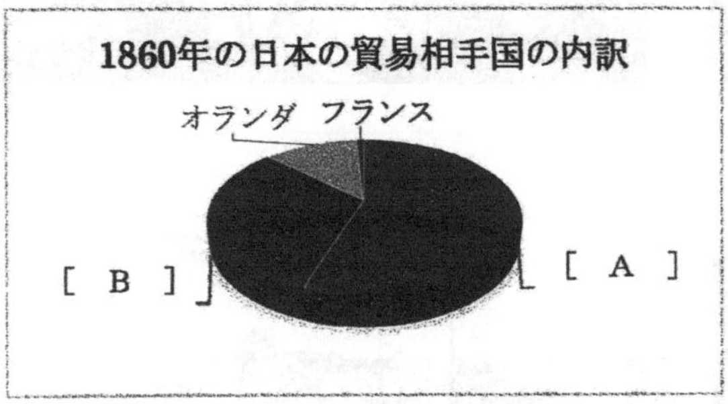

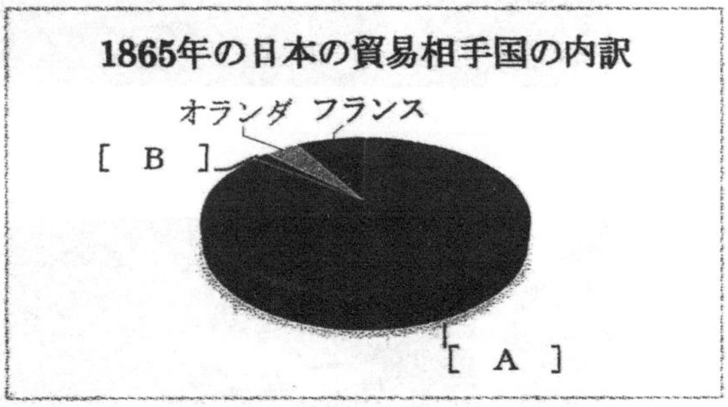

ア．[　Ａ　] に入る国名はアメリカで，日本と最初に貿易を始められた結果，対日貿易を独占した。

イ．[　Ａ　] に入る国名はイギリスで，主に毛織物・綿織物が日本へ輸入された。

ウ．[　Ｂ　] に入る国は，経済力と軍事力で世界の頂点に立ち，「世界の工場」や「日の沈まぬ国」と言われた。

エ．[　Ｂ　] に入る国は，日本との国境交渉の結果，樺太全域を手に入れた。

問３　史料②中 [　Ｘ　] に入る語句を漢字４字で答えなさい。

問４　史料②中の波線ｃの「将軍」として一番近いものを次のア～エより１つ選び記号で答えなさい。

ア．徳川家光　　イ．足利義満　　ウ．源頼朝　　エ．後醍醐天皇《ごだいごてんのう》

問５　史料③中の波線ｄの「私」として一番適切なものを次のア～エより１つ選び記号で答えなさい。

ア．源義経《みなもとのよしつね》　　イ．平清盛　　ウ．チンギス・ハン　　エ．フビライ・ハン

問６　史料③中の波線ｄの「私」が現在の北京を首都として建国した王朝を漢字１字で答えなさい。

問７　史料④の条約が**結ばれた後**の写真として適切なものを次のア～エより１つ選び記号で答えなさい。

ア

イ

ウ

エ

問８　史料④の条約が結ばれる前に選挙の仕組みは大きく変わりました。1890年の本国初めての選挙から現在の選挙までの歴史が資料Ⅰから資料Ⅱへどのように変わったのか，資料Ⅲ・資料Ⅳを参考に説明しなさい。

＜資料Ⅰ＞

＜資料Ⅱ＞

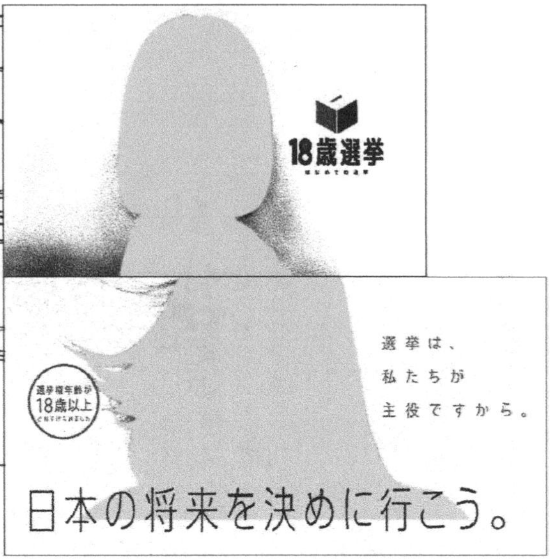

※お詫び：著作権上の都合により，写真は掲載しておりません。
ご不便をおかけし，誠に申し訳ございません。教英出版

＜資料Ⅲ＞

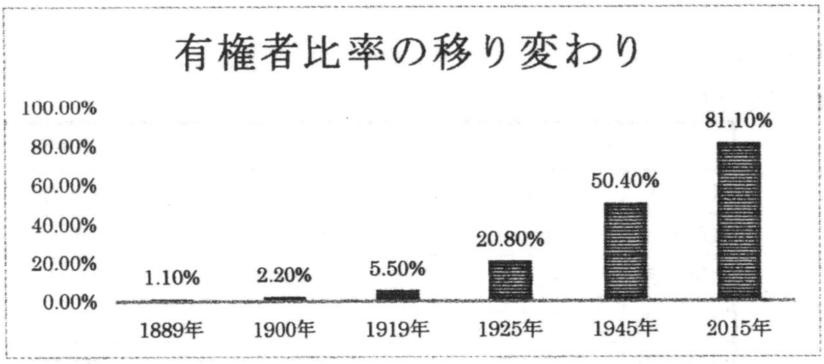

総務省「選挙関連資料」より作成

＜資料Ⅳ＞

選挙法の公布	実際の選挙の年	選挙資格
1889年	1890年	満25歳以上の男性（直接国税15円以上の納入者）
1900年	1902年	25歳以上の男性（直接国税10円以上の納入者）
1919年	1920年	25歳以上の男性（直接国税3円以上の納入者）
1925年	1928年	25歳以上の男性（制限なし）
1945年	1946年	20歳以上の男女（制限なし）
2015年	2016年	18歳以上の男女（制限なし）

問９　史料⑤中［　Ｙ　］に入る語句を漢字２字で答えなさい。

問 10　史料⑤中の波線ｅの見つかった都道府県として適切なものを白地図中ア～エより１つ選び記号で答えなさい。

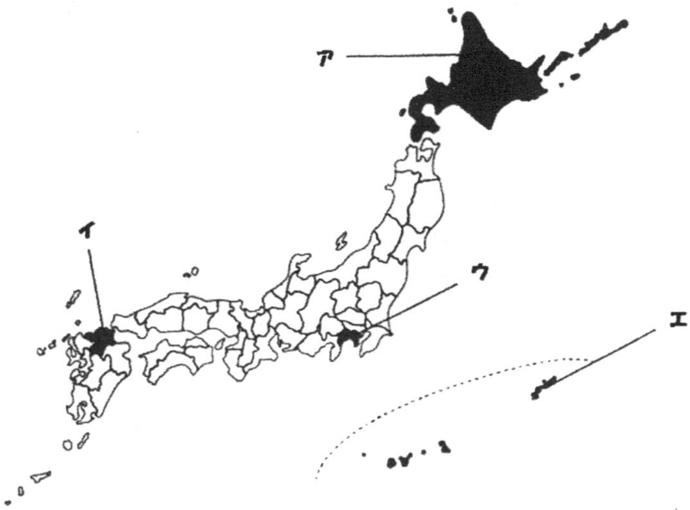

問 11　史料⑥中［　Ｚ　］に入る漢字２字の語句を下のア～エより１つ選び記号で答えなさい。

ア．焼打　　　イ．破壊《はかい》　　　ウ．整備　　　エ．楽市

問 12　史料⑥のような命令が出された発令人物，場所，都市形態を以下にまとめました。下の表を見て，**誤っているもの**を次の記号ア～エより１つ選び記号で答えなさい。

年代	発令人物	場所	都市形態
1549 年	六角定頼	近江石寺	城下町
1566 年	今川氏真	駿河大宮	門前町
1567 年	織田信長	美濃加納	城下町
1570 年	徳川家康	三河小山	新市建設
1577 年	織田信長	近江安土	城下町
1583 年	浅野長政	近江坂本	門前町
1585 年	北条氏直	相模荻野	宿場町
1587 年	豊臣秀吉	筑前博多津	港町

ア．城下町とは城の周囲に，門前町とは寺社の周囲に発展した町である。

イ．戦国大名は領内の経済的発展を目指してこのような命令を出した。

ウ．「美濃加納《みのかのう》」は当時の織田信長の本拠地《ほんきょち》の岐阜城下のことである。

エ．特に四国や東北で多く発令されている。

問 13　史料①～史料⑥を年代の古い順に並びかえた際，４番目にくる史料を番号で答えなさい。

2023 年度

広島修道大学ひろしま協創中学校
入試 II

基礎力

解答時間　50 分　配点 100 点

〈注意事項〉

1　試験開始の合図があるまで，この問題冊子の中を見てはいけません。

2　問題は1ページから8ページまであります。問題用紙の空いている場所は，下書きや計算などに使ってもかまいません。

3　試験中に問題冊子の印刷不良や解答用紙のよごれなどに気づいた場合は，手をあげて監督者に知らせてください。

4　解答用紙には解答記入らん以外に，受験番号・名前の記入らんがあるので，放送の指示にしたがって，それぞれ正しく記入してください。

5　解答は，すべて解答用紙の解答記入らんに記入してください。

6　解答は，HB または B の黒鉛筆（シャープペンシルも可）を使い，濃く，はっきりと書いてください。

【1】次の文章を読んで，各問いに答えなさい。

お詫び：著作権上の都合により，掲載しておりません。
ご不便をおかけし，誠に申し訳ございません。
教英出版

（ヤマザキマリ『国境のない生き方』）

※問題作成の都合上，本文の表記を一部改めたところがあります。

注1　勘当《かんどう》：親が子と縁《えん》を切って追い出すこと。

注2　深窓《しんそう》の令嬢《じょう》：世の中に出されずに大切に育てられた娘《むすめ》。

注3　範疇《はんちゅう》：範《はん》囲。

注4　変貌《へんぼう》：物事の状態が変わること。

問1　下線部(イ)～(ニ)のカタカナを漢字に直し，漢字はその読みをひらがなで書きなさい。

問2　下線部①「自分の子どもの頃《ころ》のことを思い出してしまった」とありますが，なぜ筆者は「子どもの頃《ころ》のことを思い出してしまった」のですか。文中の言葉を使って，60字以内で書きなさい。

問3　下線部(a)「北海道」についての問題です。次の各問いに答えなさい。

(1)下の図(ア)～(エ)は北海道札幌市，長野県長野市，石川県金沢市，高知県高知市における年降水量および年平均気温を表したものです。北海道札幌市の年降水量および年平均気温を表した図として正しいものを，次の(ア)～(エ)から1つ選び，記号で答えなさい。

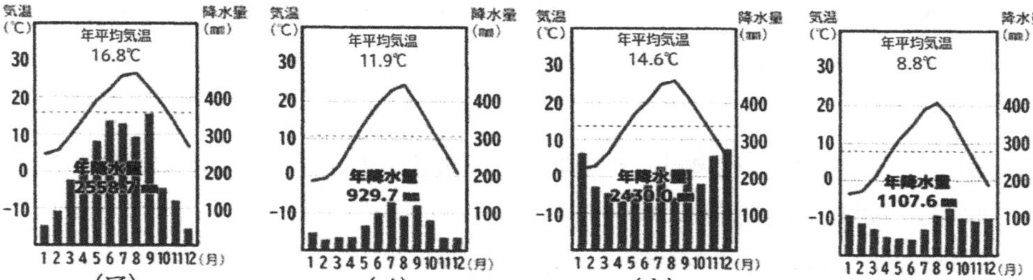

(ア)　(イ)　(ウ)　(エ)

(2) 札幌，旭川，苫小牧《とまこまい》，函館《はこだて》を中心とする産業についての説明として誤っているものを，次の(ア)～(エ)から１つ選び，記号で答えなさい。

(ア) 札幌の東北部の石狩《かり》川流域は，もともと湿原が広がっており農業には適さなかったが，土地を改良した結果，牧草地として広く使用されて，大酪《らく》農地帯となっている。

(イ) 旭川を中心とする上川盆《ぼん》地は，夏に気温が高くなることを利用して，畑作のほかに稲《いな》作もさかんにおこなわれている。

(ウ) 苫小牧とその周辺は，北海道のなかでも製造業出荷額が高い地域で，製紙・パルプ工業のほかに，石油製品・自動車部品の製造もおこなわれている。

(エ) 函館とその周辺は，産業がさかんで魚かい類の加工業が発達しているほか，史跡《せき》や名勝にも恵まれ，観光業もさかんである。

(3) 下の写真は2005年に世界自然遺産に登録された場所を写したものです。下の地図中の(ア)～(エ)からこの場所にあてはまる位置を１つ選び，記号で答えなさい。

写真

地図

問４　下線部②「母の決断」とありますが，「母の決断」とはどういうものですか。25字以内で「～という決断。」に続く形になるように，自分の言葉で書きなさい。

問５　文中の中にある（　Ⅰ　）・（　Ⅱ　）に，体の一部分を表す漢字を入れなさい。ただし，（　Ⅰ　）については文中に２か所ありますが，２か所ともに同じ漢字が入ります。

問６　下線部③「定義づけされた趣《しゅ》味」とはどういう意味ですか。最も適切なものを次の(ア)～(エ)の中から１つ選び，記号で答えなさい。

(ア) 結婚する相手との共通の趣味として楽しむためのけいこごと。

(イ) 結婚する前に，自分の親から趣味としてすすめられるけいこごと。

(ウ) 結婚した後に，専門家になって活動するためのけいこごと。

(エ) 結婚する前に，たしなみとして身に着けておくべきけいこごと。

問7　下線部(b)「文学」についての問題です。次の文学作品を時代の古い順に並べ，記号で答えなさい。

（ア）土佐日記　（イ）古事記伝　（ウ）日本書紀　（エ）学問のすゝめ

問8　下線部(c)「修道女」とは神に仕える女性のことです。修道院にて集団生活を行い，神の子イエス・キリストと同じような生活を送る人たちのことをいいます。これに関して次の各問いに答えなさい。

(1) 日本にキリスト教を伝えたのはだれか，答えなさい。

(2) 江戸幕府はキリスト教を禁止しました。なぜ禁止する必要があったかの説明として誤っているものを(ア)～(エ)から1つ選び，記号で答えなさい。

（ア）国内に信者が増えていくと，神への信仰《こう》を重んじる信者たちが幕府の命令に従わなくなることを心配したから。

（イ）キリスト教信者による神社や寺への迫《はく》害があったから。

（ウ）「神の前では平等」というキリスト教の教えが，江戸幕府のとった身分制度のしくみとちがうため。

（エ）キリスト教を伝えたオランダやイギリスが，日本を侵《しん》略するのではないかと心配したから。

問9　下線部④「本もそのひとつでした」とありますが，筆者にとっての「本」とは，どのようなものだと言っていますか。文中の言葉を使って，15字前後で書きなさい。

【2】次の各問いに答えなさい。

問１　次の計算をしなさい。

(1) $8 + 14 \div (25 - 3 \times 6)$　　　(2) $0.7 - \frac{4}{5} \div 1.5$

問２　右の図のようなおうぎ形の周りの長さを求めなさい。
ただし，円周率は 3.14 とします。

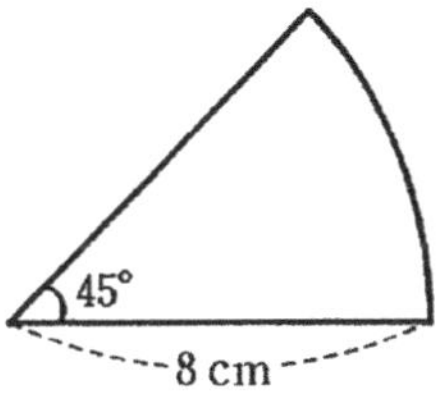

問３　ある店で，仕入れ値が 1350 円の商品に２割の利益を見こんで定価をつけて売ろうとしましたが，なかなか売れなかったので，定価の２割引きにするとすぐに売れてしまいました。この店にとって，何円の利益になったのか，または，何円の損失になったのか答えなさい。ただし，消費税は考えないものとします。

問４　次の各問いに答えなさい。

〔1〕サッカーなどの激しい運動をするとき，人間は大きく呼吸をし，また心臓もたくさん活動しています。次の文章は，ヒトの呼吸する器官について述べたものです。この文章を読み，次の各問いに答えなさい。

> ヒトは鼻や口から空気を吸ったりはいたりすることで，身体に必要な気体の交かんを行っている。そのために各器官が存在し，役割を果たしている。口から入ってきた空気は，（　①　）を通り気管支にたどり着く。その後は（　②　）へとつながっているが，（　②　）の内部は，複雑な構造をとっており，３億～4 億ほどの数の（　③　）によって，呼吸を効率よく行えるようになっている。（　③　）の周りにはびっしりと毛細血管がはりめぐらされている。

(1) 上の文章中にある①～③の空らんにあてはまる語句を答えなさい。

(2) 上の文章中にある下線部について，ヒトの吸った空気と，はいた息の中身の違いについて知りたいと考え，次のような観察を行いました。

> ポリエチレンのふくろを２つ用意し，１つのふくろには息をふきこみ，もう１つのふくろには周りの空気を入れた。息をふきこんだふくろを「ふくろ１」とし，もう一方の空気が入っているふくろを「ふくろ２」とした。そして次の観察(あ)，観察(い)の手順で観察を行った。
>
> 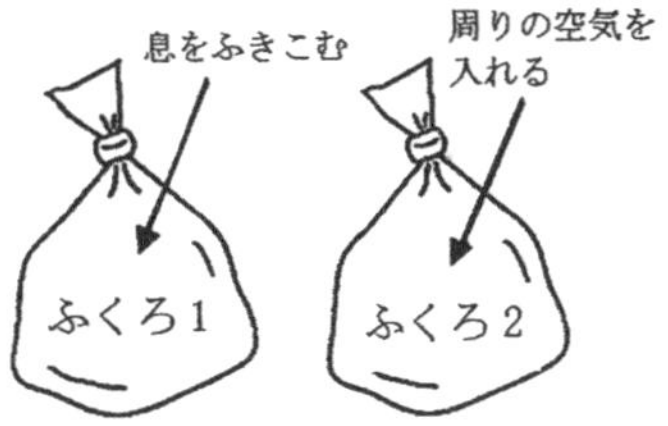
>
>
> 観察(あ)　「ふくろ１」・「ふくろ２」の内部の様子に注目し，観察した。
>
> 観察(い)　「ふくろ１」・「ふくろ２」の中に，石灰水を加えて，それぞれのふくろをよくふった。その後，石灰水の色がどのように変化するかを観察した。

この観察(あ)，観察(い)の結果は，次の表のとおりです。

結果	ふくろ1	ふくろ2
観察(あ)	少し白くくもりがあった	ほとんど変化はなかった
観察(い)	白くにごった	ほとんど変化はなかった

この観察結果をふまえて，ヒトの吸った空気と，はいた息の中身の違いについてまとめ，自分の言葉で説明しなさい。

〔2〕昨年11月から12月にかけて，サッカーの「FIFAワールドカップカタール2022」が開さいされました。日本チームは予選リーグの【グループE】を1位で通過し，決勝トーナメントでは1回戦でおしくも敗れましたが，ベスト16に入りました。【グループE】は，スペイン，コスタリカ，ドイツ，日本の4チームがすべての相手と1回ずつ対戦した結果で順位をつけ，1位と2位のチームが決勝トーナメントに進むことができます。

《順位のつけ方のルール》

＊1回の対戦で，勝ったチームは勝ち点3がもらえる。負けたチームは勝ち点0である。引き分けたときは対戦したチームのどちらも勝ち点1がもらえる。

＊すべての対戦が終わった時点で，勝ち点の合計が多いチームから順に1位，2位，3位，4位とする。(勝ち点の合計が同じチームは，別のものを比較《かく》することで同じ順位はつけないこととする。)

次の表は【グループE】の対戦が4試合終わった時点の結果です。日本チームは，残り1試合(スペインとの対戦)で負けてしまうと，決勝トーナメントに進むことができなくなります。なぜ進めないのか，勝ち点の合計を比較《かく》することで説明しなさい。

チーム名	対戦相手				勝った試合数	引き分けた試合数	負けた試合数	勝ち点の合計
	スペイン	コスタリカ	ドイツ	日本				
スペイン	＼	○	△		1	1	0	4
コスタリカ	×	＼		○	1	0	1	3
ドイツ	△		＼	×	0	1	1	1
日本		×	○	＼	1	0	1	3

※表の中の○は対戦相手に勝った，×は負けた，△は引き分けたことを表します。

【3】次の各問いに答えなさい。

問１　2023年５月，G7サミット（主要国首脳会議）が広島で開かれます。G7サミットに合わせて多くの外国からのお客様が広島を訪問されます。歓迎《かんげい》ムードの機運《きうん》が高まっており，①ロゴマークの作成や外国からのお客様を対象とした②英語案内ボランティアの募《ぼ》集が始まりました。

(1) 下線部①，右の図１は2016年伊勢志摩《いせしま》サミットのロゴマークです。このロゴマークの作者は，『中央の赤い丸は日の丸を表しています。周囲には日本の象徴《ちょう》である桜の花びらを散りばめ，７カ国の参加国を表しています。背景は伊勢志摩の美しい海を表現しました。この美しい海は世界につながっています。これからも世界が平和でありますよう祈っています。』と美しい景色と平和をアピールしました。

図１
2016年伊勢志摩サミット
ロゴマーク

下の図（ア）～（オ）のロゴマークは，G7広島サミットのロゴマーク選考会において選ばれた最優秀《しゅう》・優秀作品です。下の（ア）～（オ）の５つのロゴマークの中から，あなたがG7広島サミットにふさわしいと思うものを１つ選び，その理由を80字以内で書きなさい。

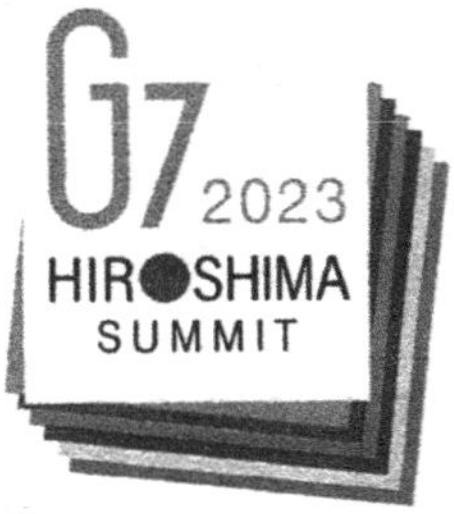

（ア）

（イ）

（ウ）

（エ）

（オ）

(2) 右の図２は，下線部②の英語案内ボランティアで使用する地図です。下のボランティアと観光客の会話文から「動物園」がどこにあるか地図中の（ア）～（エ）から１つ選び，記号で答えなさい。

ボランティア：Hello.
観　光　客：Hello.　Where is the zoo?
ボランティア：Go straight for two blocks.
　　　　　　　And turn left.
観　光　客：I see.　Is it next to the park?
ボランティア：Yes. Have a nice trip!!
観　光　客：Thank you.

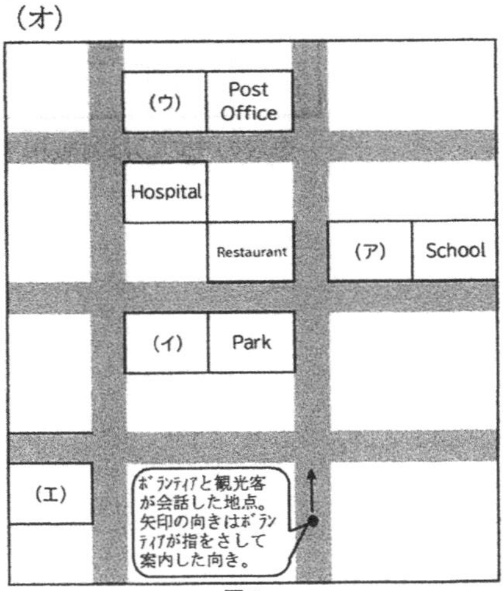

図２

問2　次の〔例〕を見て，各問いに答えなさい。

〔例〕ロボットは命令した順に，左から果物を置きます。

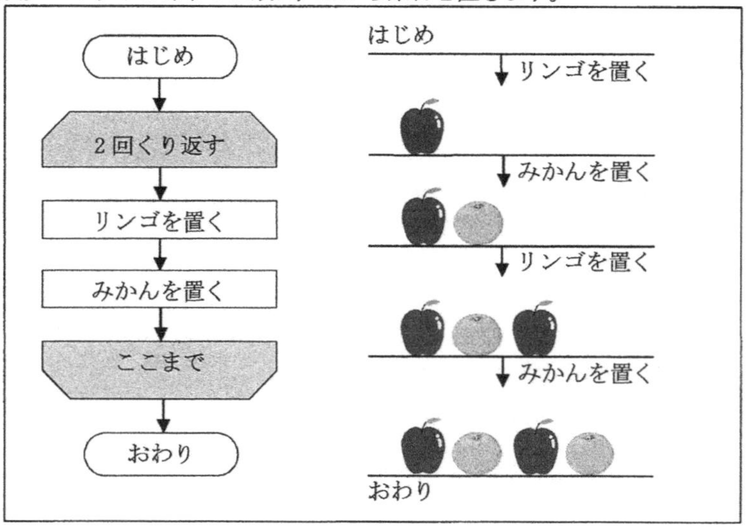

(1) 車は命令した順に動きます。次のように命令したとき，下の図3の車はどんな動きになりますか。解答らんのマス目に濃く太い線で車が動いた跡《あと》を書きなさい。

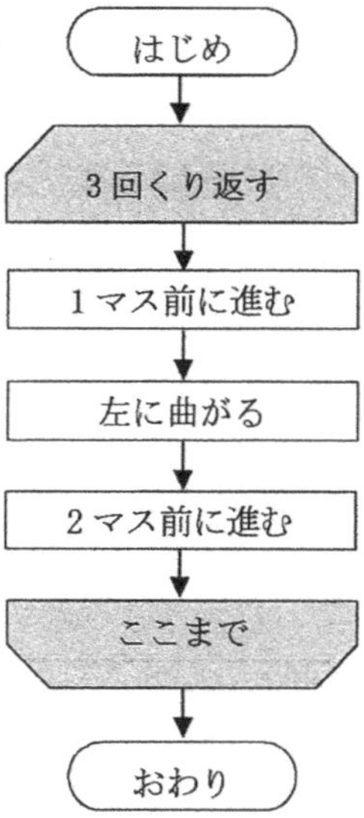

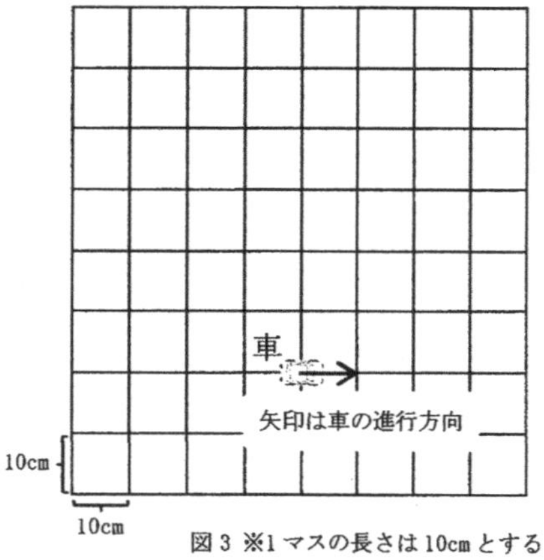

図3 ※1マスの長さは10cmとする

(2) 車が動き始めてからストップするまでの時間は30秒でした。1マスの長さを10cmとした時，車の平均の速さは毎秒何cmですか。

【二】

問一

A 意図

B ヘイゼン

C 遠巻(き) き

D 合間

E マカ(せる) せる

問二

A

B

問三

問四

問五

③

⑧

問六

(1)

(2)

(3)

(4)

問七

問八

問九

問十

問十一

問十二

算 数

2023年度
広島修道大学ひろしま協創中学校入試Ⅱ

解 答 らん

1	(1)		(2)	
	(3)		(4)	
	(5)	時間　　分		
2	(1)		(2)	
	(3)			
3	(1)	【考え方】 答		
	(2)	【考え方】 答		

小計	※

理科

2023年度　広島修道大学
ひろしま協創中学校　中学入試Ⅱ

解答らん

1

(1)					
(2)	トウモロコシ		ホウセンカ		
(3)	トウモロコシ		ホウセンカ		
(4)		色			
(5)	①	②		③	
	④	⑤		⑥	

2

(1)		(2)		(3)	
(4)					
(5)					

※	小計

社 会

2023年度　広島修道大学
ひろしま協創中学校　中学入試Ⅱ

解答らん

1

問1	(1)		(2)	
問2	(1)		(2)	
問3				
問4				
問5				
問6				
問7				
問8	(1)		(2)	
問9				

※	小計

基礎力

2023年度　広島修道大学
ひろしま協創中学校　中学入試II
解答らん

【1】

問1	(イ)		(ロ)		(ハ)	
	(ニ)					
問2						
問3	(1)		(2)		(3)	
問4						という決断。
問5	(I)		(II)			
問6		問7	→　→　→			
問8	(1)		(2)			
問9						

【2】

問1	(1)		(2)	
問2		問3		

4)

問4	〔1〕	(1)	①		②		③	
		(2)						
	〔2〕							

【3】

問1	(1)	記号	
	(2)		
問2	(1)	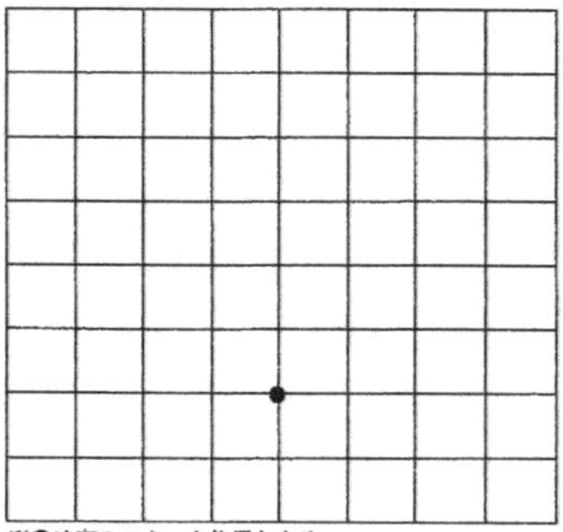 ※●は車のスタート位置とする。	(2)

受験生は※印のらんには記入しないこと。

受験番号		名前		得点	※ ※100点満点 （配点非公表）

2

問1		問2			
問3					
問4		問5		問6	
問7					
問8					
問9		問10		問11	
問12		問13			

※	小計

受験生は※印のらんには記入しないこと。

受験番号		名前		得点	※ ※50点満点 （配点非公表）

3

(1)	①		②		(2)	
(3)						
(4)						

4

(1)		(2)		(3)	
(4)					
(5)					

※	小計

受験生は※印のらんには記入しないこと。

受験番号		名前		得点	※ ※50点満点 （配点非公表）

4 【考え方】

答

5	(1)		(2)	
6	(1)	秒後から　　　秒後		

6 (2)

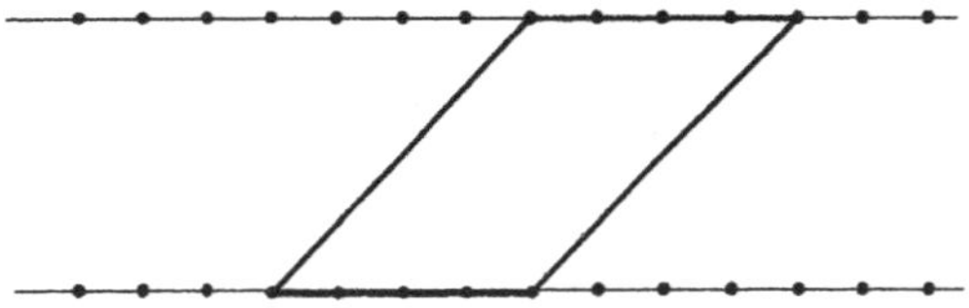

※点と点の間の長さは
すべて 1 cm とする。

答

7	(1)		(2)	
8	(1)		(2)	
8	(3)			

小計	※

受験生は※印のらんには記入しないこと。

受験番号		名前	

得点	※ ※100点満点 （配点非公表）

国語

二〇二三年度　広島修道大学 ひろしま協創中学校　入試Ⅱ

受験番号	
名前	

※ 受験生は＊のらんには記入しないでください。

A	B	C	D	E	F	G	H	I	J	K	L	M	N	O	P	Q
*	*	*	*	*	*	*	*	*	*	*	*	*	*	*	*	*

合計
*

※100点満点
（配点非公表）

解答らん（句読点は字数に数えます）

【一】

問一
A　ス(む)　む
B　タシ(かめ)　かめ
C　導入
D　ゲンバ
E　幼児

問二
1
2
3

問三

問四

問五

問六

問七
1
2　「様」は「さん」に比べて
3

2023 年度

広島修道大学ひろしま協創中学校
入試Ⅲ

国　語

解答時間　50 分　　配点　100 点

〈注意事項〉

1　試験開始の合図があるまで，この問題冊子の中を見てはいけません。

2　問題は1ページから8ページまであります。問題用紙の空いている場所は，下書きや計算などに使ってもかまいません。

3　試験中に問題冊子の印刷不良や解答用紙のよごれなどに気づいた場合は，手をあげて監督者に知らせてください。

4　解答用紙には解答記入らん以外に，受験番号・名前の記入らんがあるので，放送の指示にしたがって，それぞれ正しく記入してください。

5　解答は，すべて解答用紙の解答記入らんに記入してください。

6　解答は，HB または B の黒鉛筆（シャープペンシルも可）を使い，濃く，はっきりと書いてください。

【一】次の文章を読んで、後の問いに答えなさい。

お詫び

著作権上の都合により、文章は掲載しておりません。
ご不便をおかけし、誠に申し訳ございません。

教英出版

お詫び

著作権上の都合により、文章は掲載しておりません。
ご不便をおかけし、誠に申し訳ございません。

教英出版

お詫び

著作権上の都合により、文章は掲載しておりません。
ご不便をおかけし、誠に申し訳ございません。

教英出版

お詫び

著作権上の都合により、文章は掲載しておりません。
ご不便をおかけし、誠に申し訳ございません。

教英出版

（白井恭弘『ことばの力学―応用言語学への招待』岩波新書）

問一 ━━部a～eについて、カタカナは漢字に直し、漢字はその読みをひらがなで答えなさい。

問二 [Ⅰ]～[Ⅳ]に当てはまる語を、それぞれ次から選び、記号で答えなさい。（同じ記号をくり返し使わない）

ア すでに　イ まったく　ウ しかも　エ かなり　オ むしろ

問三 [A]・[B]について、次の問いに答えなさい。

1 [A]には「以（　）伝（　）」という四字熟語が入る。（　）に入る漢字を答えなさい。

2 [B]には、「じっと立ったまま動かないこと」という意味の四字熟語が入る。その四字熟語を答えなさい。

問四 〰〰部「無意識」と同様に（　）に「無」が入る熟語を次から選び、記号で答えなさい。

ア （　）完成　イ （　）可能　ウ （　）価値　エ （　）自然

問五 ━━部①「インターネットの発達が世界を一挙に小さくしたと言え

ます」について、インターネットの発達が世界を小さくしたとはどういうことか。分かりやすく答えなさい。

問六　――部②「以下のクイズをちょっと考えてみてください」について、筆者は、何のためにこのクイズを紹介したのか。その説明として最も適当なものを次から選び、記号で答えなさい。

ア　日本とアメリカとでは、文化の大きなちがいがあることを示すため。
イ　説明の途中にクイズを出すことによって、読者の興味を引くため。
ウ　人々が、外科医に対しての思い込みを持っていることを示すため。
エ　人々が持つイメージには、メディアの影響が大きいことを示すため。

問七　――部③「結びつきの面白い事例として、『電話で話しているときのお辞儀』があります」について、これは何と何が結びついていることを示す例か。文中の語句を使って答えなさい。

問八　次の文は、【A】～【D】のどこに入るか。記号で答えなさい。

つまり、そのロゴが出ると、かならず上原投手が出る。一方、テキサス・レンジャーズのロゴは、建山《たてやま》投手、ダルビッシュ投手など、他の選手ともつながっていて一対一対応ではないので、ヘブの学習則が機能しにくい。

問九　――部④「ステレオタイプの怖いところは、知らないうちに、予断を持って判断してしまうことです」および次の資料を読み、後の問いに答えなさい。

【資料】

お詫び
著作権上の都合により、文章は掲載しておりません。
ご不便をおかけし、誠に申し訳ございません。
教英出版

（中国新聞社「ちゅーピー子ども新聞」第279号・2021年6月発行）

【問い】

1　資料中の【　あ　】・【　い　】には、それぞれ「男性」もしくは「女性」が一度ずつ入る。どちらが入るか答えなさい。

2　資料では、無意識の思い込みはどうやって作られると言っているか、「無意識の思い込みは」につながるように答えなさい。

3　――部④「ステレオタイプの怖いところは、知らないうちに、予断を持って判断してしまうことです」について、「予断を持つ」とは「あらかじめ決めつけた考えを持つ」という意味ですが、「予断を持って判断」するとどのような不都合なことが起こると、本文および資料では述べているか、答えなさい。

【二】次の文章を読んで、後の問いに答えなさい。

私（かなちゃん）と咲子《さきこ》ちゃんは小学校のクラスメートであり、近所に住むおハルおばあさんとは親しい仲である。

「おハルさんは、どうして死刑囚《けいしゅう》の人に会ったり、手紙を書いたりしようと思ったんですか？」咲子ちゃんが訊《き》いた。

「それはね……一緒《しょ》に考えてみたかったからよ。生きるってどういうことなのか、死が決められてしまったあとでなにを考えるのか。なにをしたらいいのか。でもね、最初は、そうね、そんなに深く考えたわけではなかったの。偶《ぐう》然知り合った人に、慰《い》問の会を勧《すす》められて、もしかしたら自分もなにかの役に立てるんじゃないかなって思えたから、参加しただけなの」

「楽しい、ですか？」［　Ⅰ　］訊いてみた。

「ええ、そうね、うれしい、って感じかしら。私が行くと、彼らにとてもうれしそうにしてもらえて、私もうれしくなれるの」

おハルさんは、やさしい笑顔になった。

「ここで朝と夜、毎日お祈《いの》りさせてもらっているのよ。かわいいお嬢《じょう》さんたちが二人も一緒にお祈りしてくれたら、Xあの人もどんなにうれしいことかしら」

おハルさんは、透《す》き通る淡《あわ》い茶色の瞳《ひとみ》をこちらにまっすぐに向けた。①私はごくりと唾《つば》を飲み込《こ》んで、はい、と答えた。

「わたしは、お祈り、は、しません」

［　Ⅱ　］言う咲子ちゃんを振《ふ》り返って見ると、目にたっぷりの涙《なみだ》をたたえていた。みずうみみたいだ、と思ったとたん、ぱたぱたと瞳の上の涙が、こぼれ落ちた。

「ごめんなさい……」

咲子ちゃんが、[a]カタテを目に当ててうつむいた。おハルさんは咲子ちゃんの肩《かた》にやさしくてのひらを当て、いいのよ、と言った。

「咲子ちゃん、こちらこそ、ごめんなさいね。顔も見たことのない、名前も知らない人のためにお祈りだけお願いするなんて、無茶で、残酷《こく》なお願いだったわよね。ごめんなさいね」

咲子ちゃんは、黙《だま》ってうつむいたまま、首を振りつつ、涙の粒《つぶ》をちぎり落とした。咲子ちゃんは、ちゃんとできないと思ったものを、それを言うのがどんなに辛《つら》くてもちゃんと言えて、②えらいな、と思った。そのことを、ちゃんとわかってくれるおハルさんも、すごいな、と思った。そして私は、ぜんぜんダメだな、と思った。

私も、ちょっといやだな、とは思ったのだ。死刑囚の人の骨が目の前にあって、祭壇《だん》にまつられていて、[b]生々しくて、でもどんな人なのか、どんな悪いことをしたのか、全然わからなくて、ただ、お祈りだけするってことが、変な感じがしたのだ。だけど、おハルさんがお願いすることだから、おハルさんの望み通りのことをして、いい子だなっておハルさんに思ってもらいたかったのだと思う。自分は、ただのいい子ぶりっこだと思う。

そんなことを思っていたら、私の目にもいつの間にか涙がたまってきて、ぽたぽたとこぼれ落ちた。立ったままうつむいていると、肩になにかあたたかいものがふれた。

「かなちゃんも、ごめんなさいね」

おハルさんのてのひらが、私の肩にある。私は首を一回振って顔を上げ、白い布に[c]包まれたお骨を見た。

「まあ、とにかく、二人ともここに座って。お願いだから、そんなに[d]深刻にならないで。冷たい麦茶でも飲みましょう」

おハルさんに促《うなが》されて、テーブルの前の椅子《いす》にすわった。おハルさんは、黄色い小花の模様が散っているガラスのコップに麦茶を充《み》たして、白いレースのコースターの上に置いた。こげ茶色の香ばしい麦茶がきんと冷えていて、とてもおいしかった。咲子ちゃんも黙って麦茶を飲んだ。やっと涙も止まったみたいだった。

「この人の名前を、教えてもらってもいいですか？」

私が言うと、咲子ちゃんが顔を上げて私とおハルさんの顔を交互《ご》に見た。

【Ⅲ】目を見開いている。

「かなちゃん、名前を、知りたいと？」

「うん。名前がわかれば、この人、たしかに生きてたんやなって、同じ人間やったんやなってわかる気がする」

「死刑囚ってことは……人を、殺したことのある人よ？」

「でも、名前があるってことは、生まれたときに、両親からつけてもらった名前があるんやってことで、ああこの人も昔は赤ちゃんやったんやなって、思うことができるけん……」

「………昔、赤ちゃんだったことと、今、わたしがお祈りするかどうかは、ぜんぜん別のことやと思う。だって、【　③　】」

「うん……」

咲子ちゃんの言っていることが胸にささった。そうだよね、[Y]この人のこと、なにがあっても許さない、という人がいるとしたら、なんにも知らないでお祈りだけする私たちのことを、なんて思うだろう……。私が言葉につまっていると、咲子ちゃんがゆっくりと口を開いた。

「でも、お祈りするかどうかは別として、この人の名前は、わたしも知りたいと思う。なにを考えとったかも、ちょっと、知りたいか」

「じゃあ、この人の名前を、紙に書くわね」
おハルさんは、白い紙とeマンネンヒツを取りだした。紙の上に、一人の男の人の名前が、おハルさんの文字で書かれた。私はその文字を Ⅳ 見つめた。咲子ちゃんも見つめている。喉《のど》がとてもかわいてきて、唾を飲み込もうとしたけど、唾も出てこなかった。

おハルさんが、名前の横に、なにか書きはじめた。

布団《ふとん》たたみ雑巾《ぞうきん》しぼり④別れとす

「これは、なに？」
おハルさんに訊くと、この人が作った俳句よ、と答えた。
⑤「はいく？」
「古池や、とかいうやつ？」
「『五・七・五』に見たものや感じたものをまとめるの」
「そうそう。死刑囚に、俳句や短歌の先生が教えに来てくれて、作るようになる人もいるのよ。この俳句は、昨日、この人が処刑の直前に書き残した俳句なの」
おハルさんはそう言って、俳句を声に出して読んでくれた。
「死刑囚には一人ずつ部屋があって、毎日蒲団《ふとん》の上げ下ろしや部屋の掃除《そうじ》、雑巾がけも自分でやるの。この人は処刑の前にもいつもと同じことをして、それをこの世の最後の作業にしたのね」
私は自分と同じように死刑囚が蒲団を畳《たた》んでいるところを思い浮《う》かべた。
「咲子ちゃんと、かなちゃんは、この俳句で、どんなことを感じる？」
「この日、殺される、っていうのに、なんだか、落ちついてるっていうか……、きちんとしていて、びっくり、しました」
私が、たどたどと答えると、咲子ちゃんが、私もそう思います、と続けた。
「自分が死ぬ前に、自分がいた場所をきれいにしたいと思った、ということですね」
「そうよ。潔癖《べき》なところのある人だったの。最後に会ったときは、とてもおだやかな顔をしていたわ」
「みんな、そんなふうなんですか？」
「ええ、ほとんどの方が、運命を受け入れた、しずかな目をしていたわ。この人、少し前にはこんな句も作ってる」

春暁《ぎょう》の足をふんばり見送りぬ

「同じところにいた死刑囚の仲間が処刑される日にね、Zその人に向けて詠《よ》んだのですって。『春暁』っていうのは、春の日の夜明けごろのことよ。春の、まだ寒い朝早くに、処刑されるために呼び出されていくその人を、見送ったのね。歳も近かったから、友だちとしての強い思いがあったんだと思う。足に力を入れてふんばらないと、倒《たお》れてしまいそうだったのでしょうね」
友だちが、殺されるために歩いていく背中を見送る様子を想像した。想像しただけで、怖《こわ》くなってきて、くらくらしてきて、足の力が抜《ぬ》けてくる。苦しい。
（東直子『いとの森の家』）

問一 ＝部a～eについて、カタカナは漢字に直し、漢字はその読みをひらがなで答えなさい。

問二 Ⅰ ～ Ⅳ に当てはまる語を、それぞれ次から選び、記号

で答えなさい。（同じ記号をくり返し使わない）

ア　はっきりと　　イ　くらくら　　ウ　きょとんと

エ　とぎれとぎれに　　オ　じっと　　カ　おずおずと

問三　～～～部X「あの人」、Y「この人」、Z「その人」の中で、他とちがう人を指しているものを一つ選び、記号で答えなさい。

問四　――部①「私はごくりと唾を飲み込んで、はい、と答えた」について、この時の私の気持ちの説明として最も適当なものを次から選び、記号で答えなさい。

ア　一緒にいる咲子ちゃんの思いも確認せず、自分勝手に返事をしたことに後ろめたさを感じている。

イ　どのようにお祈りをしてよいか分からず、おハルさんの期待に応えられるか不安に思っている。

ウ　おハルさんに喜んでもらうために承諾《だく》したものの、お祈りをすることに完全には納《なっ》得できていない気持ちがある。

エ　大好きなおハルさんに、かわいいお嬢さんと言ってもらい、表現できないくらいうれしく思っている。

問五　――部②「えらいな、と思った」について、私は咲子ちゃんのどういうところをえらいと思ったのか。「～をえらいと思った。」に続くように、三十字以内で答えなさい。

問六　【　③　】に当てはまる咲子ちゃんの言葉を、後の条件にしたがい、自分で考えて五十五字以内で書きなさい。

条件1　書き出しは「昔、赤ちゃんだったとしても」とすること。

条件2　文末は「から。」とすること。

問七　――部④「別れとす」とは「別れとする」という意味であるが、何と別れるのか。ここより後の本文から三字でぬき出しなさい。

問八　――部⑤『はいく？』という表記から、私のどのようなことが分かるか。その説明として最も適当なものを次から選び、記号で答えなさい。

ア　予期しなかった答えを言われ、すぐには理解できないこと。

イ　今まで聞いたこともない言葉を言われ、とまどっていること。

ウ　私が、「俳句」というものをまったく知らないということ。

エ　私が、どのように発音すればよいか分からないということ。

問九　本文より後の部分では、さらに他の死刑囚が作った俳句がいくつか紹介《しょうかい》されている。次の会話文は、そのうちの一つの俳句を授業であつかった時のものである。これを読み、後の問いに答えなさい。

先生　この後、小説の中では、他の死刑囚の俳句が紹介されています。その一つを考えてみましょう。

　水ぬるむ落としきれない手の汚れ

太郎　「水がぬるむ」ということから、季節は【　A　】だということが分かるね。

花子　この俳句を作った人は手を洗っていたのかしら。

先生　そうですね。でも手の汚れが落としきれない、というのはどういうことなのでしょう。

太郎　手の汚れなんて、水で洗えばすぐにきれいになるはずだよね。だとしたら、ここでいう「手の汚れ」とは何かをたとえたものではないかな。

花子　そうか、分かったわ。作者が死刑囚だということを考えると、ここでいっている「手の汚れ」とは【　B　】のことではないかしら。「落としきれない」というのは、忘れられないということなのではないかな。

1　会話文中の【　A　】に当てはまる季節を次から一つ選び、記号で答えなさい。

ア　春　イ　夏　ウ　秋　エ　冬

2　会話文中の【　B　】に入る言葉を自分で考えて、十字以内で書きなさい。

2023年度

広島修道大学ひろしま協創中学校
入試Ⅲ

算　数

解答時間　50分　　配点　100点

【注意事項】

1　試験開始の合図があるまで，この問題冊子の中を見てはいけません。

2　問題は 1 ページから 5 ページまであります。問題用紙の空いている場所は，下書きや計算などに使ってもかまいません。

3　試験中に問題冊子の印刷不良や解答用紙のよごれなどに気づいた場合は，手をあげて監督者に知らせてください。

4　解答用紙には解答記入らん以外に，受験番号・名前の記入らんがあるので，放送の指示にしたがって，それぞれ正しく記入してください。

5　解答は，すべて解答用紙の解答記入らんに記入してください。

6　解答は，HB または B の黒鉛筆（シャープペンシルも可）を使い，濃く、はっきりと書いてください。

1　次の計算をしなさい。

(1)　$2421-398$

(2)　12.6×62.1

(3)　$7-(6+3\times 5)\div 7$

(4)　$0.21\div \dfrac{3}{7}$

(5)　$\dfrac{1}{1\times 2}+\dfrac{1}{2\times 3}+\dfrac{1}{3\times 4}$

(6)　$\dfrac{1}{8}\times 4.8+\dfrac{1}{8}\times 3.2$

2　次の問いに答えなさい。ただし，解答らんに考え方（解き方や式など）も書きなさい。

(1)　協子さんの英語，国語，数学の 3 教科のテストの平均点は 65 点です。英語が 72 点，国語が 53 点のとき，数学のテストの点数は何点か求めなさい。

(2)　右の図の立体の体積を求めなさい。

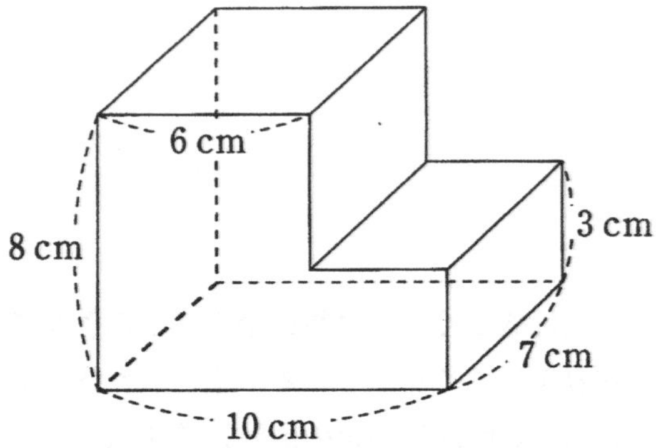

(3)　長さ 150 m のまっすぐな道の片側に 10 m おきに木を植えます。はしからはしまで植えるとき，木は全部で何本必要か求めなさい。

(4)　4500 円のお金を兄と弟で分けたところ，兄のお金は弟のお金の 2 倍になりました。兄は何円もらったか求めなさい。

3　修二くんと協子さん，創太くんの発言を読んで，3 人の誕生月を答えなさい。

修二くん：「僕の誕生月は日数が 30 日ある月の中で数が一番大きい月だよ」
協子さん：「私の誕生月は 4 年に 1 回，日数が変わる月なの」
創太くん：「僕の誕生月は日数が 31 日ある 2 の倍数の月の中で数が一番小さい月だ」

4　次は修二くんの算数の小テストの答案である。答案は部分的にインクでよごれて，解答が見えにくくなっている。よごれた答案を見て，修二くんの答案で確実にまちがっていると言える問題は何番の問題か答えなさい。また，なぜその番号がまちがっているのか理由を説明しなさい。

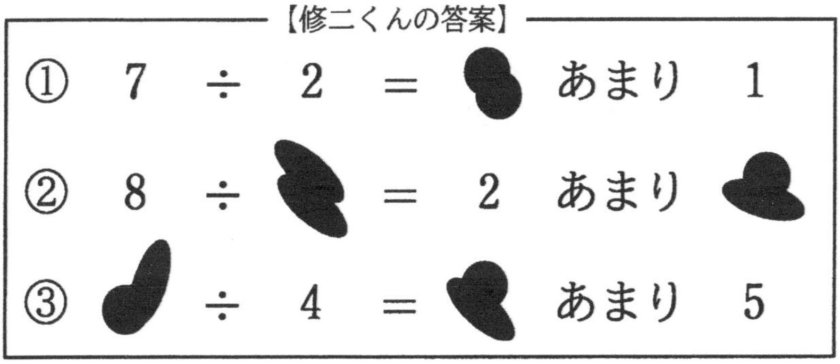

5　60階建てのビルのエレベーターを考えます。エレベーターには階数を表示する電光掲《けい》示板があります。電光掲示板には，【図1】のような六角形のライトが【図2】のように14本付いています。

【図1】

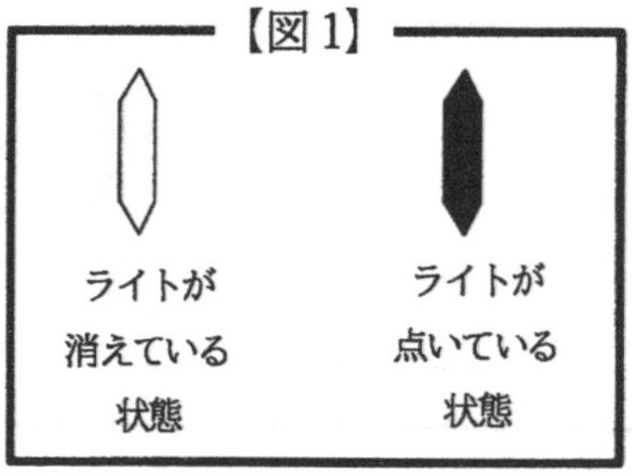

【図2】

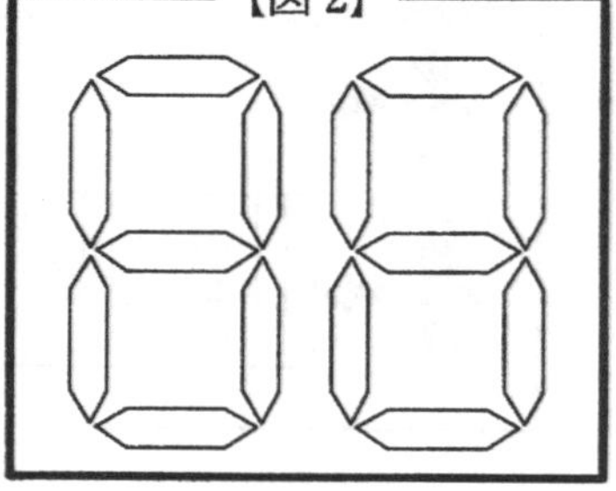

0から9までの数字は，【図3】のように表示されるとし，必ず階数は2ケタの数字で表示されるとします。ただし，2階のように1ケタの数の階数を表示するときは，「02」と表示します。また，0階はなく，階数は1階から始まるとします。このとき，次の問いに答えなさい。

【図3】

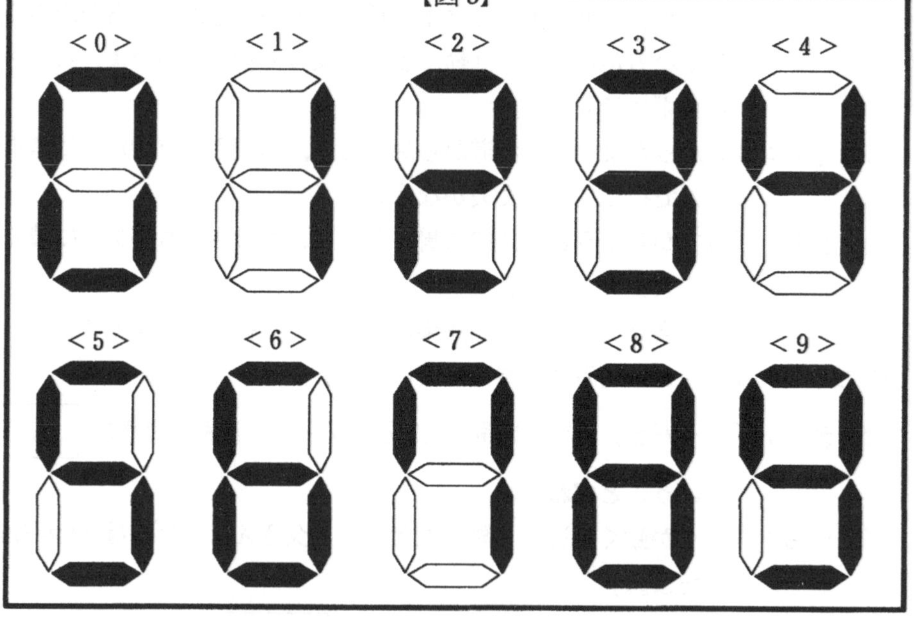

(1)　ライトが点いている本数が一番少ない階は何階か答えなさい。

(2)　ライトが点いている本数が一番多い階は何階か答えなさい。

(3)　ライトが8本点いている階をすべて答えなさい。

(4)　点いているライトの合計の本数が上下の階で変わらないのは何階と何階か。答えを2組答えなさい。

6　修二くんと修二くんのお父さんはH空港にいます。H空港の通路の一部には次の【図1】のように動く歩道があります。

【図1】

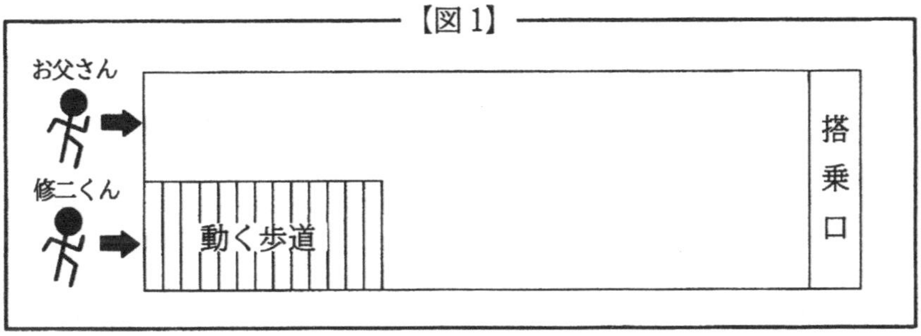

修二くんの歩く速さは毎分45 m，お父さんの歩く速さは毎分50 mです。次の2人の会話文の (あ) ， (い) ， (う) に当てはまる数を答えなさい。

修二くん：「お父さん，見て見て！動く歩道があるよ！」
お父さん：「本当だね。動く歩道に乗ると動く歩道の速さだけ，自分の歩く速さは早くなるから，修二は動く歩道に乗って歩くといいよ。お父さんは乗らずに歩くね。」
修二くん：「分かったよ。動く歩道から降りたら，お父さんを待たずに搭乗口まで1人で行っても大丈夫かな？」
お父さん：「修二がちょうど搭乗口に着くときに，お父さんも搭乗口に着くと思うから大丈夫だよ。」
（次の会話文は，2人が搭乗口で出会った後の会話文です。）
修二くん：「2人とも同時に搭乗口に着いたね。」
お父さん：「そうだね。歩いた時間は12分だからこの通路の長さは (あ) mということだね。」
修二くん：「ぼくが動く歩道から降りたとき，お父さんよりぼくは50 m先にいたよ。」
お父さん：「ということは，動く歩道の長さは (い) mで動く歩道の速さは分速 (う) mだね。」
修二くん：「お父さん，計算がとても早いね！」
お父さん：「すごいだろ！」

問九

3

【二】

問一

a カタテ

b 生々しくて

c 包まれた

d 深刻

e マンネンヒツ

問二

Ⅰ

Ⅱ

Ⅲ

Ⅳ

問三

問四

問五

をえらいと思った。

問六

問七

問八

問九

1

2

6)

算数

2023年度
広島修道大学ひろしま協創中学校　入試Ⅲ

解答らん

1	(1)		(2)	
	(3)		(4)	
	(5)		(6)	

2	(1)	【考え方】	答	
	(2)	【考え方】	答	
	(3)	【考え方】	答	
	(4)	【考え方】	答	

小計	※

3	修二くん		協子さん	
	創太くん			

4	番号		【まちがっている理由】

5	(1)		(2)	
	(3)			
	(4)	1組目		
		2組目		

6	(あ)		(い)	
	(う)			

小計	※

※印のらんには記入しないでください。

受験番号		名前		得点	※ ※100点満点 （配点非公表）

7)
)】

国語

二〇二三年度　広島修道大学
ひろしま協創中学校　入試Ⅲ

受験番号	
名前	

※受験生は＊のらんには記入しないでください。

A	*
B	*
C	*
D	*
E	*
F	*
G	*
H	*
I	*
J	*
K	*
L	*
M	*
N	*
O	*
P	*
Q	*
合　計	*

※100点満点
（配点非公表）

【一】解答らん（句読点は字数に数えます）

問一
a 前提
b リュウガク
c 負って
d ツれて
e ウツり

問二
Ⅰ
Ⅱ
Ⅲ
Ⅳ

問三
1 以（　　）伝（　　）
2

問四

問五

問六

問七

問八 【　　】

1 あ【　　】 い【　　】
2 無意識の思い込みは、

45)
)】

2022 年度

広島修道大学ひろしま協創中学校
入試Ⅱ

国　語

解答時間　50 分　　配点　100 点

〈注意事項〉

1　試験開始の合図があるまで，この問題冊子の中を見てはいけません。

2　問題は1ページから7ページまであります。問題用紙の空いている場所は，下書きや計算などに使ってもかまいません。

3　試験中に問題冊子の印刷不良や解答用紙のよごれなどに気づいた場合は，手をあげて監督者に知らせてください。

4　解答用紙には解答記入らん以外に，受験番号・名前の記入らんがあるので，放送の指示にしたがって，それぞれ正しく記入してください。

5　解答は，すべて解答用紙の解答記入らんに記入してください。

6　解答は，HB または B の黒鉛筆（シャープペンシルも可）を使い，濃く，はっきりと書いてください。

【一】次の文章を読んで、後の問いに答えなさい。

狩猟《しゅりょう》と言えば、真っ先に思い浮《う》かぶのは「注文の多い料理店」だろう。（中略）ハンター気どりの「紳《しん》士」ふたりが、娯《ご》楽のために狩《か》りをしようと、ピカピカの鉄砲《ぽう》を担《かつ》いで、山奥にやってきたのだ。（中略）

山奥で道にAマヨい途《と》方にくれた都会のハンターたちは、そこに現れた「西洋料理店　山猫軒《やまねこけん》」という看板のある家に入る。「注文の多い料理店ですからそこはご承知ください」という注意書きを、二人は、はやっている店なので注文が多く、料理が出てくるまで時間がかかる、ということだと思いこむ。次から次に現れる扉《とびら》の上の指示にひとつずつ従っていくうちに、二人はやがて、最後の、「からだ中に、壺《つぼ》の中の塩をたくさんよくもみ込んでください」というのを読んで、ようやく、「どうもおかしいぜ」と①気づき始める。そして、注意書きはすべて二人を料理して食べるための下準備であり、そのために山猫たちがつけた「注文」だったのだ、と知る。

あまりの恐ろしさにガタガタと震《ふる》え、Bナき出した二人の顔は紙くずみたいにしわくちゃに。

結局、二人はあわやというところで猟犬《りょうけん》や本物の猟師に命を助けられて、東京に帰る。しかし一度しわだらけになった顔は、（　a　）それっきり元には戻らなかった、というお話。

何度読んでも、ゾクッとさせられる。「西洋料理店」とは「客に西洋料理を食べさせる店」ではなく、「客を西洋料理にして食べる店」だったわけだ。その意味では、「西洋料理店」という看板に偽《いつわ》りがあったわけではないし、②「注文が多い」というただし書きにしても、それ自体は嘘《うそ》ではなかった。

二人の解釈《しゃく》が間違っていたのだが、（　b　）他の人だって同じように考えただろう。そこが怖《こわ》いところだ。狩猟と言えば、人間が動物を殺すことであり、料理と言えば人間が他の生きものを料理することであり、注文と言えば、人間が自然界に対してつけるものだと、ぼくたちは考える。そして、もしかしたら、③その逆がありうるかもしれない、と想像してみることはまずない。

人間→動物、人間→人間以外の生きもの、人間→自然界。こんなふうに、いつだって、矢印は人間から他のものへと、一方に向いている。働きかける側（主体）はいつも人間で、相手はいつも働きかけを受ける側（客体）だ。矢印が逆を向く可能性に、ぼくたちがなかなか気づかないとすれば、それはなぜなのだろう？

それは、「人間」と「他のもの」の間に、暗黙《あんもく》のうちに上下関係が想定されているからだろう。矢印が上から下へと向いているのは、水が上から下へと流れるのと同じように、当たりまえのことだ、とぼくたちは思いこんでいるようだ。

狩猟に関する賢治の話に、「氷河鼠《ひょうがねずみ》の毛皮」がある。厚い毛皮のCボウカングをまとった乗客たちが、イーハトヴ発「最大急行ベーリング行」で旅行中、Dカメンやマフラーで素顔をかくした白熊などの野生動物たちの襲撃《しゅうげき》を受ける、という物語だ。

④襲撃者たちのねらいは乗客の一人、大富豪《ふごう》のタイチ。彼はふだんの冬のEフクソウの上に、ラッコの毛皮を裏地にした内《うち》*外套《がいとう》、ビーバーの毛皮の中外套、表も裏も黒キツネの毛皮でできた外外套などを着込み、おまけに上着は、四百五十四匹分の氷河鼠の首の部分の毛皮だけでつくられている。今回列車に乗ったの

は、「黒キツネの毛皮九百枚をもち帰ってきてみせる」という賭《か》けをしてしまったからだという。自分の富をひけらかし、酒を飲んで他の乗客にからむタイチの（ｃ）「馬鹿げた大きな子供の酔《よ》いどれ」みたいな態度に、みんな腹をたてたり、呆《あき》れたりしていたのだった。

告発を受けたタイチが襲撃者によって外へとまさに連れ出されようとするとき、乗客の船乗りらしい青年が襲撃者の一人からピストルを奪《うば》い、逆に人質にとって、その仲間たちにこう叫《さけ》ぶ。

おい、熊ども。きさまらのしたことは尤《もっと》もだ。けれどもなおれたちだって仕方ない。生きているにはきものも着なけぁいけないんだ。おまえたちが魚をとるようなもんだぜ。けれどもあんまり⑤無法なことはこれから気を付けるよう云《い》うから今度はゆるしてくれ。

最後はあっけない。タイチと人質は解放され、襲撃者たちはみな降りて、列車はまた動き出す。「今度はゆるしてくれ」という船乗りの青年の要求があっさり受け入れられたのはなぜか。それは青年の言葉が、相手にとって説得性をもっていたからだろう。このことについて考えてみよう。

作者の賢治は、まず青年の言葉を通じて、「きさまらのしたことは尤もだ」と、襲撃者たちの動機を肯定《こうてい》してみせる。だが同時に、人間が毛皮をとるのは、熊が魚をとって食べるのと同じように、生きものとして「仕方ない」ことだと言う。その上で青年は、「あんまり無法なこと」をこれからはしないようにすると言う。ある程度はしかたがないが、あまりひどいことはつつしむ、というわけだ。それは青年が自分のことを言っているようでもあり、タイチの代わりに言っているようでもある。またそれは、人間を代表して言っているようにも聞こえる。

つまり、人間として、生きていくために必要な範囲《はんい》を、大きく越《こ》えるようなことはしないようにする。もっと言えば、生きものの世界に本来あるべき〝法〟に背《そむ》かないように生きるようにする、ということだろう。そうすることで、人間と動物との間になるべくフェアで、公正な関係をつくり、保っていかなければならない。（中略）これこそが、狩猟社会をはじめとする多くの伝統社会が、神話や伝説や昔話を通じて伝えてきたメッセージでもある。

※「氷河鼠の毛皮」をとりあげて、人類学者の中沢新一が「圧倒的な非対称《ひたいしょう》」と題する文章を書いたことがある。そこで中沢は、あの物語の中の野生動物たちによる襲撃を、人間たちに対する一種の「*テロ」として見る。彼によると、作者の賢治は、こうした「テロ」を引き起こす原因として、人間界が野生動物に強いてきた極端な不公平――それを中沢は「圧倒的な非対称」と呼ぶ――があると指摘《してき》したのだ。

（中略）

現代世界は「貧しい世界」と「富んだ世界」に、弱者と強者に、敗者と勝者に引き裂かれ、その富と力の格差はますます大きく、圧倒的なものになりつつある。またこれと並んで、人間界と動物界の間も、これまでは保たれていたはずの微妙《びみょう》なバランスが崩《くず》れて、「支配・被支配」の関係が、ますます一方的で、暴力的で、*無慈悲《むじひ》なものとなっている。

中沢によると、世界を荒廃《こうはい》に導くこのふたつの「圧倒的非対称」は偶然《ぐうぜん》生まれたわけではない。どちらも現代文明にもともとそなわっている性質が表れたもので、互いに切っても切れない関係にある。

しかし、と彼は言う。かつて、人間界と動物界の間の格差や不公正が大きくなりすぎないようにしてきた社会——それを対称性社会と呼ぶ——が世界中あちこちにあったし、今もまだわずかに残っている。そこに注目しよう。そして、「対称性社会の住人ならば、これをどんなふうに思考して解決に導こうとするだろうかと考えてみる」ことだ、と。

（辻信一『弱虫でいいんだよ』ちくまプリマー新書
※設問の都合上、本文の一部を変えています。）

注　＊外套…コート。　＊テロ…極端《きょくたん》な不公平に対する暴力行為。
＊無慈悲…思いやりの心がないこと。

問一　——A～Eのカタカナを漢字に直しなさい。

問二　本文中の（ａ）～（ｃ）にあてはまる語としてふさわしいものを次の中から選び、それぞれ記号で答えなさい。

ア　やっと　イ　まるで　ウ　たぶん　エ　まったく　オ　もう

問三　——①「気づき始める」について、何に気づき始めたのか。それを説明した次の文の空らんにあてはまる語句を本文中より十三字でぬき出して答えなさい。

「西洋料理店　山猫軒」は（　　　　）だということ。

問四　——②「『注文が多い』というただし書き」について、ハンターたちは当初、このただし書きの意味をどのようにとらえていたか。それが書かれてある三十一字の部分を本文中から探し、初めと終わりの三字を書きなさい。

問五　——③「その逆がありうるかもしれない、と想像してみることはまずない」について答えなさい。

1　「その逆」とはどういうことか。「働きかけ」「受ける」という言葉を使い、二十字程度で答えなさい。

2　なぜ「その逆」を想像することはないのか。その理由が書かれてある一文を本文中から探し、初めと終わりの三字を書きなさい。

問六　——④「襲撃者たちのねらいは乗客の一人、大富豪のタイチ」について、なぜ「タイチ」が襲撃者たちのねらいになったのか。その理由としてふさわしいものを次から一つ選び、記号で答えなさい。

ア　大富豪のタイチを襲《おそ》えば、大金を手にできるだろうと考えたから。

イ　大富豪であることをいいことに、貧しい人を馬鹿にしているから。

ウ　動物の命など気にしないで、多くの毛皮を身にまとっているから。

エ　タイチが動物の毛皮を売りさばくことで金もうけをしているから。

問七　——⑤「無法なこと」とあるが、ここではどういうことか。本文中の語句を利用して三十五字以内で答えなさい。

問八　次は、本文※より後ろの部分について、授業での話し合いの様子です。これを読み、後の問いに答えなさい。

先生　「氷河鼠の毛皮」で野生動物たちがタイチたちを襲撃したことを、一種の「テロ」だと表現していますが、ここでの「テロ」の意味を答えてください。

創太　弱い立場にあるものが、不公平な立場を解消しようと暴力的な行為を取ることです。

協子　先生、「注文の多い料理店」の中にも同じように「テロ」と読み取れるこ

とが描《えが》かれていると思います。

先生　「注文の多い料理店」のどのような内容が「テロ」だと読み取れますか。

協子　［　X　］。

先生　なるほど。この二作品ではいずれもいわゆる「テロ」のような暴力的な行為が描かれていますね。では作者である宮沢賢治は、そのような作品を通して我々読者に何を伝えたかったのでしょう。

創太　「テロ」を引き起こした原因を、中沢新一氏は「圧倒的な非対称」と呼んでいます。宮沢賢治も、その「圧倒的な非対称」について読者に考えてもらいたかったのだと思います。

協子　中沢氏は本文の最後で「対称性社会」に注目し、「対称性社会の住人ならば、これをどんなふうに思考して解決に導こうとするだろうかと考えてみることだ」と書いてあるわ。

先生　いいところに気づきましたね。では我々人間は、宮沢賢治の二作品を通じて、どのようなことを考えていかなくてはいけないのでしょうか。

創太　［　Y　］。

1　会話文中の空らん［X］に入れる、協子さんの言葉を考えて二十五字程度で書きなさい。

2　会話文中の空らん［Y］に入れる言葉を、本文全体の内容をふまえて五十字程度で書きなさい。

【二】次の文章を読んで、後の問いに答えなさい。

高校生の清澄《きよすみ》（「僕《ぼく》」）は、姉が結婚《けっこん》式で着るウェディングドレスに刺繍《ししゅう》を入れることになった。刺繍のデザインに悩んでいると、姉の結婚相手の紺野《こんの》さんが部屋に入って来た。

「これが、清澄くんがつくったドレス？」

紺野さんは上体をぐっとA反らせて、①ボディに着せられたウェディングドレスに見入っている。一週間後の日曜日、姉はこれを着て紺野さんと結婚式を挙げるのだ。

「違いますよ。僕がつくったわけではないんです」

姉から「レンタルのドレスはきらびやか過ぎて、どれも着る気がしない」という趣旨《しゅし》の愚痴《ぐち》を聞かされたのは、春頃《はるごろ》のことだった。だったら姉が気にいるようなドレスを僕がつくってあげようと決心したのだ。ドレスを縫《ぬ》った経験などなかった。知識もなかった。でもやってみたかった。母はいつものように「やめとき」と言ったけど、なんの根拠《こんきょ》もなく自分ならできると思いこんだ。

「でも、だめでした」

どうにもならなくて、父を頼《たよ》った。僕が一歳の時に母と別れてこの家を出た父。会うたび「金がない」とぼやく父。実年齢《ねんれい》より若く見える（つまりなんだか頼りない）父。

でも②黒田縫製《ほうせい》に行った時の父は違《ちが》った。父と父の職場の人たちは、ほぼ一日でこのドレスを縫い上げた。

ボディに巻きつけた布を父がちょこちょこっとピンでB留めただけで、布は自由自在にかたちを変えた。父の手はオーロラのようなドレープを、雲のようなフリルを、何度でも、何とおりにも、手品みたいにつぎつぎと生み出した。いつもの［a］した眠《ねむ》たげなC口調もなりをひそめて、あとからやってきたおばさんたちにてきぱきと指示を出す父はまるきり僕の知らない人だった。

「すごいと思いません？」

「うん、すごいな」

ノースリーブが嫌《いや》。かわいすぎるのは嫌。とにかく［b］してるのは嫌。

そんなんドレスちゃうわ、と僕が鼻白んだ姉の要望を、父と父の職場の人たちは一度も否定しなかっただけでなく、正確にそのD意図を酌《く》んでこのドレスを縫い上げた。

ワンピースと呼んでも差し支《つか》えないほどシンプルでカジュアルなデザインと風通しの良いガーゼの素材は、人前に出ることが苦手な姉の緊張《きんちょう》をきっとやわらげてくれるだろう。

「でも、仕上げは清澄くんがやるんやろ？」

自分の手でドレスを仕上げられなくて落ちこんでいた僕に、黒田さんが「刺繍を入れてみては」というアドバイスをくれた。

黒田さんは父の雇《やと》い主というか、相棒というか、そんな感じの人だ。僕にとってはある意味、父以上に父のような位置づけの人物でもあるのだが、その微《び》妙《みょう》なニュアンスを紺野さんに説明できる気がしない。すくなくとも今は。

「図案のことで、まだ悩んでいるんです」

とにかく「無難」を重んじる姉を尊重して、裾《すそ》のあたりにだけごく控《ひか》えめに野の花を刺繍しようと思っていた。白い糸で、近くで見るとそれとわかる程度にさりげなく、でもなにかが違うような気がして、まだひと針もすすめられずにいる。だって僕がしたい刺繍は、そして姉にふさわしいのは「無難」なんかじゃないはずだから。

「でも、式はもう一週間後やで」

「そうなんですけど……」

ドレスはこのままでじゅうぶんすばらしいできばえだ。僕の刺繍で台無しにするようなことがあってはならないと思うと、なおさら手が動かなくなってしまう。

もう時間がない。刺繍を入れるにせよ、入れないにせよ、はやく決めなければならないのに。

口ごもってしまった僕をちらりと見て、③紺野さんが咳払《せきばら》いをひとつした。

「質問してもいい？」

「どうぞ」

「そもそも、どういうきっかけで刺繍はじめたん？　いや、前から男子の趣味《しゅみ》としてはめずらしいんちゃうんかなと思ってて」

あ、おかしいとか言うてるわけではないねんで、と［c］身を乗り出してくる紺野さんを「わかってます、わかってます」と押し戻《もど》した。刺繍をはじめたきっかけは、祖母がやっていたから。でももちろんそれだけではない。

④「刺繍は世界中にあって、それぞれ違う特徴《とくちょう》があるんです」

紺野さんが「へえ、そうなん」とふたたび身を乗り出す。

「たとえば日本にはこぎん刺しっていうのがあるんですけど、これってもともと布を丈夫《じょうぶ》にしてE暖かくするために糸を重ねたのがはじまりらしくて」

「ほう」

「あとね『背守り』って知ってます？　赤ちゃんの産着《うぶぎ》の背中に刺繍する習慣があったんですって。いわゆる魔除《まよ》けです。鶴《つる》とか亀《かめ》とかね、そういう図案を」

「ほう、ほう」

紺野さんが大きく頷《うなず》く。姉はきっとこの人のこういうところを好きになったんだろう。自分がものすごくおもしろい話をしているみたいで、悪い気はしない。

日本だけじゃない。ルーマニアのある地方では、娘《むすめ》が生まれるとすぐにその子の嫁入《よめい》り道具のシーツや枕《まくら》カバーに刺繍をはじめる。インドには「ミラーワーク」と呼ばれる鏡を縫いこんだ刺繍の技法がある。鏡が悪いものを反射して身を守ってくれる、と考えられているのだ。

「刺繍はずっと昔から世界中にあって、手法はいろいろ違うのに、そこにこめられた願いはみんな似てるんです。それってなんか、おもしろいでしょ」

世界中で、誰《だれ》かが誰かのために祈《いの》っている。すこやかであれ、幸せであれ、と。

高校生になってからいろいろな刺繍に関する本を読んだりしているうちに、もっとくわしく刺繍の歴史を知りたいと思うようになった。そこにこめられた人々の思いを、暮らしを、もっと知りたいと。

人に話すのはこれがはじめてだった。目標というほどたしかなものではなかった欲求が、言葉にした瞬間《しゅんかん》に輪郭《りんかく》を得た。そうか⑤僕はそんなふうに考えていたのかと、目を瞠《みは》る。輪郭をよりくっきりとしたものにしたくて、もう一度口に出した。

「知りたいんです、もっと」

「すごいなあ。壮大《そうだい》やなあ」

「いや、壮大って、そんな」

「壮大な弟ができてうれしいわ」

そこまで屈託《くったく》なく喜ばれるとこっちが恥《は》ずかしい。身体の向きを変えて［d］熱くなる頬《ほお》を見られないようにした。

（寺地はるな『水を縫う』）

問一　━━線部A～Eの漢字の読みをひらがなで答えなさい。

問二　［a］～［d］にあてはまる語としてふさわしいものを次の中から選び、それぞれ記号で答えなさい。ただし、同じ記号を二回以上使ってはならない。

ア　ぐいぐい　イ　じわじわ　ウ　ふわふわ　エ　キラキラ

問三　――①「ボディに着せられたウエディングドレス」について、次の問いに答えなさい。

1　「着せられた」の「られ」と同じ使い方のものを次から一つ選び、記号で答えなさい。

ア　着られる服がない。
イ　冬の気配が感じられる。
ウ　先生が家を出られる。
エ　彼《かれ》に助けられた。

2　この「ウエディングドレス」は、だれが作ったものか、本文中から十字でぬき出して答えなさい。

3 この「ウエディングドレス」の特徴がくわしく書いてある一文をぬき出し、初めの五字を答えなさい。

問四 ――②「黒田縫製に行った時の父は違った」とあるが、どう違ったのか、その説明としてふさわしいものを次から一つ選び、記号で答えなさい。

ア いつもは仕事が遅く、叱《しか》られてばかりであったが、その時はたった一人で作品を仕上げた。

イ いつもはおとなしいが、その時は「姉」や「僕」と積極的に話し合って作品を仕上げた。

ウ いつもは頼りないが、その時は的確に指示を出し、手際《てぎわ》よく作品を仕上げた。

エ いつもはお金がなくて、ぼやいてばかりであったが、その時は気前よく作品を仕上げた。

問五 ――③「紺野さんが咳払いをひとつした」とあるが、この時の紺野さんの様子の説明としてふさわしいものを次から一つ選び、記号で答えなさい。

ア 結婚式まで時間がないため、刺繍が決まらずにあせっている「僕」の気持ちを察して、無理して悩《なや》まなくていいことを伝えようとしている。

イ 何気なく自分が言った言葉を、「僕」がせかされているように感じたように見えたため、出過ぎたことをしてしまったと思い、話をそらそうとしている。

ウ どういう刺繍が「姉」にふさわしいか分からずに悩んでいる「僕」の姿を見て、自分ならこういう刺繍がいいのではとアドバイスをしようとしている。

エ 「僕」の様子から刺繍をどうするか迷っているように感じたので、「僕」の目先を変えてやることが必要と思い、話題を変えようとしている。

問六 ――④「刺繍は世界中にあって、それぞれ違う特徴があるんです」とあるが、本文中でその例はいくつ述べられているか、漢数字で答えなさい。

問七 ――⑤「僕はそんなふうに考えていたのか」とあるが、その時「僕」は何に気づいたのか。「刺繍（「刺しゅう」と書いてもよい）」という言葉を使って、解答らんにつながるように五十字以内で答えなさい。

問八 ～～～「僕がしたい刺繍」について、次の問いに答えなさい。

1 「僕」は、「刺繍」とはどういうものだと考えているか。本文中の言葉を使って答えなさい。

2 1の答えをふまえると、「僕」がしたい刺繍は、どういうものだと考えられるか、答えなさい。

問九 次の中から本文の内容に合っているものを二つ選び、記号で答えなさい。

ア 「僕」は、父から刺繍を教わって刺繍をしたいと思うようになった。

イ 「僕」は、姉が結婚をしたくなくてわがままを言っていると思っている。

ウ 「僕」は、最初は姉のためにウエディングドレスを作りたいと考えていた。

エ 「僕」は、紺野さんが姉に頼まれて自分の本心を聞きに来たと思っている。

オ 「僕」は、黒田さんのアドバイスで姉のドレスに刺繍をすることになった。

2022年度

広島修道大学ひろしま協創中学校
入試Ⅱ

算　数

解答時間　50分　　配点　100点

【注意事項】

1　試験開始の合図があるまで，この問題冊子の中を見てはいけません。

2　問題は 1 ページから 8 ページまであります。問題用紙の空いている場所は，下書きや計算などに使ってもかまいません。

3　試験中に問題冊子の印刷不良や解答用紙のよごれなどに気づいた場合は，手をあげて監督者に知らせてください。

4　解答用紙には解答記入らん以外に，受験番号・名前の記入らんがあるので，放送の指示にしたがって，それぞれ正しく記入してください。

5　解答は，すべて解答用紙の解答記入らんに記入してください。

6　解答は，HB または B の黒鉛筆（シャープペンシルも可）を使い，濃く、はっきりと書いてください。

1 次の計算をしなさい。

(1) $21 \div 3 \times 7$

(2) $245.7 \div 23.4$

(3) $2 \div 0.25 - 2\frac{3}{5}$

(4) $48 \div 44 \times \left(\frac{9}{20} + \frac{7}{15}\right)$

(5) $12.5 \times 13 - 5 \times 12.5$

(6) $1 + \frac{1}{2} - \frac{1}{3} \times \frac{1}{4} \div \frac{1}{5}$

2 次の問いに答えなさい。

(1) 大小２個のさいころを同時に投げるとき，出た目の数をかけた答えが３の倍数になるのは何通りありますか。

(2) 右の図で，正三角形は何個ありますか。

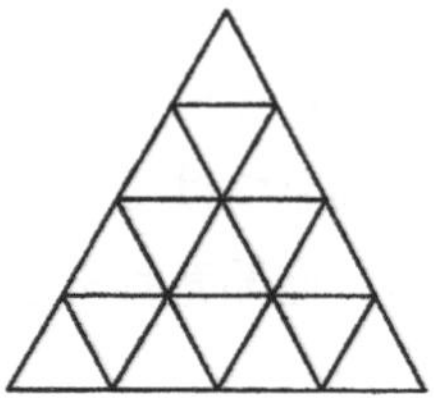

(3) 正□角形の１つの内角と外角の大きさの比が７：２であるとき，その□にあてはまる数を答えなさい。

(4) 右の図のように，長方形の土地の中に道が交差しています。このとき，しゃ線部分の土地は何 ha ですか。

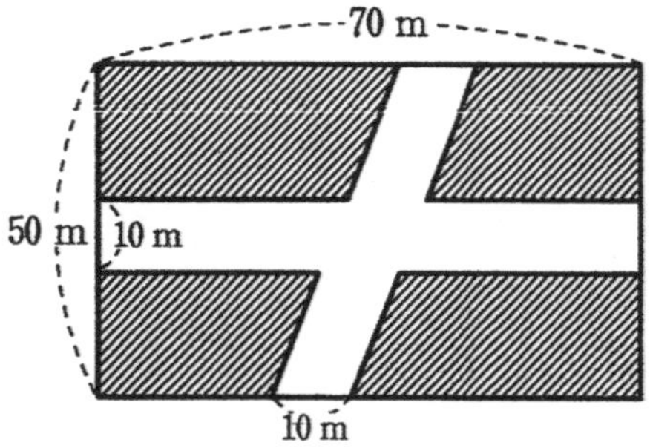

(5)　時計が 10 時 10 分を示しています。このとき，長針と短針の間の角度（小さい角度）は何度になりますか。

(6)　仕入れ値が 1 個 1000 円の品物を 200 個仕入れました。この品物に 2 割の利益がつくように定価をつけて売ったのですが，50 個あまってしまったので定価の 2 割引きにしたところ，全部売れました。このとき，利益は何円になりますか。

(7)　長さが 200 m の列車 A と長さ 150 m の列車 B が出会ってからすれ違うまで 10 秒かかりました。列車 A の速さが秒速 20 m のとき，列車 B の速さは時速何 km ですか。

3　下の資料は，あるクラスの生徒 30 人の身長です。

145.2	138.5	140.4	135.1	140.0	151.7	148.2	136.6	146.8	155.4
135.0	151.2	133.9	150.0	142.7	157.2	139.6	143.8	151.0	146.6
158.1	145.5	144.8	132.1	154.7	145.2	147.0	138.8	148.1	139.5

単位は cm

(1)　次の度数分布表を完成させ，柱状グラフで表しなさい。

身長 (cm)	人数 (人)
130 以上 ～ 135 未満	
135 ～ 140	
140 ～ 145	
145 ～ 150	
150 ～ 155	
155 ～ 160	
合計	30

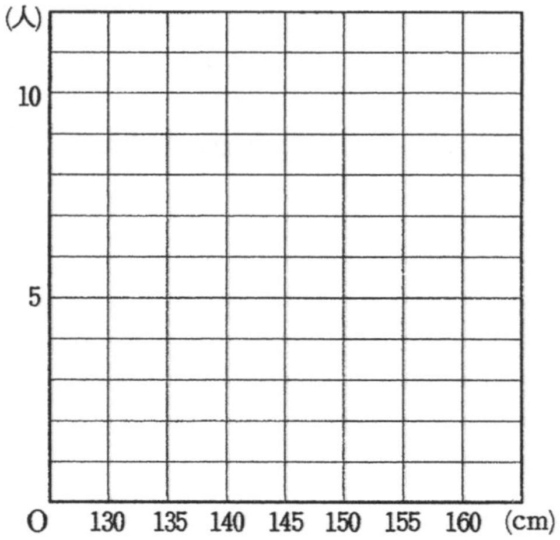

(2)　身長が 140 cm 以上の生徒は，全体の何 % ですか。

4　右の図の四角形 ABCD において，

(ア)＋(イ)＋(ウ)＝(エ) … ①

がなりたちます。

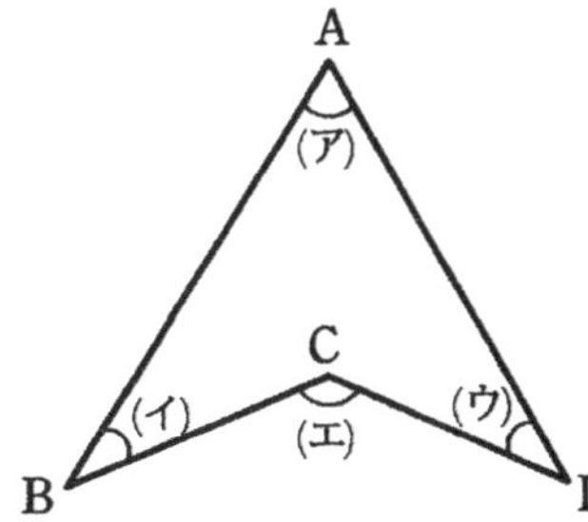

(1)　① の式がなりたつ理由を説明するためには補助《ほじょ》線が1本必要です。あなたならどこに引きますか。解答らんに1本だけ直線を引きなさい。

(2)　(1) で引いた直線を利用して，① の式がなりたつ理由を説明しなさい。

5　下の【図1】のような立方体の展開図があります。この立方体を組み立てたとき，【図2】のしゃ線部分にはどの字がどの向きにかかれていますか。解答らんに矢印の方向から見た図をかきなさい。

【図1】

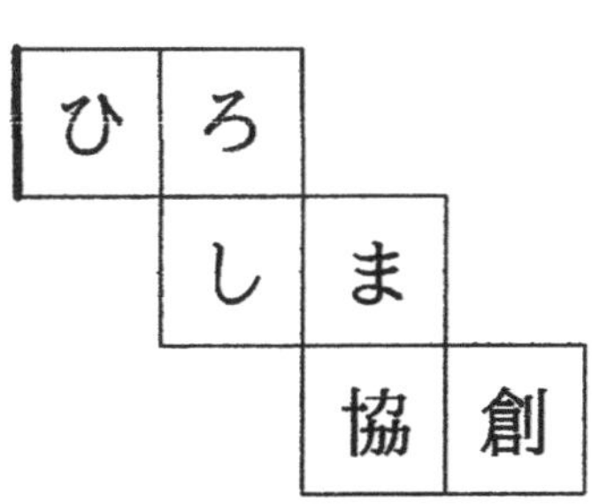

【図2】

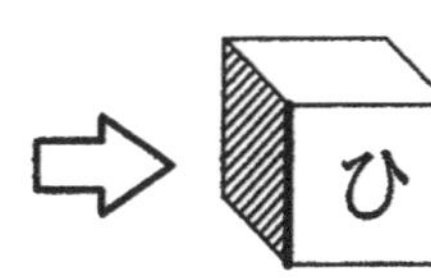

6　ある会社では，A，B，Cのそれぞれの部署で以下のような働き方にしました。

A … 最初は2日連続勤務で，翌日1日休みをくり返す。
B … 最初は3日連続勤務で，その後は2日連続休みをくり返す。
C … 最初から勤務と休みを1日ずつくり返す。

	4/1	4/2	4/3	4/4	4/5	4/6	4/7	4/8	4/9	4/10
A	勤務	勤務	休み	勤務	勤務	休み	勤務	勤務	休み	勤務
B	勤務	勤務	勤務	休み	休み	勤務	勤務	勤務	休み	休み
C	勤務	休み	勤務	休み	勤務	休み	勤務	休み	勤務	休み

4月1日からこの働き方を始めたとき，次の問いに答えなさい。

(1)　4月18日のそれぞれの部署の勤務状態を示しなさい。

	4/18
A	
B	
C	

(2)　はじめて3つの部署すべてが休みになるのは，何月何日ですか。

7　おさむ君ときょうこさんは，２人が通学している中学校のグラウンドにある陸上トラックについて調べていました。その結果，下の図のような長さになることがわかりました。

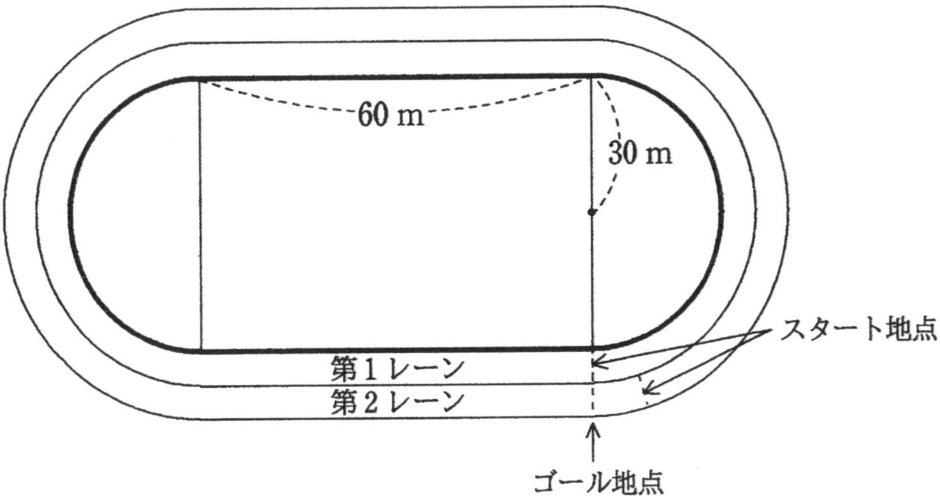

下は，トラックの長さを調べた後の２人の会話です。

おさむ　：ねぇねぇ，第１レーンを走るのと第２レーンを走るのでは，第１レーンの方がきょりが短いから絶対に有利だよね？

きょうこ：もし真横に並んでスタートすれば，明らかにそうなるよね。だから，どのコースでも走るきょりを同じにするように第２レーンは第１レーンより少し前からスタートするのよ。

おさむ　：なるほどね。じゃあ，第２レーンを走る人は第１レーンを走る人よりもどれだけ前でスタートすればいいんだろう？

きょうこ：じゃあ，実際に計算をして調べてみましょう。

この会話のあとで，２人は実際に第２レーンのスタート位置が第１レーンのスタート位置より何ｍ前になるのかを計算することにしました。

レーンの幅を 1.2 m とし，各レーンの最短経路を走ると考えるとき，第２レーンのスタート位置は第１レーンのスタート位置よりどれだけ前にすればよいかを答えなさい。ただし，円周率は 3.14 とします。

2022 年度

広島修道大学ひろしま協創中学校
入試Ⅱ

理科・社会

解答時間　50 分　　配点　各 50 点

〈注意事項〉

1　試験開始の合図があるまで，この問題冊子の中を見てはいけません。

2　問題は理科が1ページから6ページ，社会が7ページから15ページまでありません。問題用紙の空いている場所は，下書きや計算などに使ってもかまいません。

3　試験中に問題冊子の印刷不良や解答用紙のよごれなどに気づいた場合は，手をあげて監督者に知らせてください。

4　解答用紙には解答記入らん以外に，受験番号・名前の記入らんがあるので，放送の指示にしたがって，それぞれ正しく記入してください。

5　解答は，すべて解答用紙の解答記入らんに記入してください。

6　解答は，HB または B の黒鉛筆（シャープペンシルも可）を使い，濃く，はっきりと書いてください。

理科の問題はここから始まります

1 次の文章を読んで，以下の問いに答えなさい。

(Ⅰ) 生物間にみられる多様性のことを生物多様性といいます。生物多様性には，生態系の多様性・種《しゅ》の多様性・遺伝子の多様性という3つのレベルのとらえ方があります。生態系・種・遺伝子の多様性はお互いに深く関係しあっています。

その中の，種の多様性を数値化したものに「多様度指数《たようどしすう》」というものがあります。この値が大きいほど，その生態系での種の多様性が高いと考えられます。多様度指数は以下のようにして求めます。

「多様度指数＝1－(各種の割合×各種の割合＋各種の割合×各種の割合＋・・・)」

※各種の割合＝(それぞれの種の数)÷(合計の数)

例えば，表のように5種類の魚（A～E）が同じ数ずつすんでいる池の多様度指数を計算は，下の式のようになります。

種	A	B	C	D	E	合計
数	20	20	20	20	20	100
割合	0.2	0.2	0.2	0.2	0.2	1

割合＝20÷100＝0.2

多様度指数＝1－(0.2×0.2＋0.2×0.2＋0.2×0.2＋0.2×0.2＋0.2×0.2)＝1－0.2＝0.8

(1) この池で種Eが絶滅した場合，多様度指数はどうなると思いますか。次のア～ウから選び，記号で答えなさい。ただし，種A～Dの数は変化しないものとします。

ア．低くなる　　イ．高くなる　　ウ．変化しない

(2) この池に誰かが種Fを入れてしまいました。種Fは種A～Eをエサとして食べました。その結果，種A～Eはそれぞれ10匹になり，種Fは50匹になりました。合計は100匹で変わりませんでした。このときの多様度指数を求めなさい。

(3) 種Fのように，人間活動によって本来のすんでいる場所以外の場所にもち込まれ，その場所にすみ着くようになった生物を外来生物と言います。次のア～オの中で，すべて外来生物であるものを1つ選び，記号で答えなさい。

ア．ウシガエル　ヤンバルクイナ　カミツキガメ　オオクチバス
イ．ヌートリア　アマミノクロウサギ　アライグマ　アメリカザリガニ
ウ．オオクチバス　ウシガエル　ヌートリア　カミツキガメ
エ．アライグマ　アメリカザリガニ　ヤンバルクイナ　ヌートリア
オ．ヤンバルクイナ　オオクチバス　カミツキガメ　アマミノクロウサギ

（Ⅱ）昆虫であるミツバチは，えさ場の方向や距離を８の字ダンスによってなかまに知らせます。右の図はえさ場までの距離と８の字ダンスの速さとの関係を示したものです。

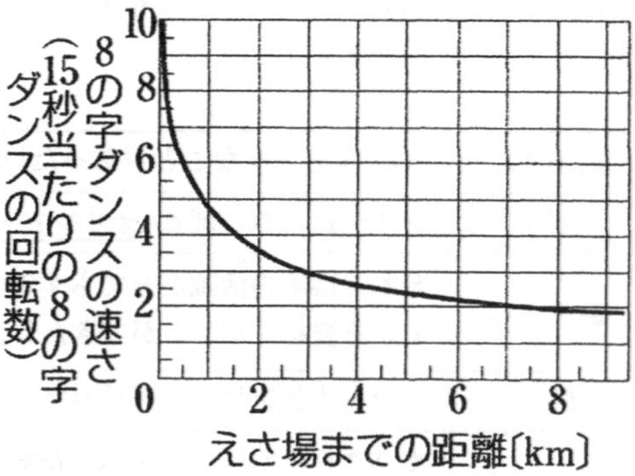

（４）巣からえさ場までの距離が3kmだったときミツバチは１分間に８の字ダンスを何回転しますか。

（５）次のア～カの昆虫の組み合わせのうちで，
①完全変態のものと，②不完全変態のものを，それぞれ１つずつ選び，記号で答えなさい。

ア．チョウ　セミ　トンボ
イ．コオロギ　セミ　トンボ
ウ．チョウ　コオロギ　ハエ
エ．コオロギ　トンボ　ハチ
オ．チョウ　ハチ　ハエ
カ．コオロギ　チョウ　セミ

（６）昆虫の成虫に当てはまる特ちょうについて述べた次の文の①～④には当てはまる言葉を，⑤～⑦は数字を答えなさい。

・昆虫の成虫は，体が，（①）部・（②）部・（③）部の大きく３つに分かれている。
・（①）部には一対の（④）と眼《め》がある。
・（②）部には脚《あし》が（⑤）本ついている。脚がたくさんあるムカデや（⑥）本あるクモは昆虫ではない。
・（②）部には羽がついている。（⑦）枚のものが多いが，２枚のものや無いものもある。

（７）人間は，昔からミツバチを農業分野で利用してきました。１つは，ハチミツ，蜜蝋《みつろう》，プロポリス，ローヤルゼリーなど，ミツバチ産品とよばれるものを得るために利用してきました。では，農業分野で他にはどのようなことに利用していますか。簡単に答えなさい。ただし，ミツバチ自体を食材として利用していること以外を答えること。

2 協子《きょうこ》さんと創太《そうた》君は，2021年の１年間にあったことを休憩《きゅうけい》時間に振り返っていました。その時の会話文を読み，次の問いに答えなさい。

協子さん：	2021年も色々なことがあったね。
創太君：	そうだね，やっぱり①オリンピックやパラリンピックがとても印象的《いんしょうてき》だったな。
協子さん：	日本人選手の活躍《かつやく》がとてもすごかったね！他にもいろいろな世界の選手が活躍している姿を見ることができたね。
創太君：	自分もオリンピック選手みたいに活躍したいなと思ったよ……。
協子さん：	そうだね！他にも日本人が活躍しているところはたくさんあるよね。今年は②ノーベル賞を受賞したすごい日本出身の研究者の方もいるし！
創太君：	え，そうなの？知らなかったな……。
協子さん：	地球温暖化《ちきゅうおんだんか》に関する気候《きこう》の変化の研究への貢献《こうけん》ということで，②眞鍋淑郎《まなべよしろう》先生がノーベル物理学賞を受賞しているんだ！③過去にも，たくさんの日本出身研究者の皆さんが受賞しているんだよ！
創太君：	そうなんだね！よく覚えているのは iPS細胞《さいぼう》かな？山中伸弥《やまなかしんや》先生だったと思うけど，科学が色々なことに役に立つことをとても感じたよ。
協子さん：	そうだね，④世の中にも科学がたくさん活《い》かされているね。私たちが深く知らないだけで，もっと身近《みぢか》なところで科学が使われているんだろうね！
創太君：	スマートフォンや⑤リニアモーターカーなど，技術の進歩も素晴《すば》らしいと思うよ。もっといろいろなことを知ってみたいな。
協子さん：	そうだね，来年はどんな年になるか楽しみだね。
創太君：	健康第一で頑張《がんば》っていきたいよ……。
協子さん：	新型コロナウイルスの感染《かんせん》も収まるといいよね，来年もよろしくね。

（1）下線部①より，今年の東京オリンピックでは，たくさんの選手の方々がメダルを獲得《かくとく》し，金メダルは27名，銀メダルは14名，銅メダルは17名の選手が獲得しました。銅メダルを構成している金属，銅についてほかの金属も交《まじ》えながら以下の実験を行った。銅と思われる金属を記号で答えなさい。

＜実験＞うすい金属の板であるアルミニウム，鉄，銅の３つを用意し，それぞれがどの金属かわからない状態で，未知《みち》の金属板を①，②，③とした。また，濃度のうすい塩酸《えんさん》や，水酸化《すいさんか》ナトリウム水溶液，食塩水を用意したのち，それぞれのうすい金属の板を各溶液《ようえき》に加えて様子を確認した（図１）。次の表はその結果をまとめたものである。

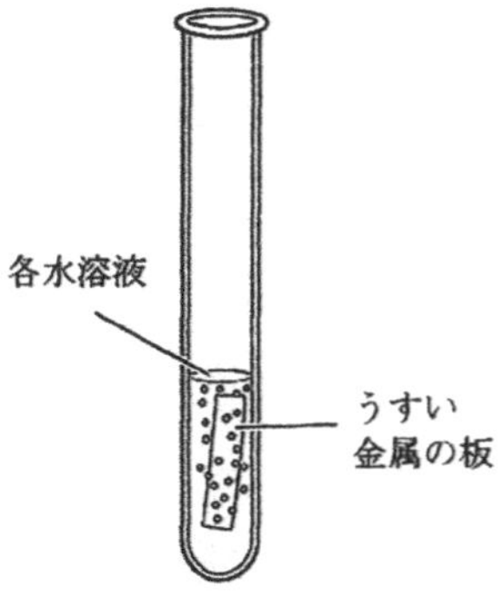

図１．実験の様子

	金属板①	金属板②	金属板③
うすい塩酸	泡を出してとけた。	泡を出してとけた。	変化なし。
うすい水酸化ナトリウム水溶液	泡を出してとけた。	変化なし。	変化なし。
食塩水	変化なし。	変化なし。	変化なし。

（2）下線部②より，今年のノーベル賞では，地球温暖化について温室効果《おんしつこうか》ガスに注目し，気候変動《きこうへんどう》の予測をモデリングした眞鍋淑郎《まなべよしろう》先生が受賞されました。以下の文章を読み，それぞれの空欄《くうらん》に当てはまる単語を答えなさい。

地球上に存在する気体は，その種類によって熱の伝わりやすさが異なり，空気中に熱を放出することなく，大気に熱をとどめておく効果のことを温室効果と呼ぶ。温室効果を持つ気体の例として，（　①　）やメタンガスがあり，（①）は石灰水に吹き込むと石灰水を白く濁らせ，水に溶けると青色リトマス紙を（　②　）に変化させ，（　③　）性を示す。

（3）下線部③より，2019年に吉野彰《よしのあきら》先生らはリチウムイオン二次電池《にじでんち》の開発に大きな貢献《こうけん》をしたとして，ノーベル化学賞を受賞されました。リチウムイオン二次電池は充電《じゅうでん》と放電《ほうでん》を繰《く》り返《かえ》し行うことができ，軽量ながらも高性能なとても有用性《ゆうようせい》の高い電池である。電池について以下の問いに答えよ。

<実験>３つの乾電池《かんでんち》と，スイッチ，２つの豆電球《まめでんきゅう》を用意し，色々な方法で回路《かいろ》を組んでみた。この時，以下のような条件を持つ回路を，例（図２）にならい回路図《かいろず》を用いて答えなさい。

①　スイッチを入れると最も乾電池が長持ちをして，豆電球が長く光る。

②　スイッチを入れると最も明るく豆電球が光る。

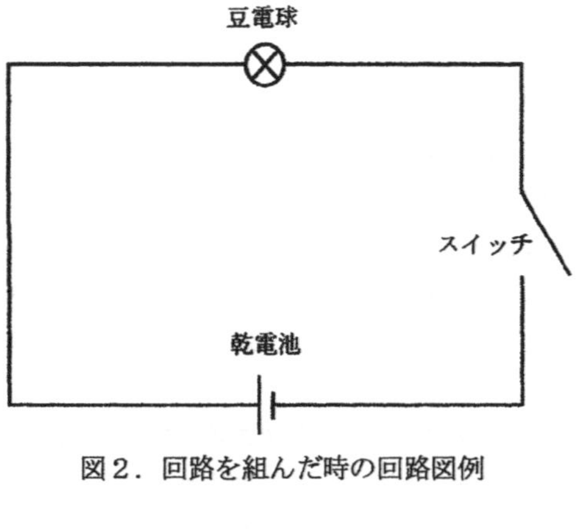

図２．回路を組んだ時の回路図例

（4）下線部④より，身の回りのことに科学が活《い》かされている例の一つとして，くぎ抜きやつめ切りなどがある。これらの道具はてこの原理を応用《おうよう》したものであるが，以下の問いに答えなさい。

① つめ切り（図３）において図４の例のように支点，力点，作用点を解答欄に書きなさい。

② てこの原理を用いて重いものを持ち上げようとした時（図５）に，どのようにしたらよいのか答えなさい。ただし，力を加える力点には同じ力をかけることとして，重いものをのせる棒の長さなども変えずに行うこととする。

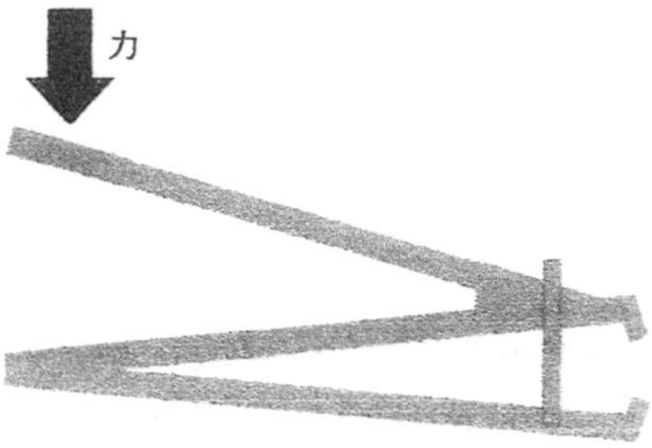

図３．つめ切りの図

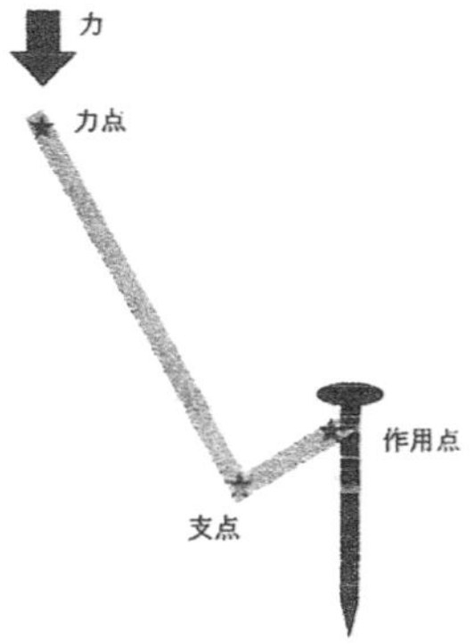

図４．くぎ抜きの例

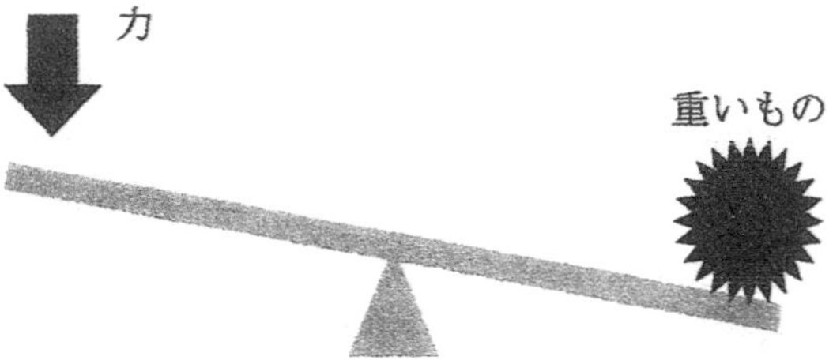

図５．てこの原理を応用した重いものを持ち上げる様子

（5）下線部⑤について，日本はリニア中央新幹線《ちゅうおうしんかんせん》として，リニアモーターカーを利用した高速移動手段《こうそくいどうしゅだん》を開発しています。2027 年ごろに開通予定《かいつうよてい》であり，さらなる移動手段の高速化が可能となります。このリニアモーターカーについて以下の問いに答えなさい。

① リニアモーターカーは磁石の力を使って動いていますが，常に磁石の力を帯びている「永久磁石《えいきゅうじしゃく》」と，電気の力によって磁力を帯びた回転体《かいてんたい》（モーター）をうまく組み合わせることでとても大きな力を持つことで動いています。このような“電気を流すことで，磁力を持つ磁石”のことを何というか，答えなさい。

② 図６は磁石と電気を使用したモーターの例である。この時，中心にあるコイルが巻かれた回転体に電流が流れることによって回りだすことが予想される。コイルに巻かれた電流の流れる向きによって，回転体が磁石となった時のＮ極とＳ極の分かれ方が異なり，回転する方向が変わる。ただし，図６の下の回路とコイルの回転体が触れる部分は，図６中のＡ，Ｂ部分のみであるとして，以下の問いに答えなさい。

1. 図７で示した図は，電気を通したコイルの図であり，このコイルは図７のようにＮ極とＳ極に分かれる。この事実をもとに，図６のモーターでは，回転する部分がどちら回りに回転をするのか答えなさい。

2. 図6のモーターをより速く回転させたい時に，どのようにしたらよいのか簡潔に答えなさい。

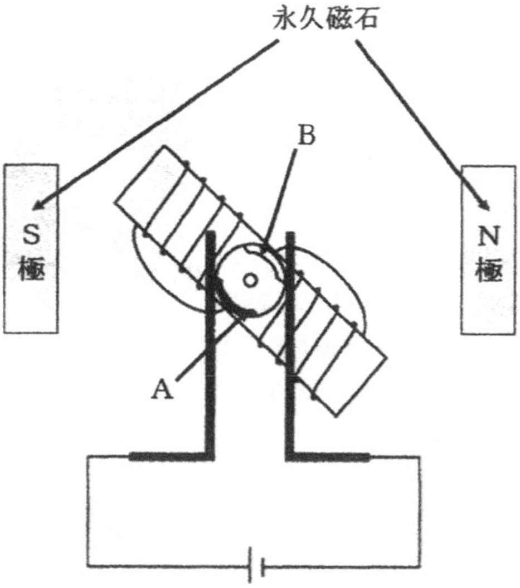

図6．コイルを使用したモーター図

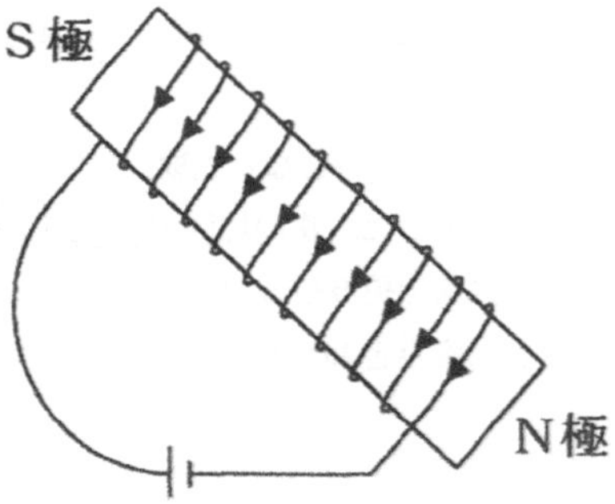

図7．電流を流したコイルの
N極とS極の分かれ方

社会の問題はここから始まります

1　協子さんは，探究の課題で日本各地の伝統料理について調べました。これについて以下の問いに答えなさい。

問１　まずは広島県の伝統料理を調べました。「牡蠣《かき》の土手鍋《どてなべ》」です。みそを鍋の内側に土手のようにぬり，その中で牡蠣や豆腐《とうふ》，白菜《はくさい》や春菊《しゅんぎく》，しいたけなどの野菜を煮込んでつくる鍋料理です。

(1)　まずは材料となる牡蠣，白菜，しいたけの日本国内の生産地について調べてみました。次の地図の　は，牡蠣，白菜，しいたけの生産量都道府県別上位５位までをぬりつぶしています。①～③の地図と生産品目の正しい組み合わせを，後の（ア）～（カ）から１つ選び，記号で答えなさい。

①　②　③

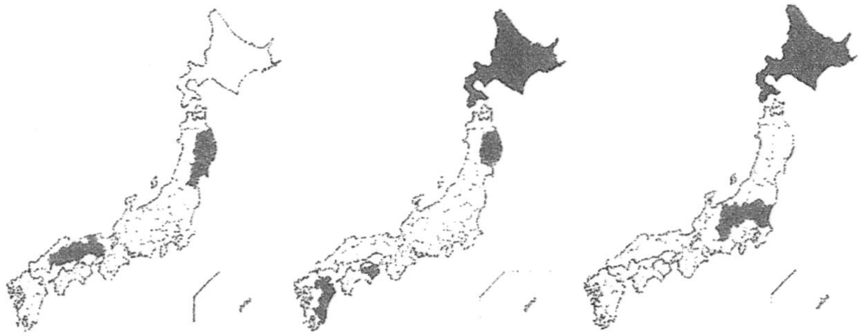

	①	②	③
（ア）	牡蠣	白菜	しいたけ
（イ）	牡蠣	しいたけ	白菜
（ウ）	白菜	牡蠣	しいたけ
（エ）	白菜	しいたけ	牡蠣
（オ）	しいたけ	白菜	牡蠣
（カ）	しいたけ	牡蠣	白菜

(2)　牡蠣の土手鍋でも使われている"みそ"は，大豆を基本として作られています。しかし，調べてみると日本では大豆の多くが輸入されていることが分かりました。

右の図１中のア～エのうち，大豆の自給率を表しているものを１つ選び，記号で答えなさい。

図１ 日本の食料自給率（２０１７年）

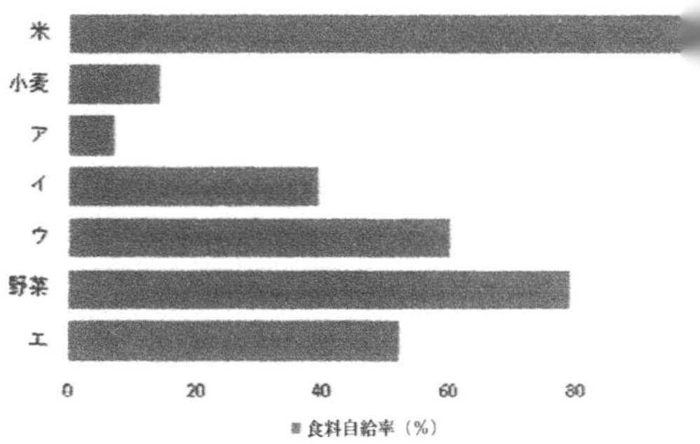

(3)　日本の食料は多くを輸入にたよっていますが，なぜみそや調味料の原料として昔から多く使われている大豆も，輸入が増えてしまったのでしょうか。原因を考えて説明しなさい。

問２　次にインターネットで日本各地の郷土料理について，調べてみました。郷土料理は地域色が強く，その土地の気候や歴史の影響《えいきょう》をふんだんに受けていることが分かりました。協子さんは，料理について調べたことを文章で説明してみました。

サンマのすり身汁

海軍カレー

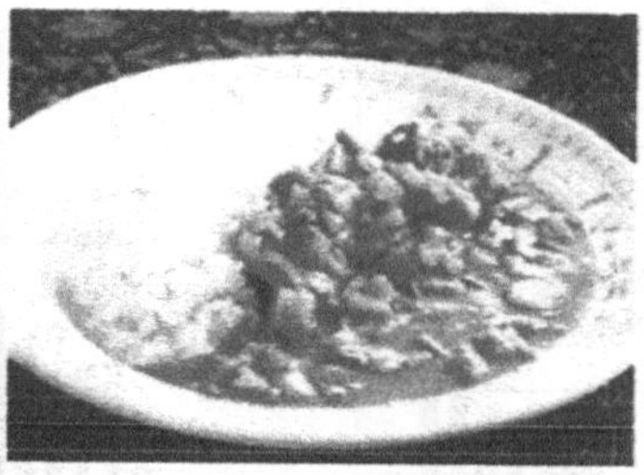

ゴーヤチャンプルー

＜サンマのすり身汁＞

ａ三陸海岸の沖では60年ほど前から，ｂサンマが多くとれるようになりました。ｃお茶の時間に集まった主婦たちが，サンマをたたいてからすり鉢《ばち》で練《ね》って団子型にして入れた汁物を考えたのが，「サンマのすり身汁」のはじまりです。基本はみそ味ですが，しょうゆ味でも食べます。

＜海軍カレー＞

明治時代に日本の海軍は，栄養バランスがよく調理もかんたんなカレーを，軍隊食にとり入れました。最初はカレーにパンをつけていましたが，日本人の口にはなじまなかったため，ごはんにかけてみたら好評《こうひょう》だったので，カレーライスが誕生しました。海軍ゆかりの土地である横須賀市は，「カレーの街」と呼ばれています。カレーはもともとｄインドの料理ですが，日本ではごはんと合うように，小麦粉で汁にとろみをつけました。

＜ゴーヤチャンプルー＞

「チャンプルー」とはｅ沖縄の方言で「ごちゃまぜ」という意味で，豆腐といろいろな食材をいためた料理です。マレー語やｆインドネシア語の「チャンプール」が由来といわれています。

（農林水産省ホームページ：『見てみよう！日本各地の郷土料理』より抜粋）

(1) 協子さんの説明文中の下線部ａについて，三陸海岸は右の地図中のア～エのうちのどれですか。記号で選びなさい。

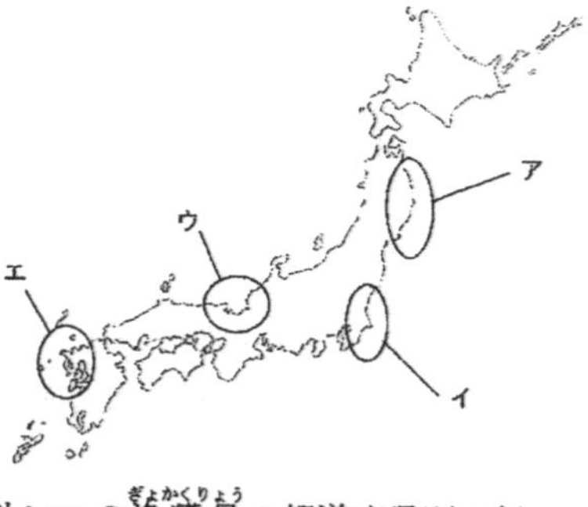

図２　サンマの漁獲量の都道府県別の割合

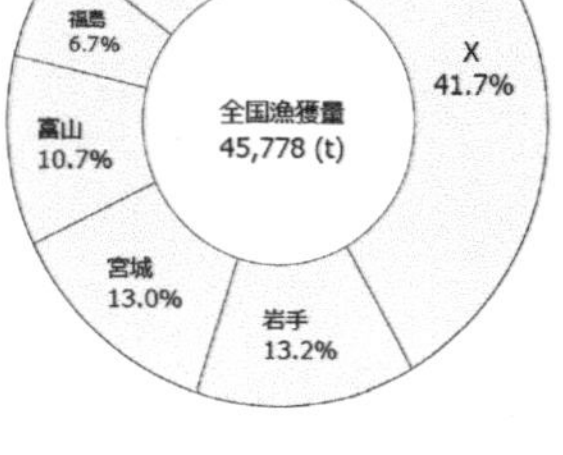

(2) 下線部ｂについて，左の円グラフはサンマの漁獲量《ぎょかくりょう》の都道府県別の割合を示したグラフです。Ｘに当てはまる都道府県を以下から選び記号で応えなさい。

ア．北海道　　イ．青森　　ウ．静岡　　エ．福岡

(3) 下線部 c について，以下の雨温図は茶の生産地として有名な，静岡県，鹿児島県，埼玉県，京都府の県庁（府庁）所在地の雨温図です。鹿児島県に当てはまるものを選び記号で答えなさい。

ア

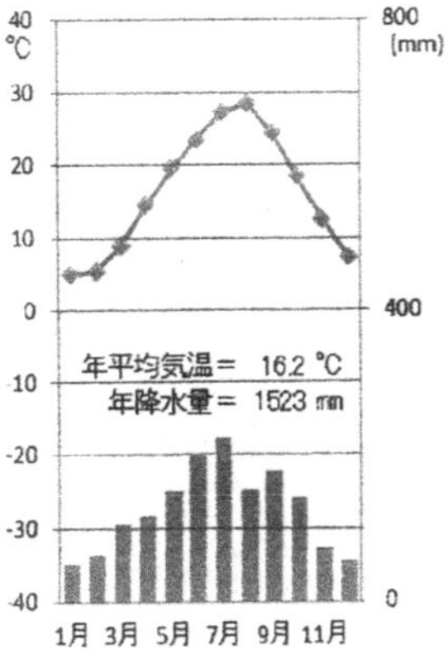

イ

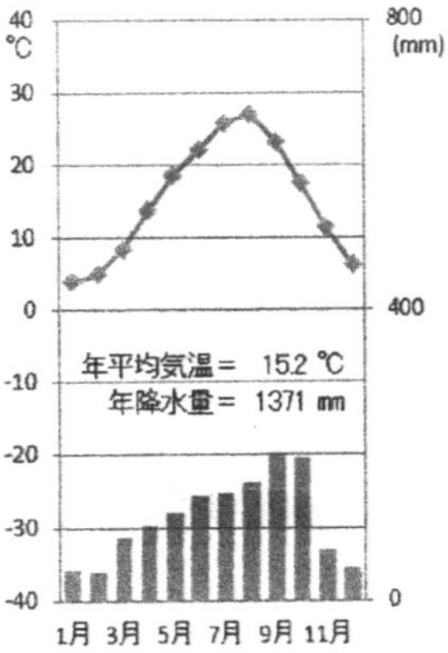

ウ

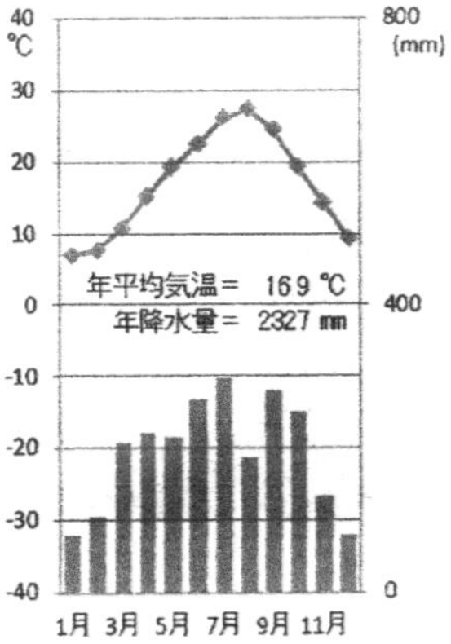

エ

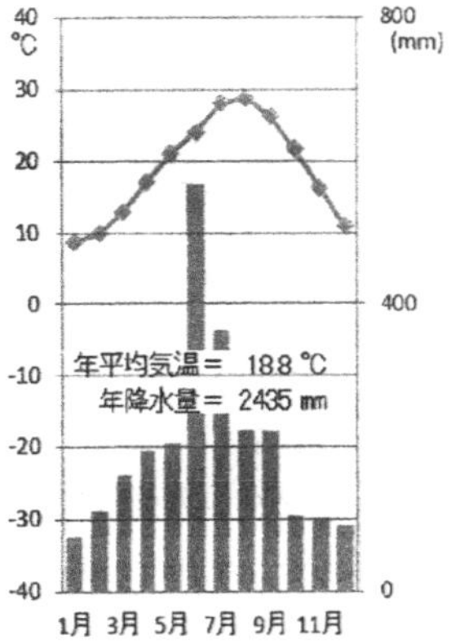

(4) 下線部 d について，以下の問いに答えなさい。

① インドの国旗は以下のうちのどれですか。記号で答えなさい。

ア

イ

ウ

エ

② 以下の２枚の地図を見て問いに答えなさい。

図３ インドの年間降水量

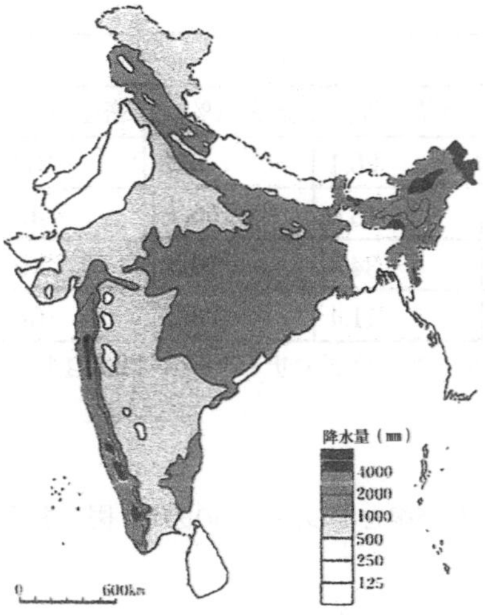

『ジオグラフィー入門 - 地理学で見る日本と世界』より

図４ インドの農作物の栽培地

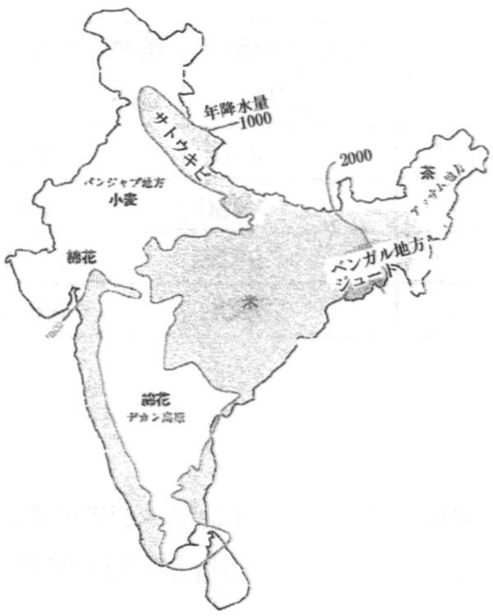

『二階の窓から - 地理ノート - 』より

Ⅰ 以下の文章の（　　　　）中の語句のうち正しいものを選んで答えなさい。

インドでは降水量の（ア 多い 少ない）地域で米が栽培されている。降水量が特に（イ 多い 少ない）アッサム地方では茶の栽培がさかんである。一方で降水量の少ない地域では，（ウ サトウキビ 小麦）の栽培がさかんであることが分かる。

Ⅱ Ⅰのことをふまえ，図５中のＸで食べられている食事として考えられるものを，ア～ウから１つ選び記号で答えなさい。

図５

ア

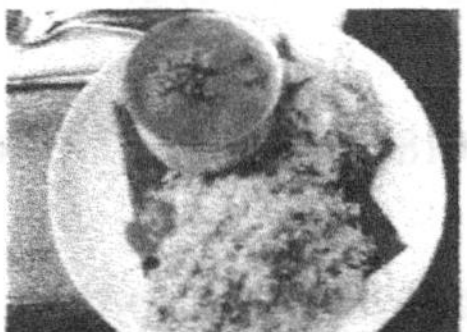

イ

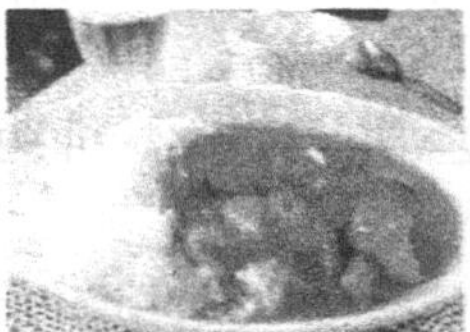

ウ

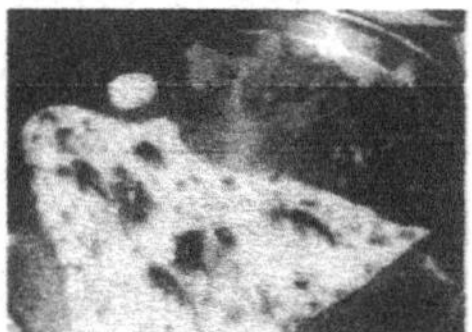

(5)　下線部 e について，以下の表 1 は沖縄県・福岡県・大分県・鹿児島県の 4 県の製造品出荷額・農業産出額および産出額に占める各農業の割合を示している。沖縄県にあてはまるものをア～エから 1 つ選び記号で答えなさい。

表 1

	製造品出荷額（十億円）	農業産出額（億円）	米（%）	野菜（%）	果実（%）	畜産（%）
ア	4095	1259	19.7	26.1	9.2	36.1
イ	480	988	0.6	16.0	6.1	45.4
ウ	9738	2124	20.2	34.3	10.8	19.2
エ	2068	4863	4.3	11.4	2.2	65.2

（『データブック・オブ・ザ・ワールド 2021』より作成）

(6)　下線部 f について，インドネシアの貿易収支と輸出の伸び率を示した以下の図 6・図 7 を見て，正しいものをア～エから 1 つ選んで記号で答えなさい。

図 6

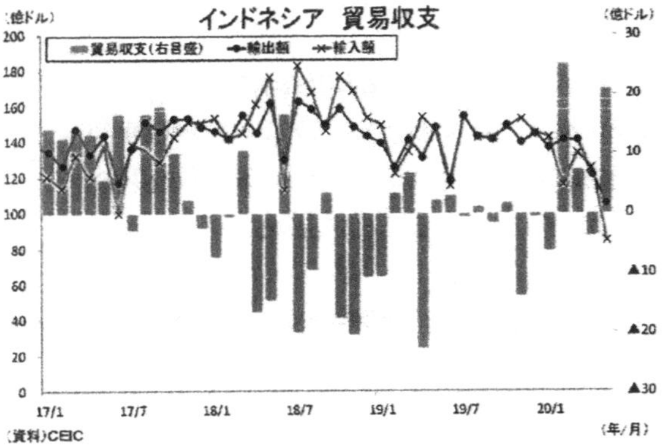

図 7

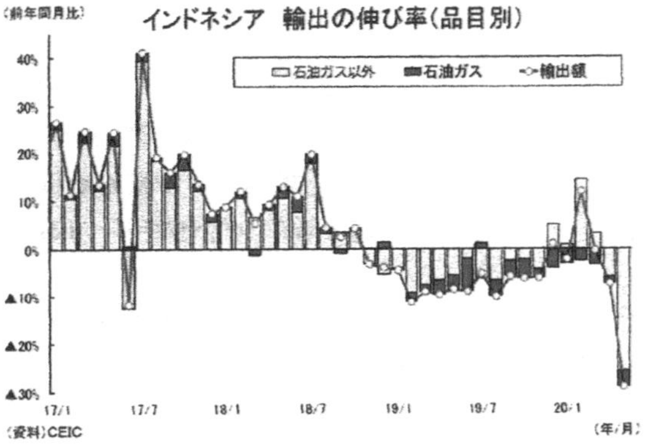

ア．2017 年 1 月から 2020 年 5 月の期間のうち，もっとも輸入額が高いのは 2018 年 7 月で，貿易収支も 160 億ドル近くになっている。

イ．2017 年 6 月は石油ガス以外の輸出の伸び率が前年同月より 10%以上落ち込んでいるが，貿易収支も同様にマイナスになっていた。

ウ．グラフ中でもっとも輸出額が高いのは 2018 年 7 月であるが，輸出額の伸び率は前年同月比の 40%を超えている。

エ．グラフ中でもっとも貿易収支が高いのは 2020 年 2 月であるが，この時は輸出額の伸び率も前年同月比で 10%を上回っていた。

2　以下のレポートを読んで，各問いに答えなさい。

現在，新型コロナウィルス感染が未だ収束しない状況です。しかし，外国人に聞いた「コロナがもし収束したら，１番最初に行ってみたい国」として，日本が１位に上がっているほど（公益財団法人日本交通公社による調査（2020年）より），我が国日本は魅力《みりょく》ある観光地が豊富です。

そこで，日本のどこが観光地として人気があるのかを確認してみましょう。アメリカ合衆国マサチューセッツ州ニュートンに本社を置く，世界最大の旅行会社トリップアドバイザーによる「外国人に人気の日本の観光スポット2020」の調査結果をみてみます。

外国人に人気の日本の観光スポットランキング2020		
1位	広島平和記念資料館 （原爆ドーム・平和記念公園等含）	広島県
2位	a 伏見稲荷大社	京都府
3位	箱根彫刻の森美術館	[A]
4位	b 東大寺	奈良県
5位	c 兼六園	石川県
6位	d 新宿御苑	東京都
7位	e 日光東照宮	栃木県
8位	f 人形ミュージアム	石川県
9位	g 姫路城	兵庫県
10位	高野山奥之院	[B]

ランキングをみると，外国人に昔から人気の寺社仏閣《じしゃぶっかく》のみならず，美術館や博物館も10位以内に名前を挙げています。日本が伝統文化や歴史建築だけではないということを知らしめています。h １位の広島平和記念資料館に関しては，元アメリカ合衆国大統領オバマ氏，i ローマ教皇フランシスコ台下[注1]，さらには昨年の国際オリンピック委員会会長バッハ氏といった世界的に影響力のある方々の広島訪問によるものも大きいでしょう。「ヒロシマ」が世界的に認知され，非核や反戦の考えが広まっていくことを願います。

海外旅行も魅力的ですが，国内にも多くの観光地が点在しています。コロナ収束後は，特色ある国内への旅行も考えてみてもおもしろいのではないでしょうか。

注１）台下…教皇に使われる敬称

問１　波線 a に関して，平安時代に清少納言がこの大社に参詣《さんけい》し，そのときの様子を自らの随筆《ずいひつ》集に遺《のこ》しています。この随筆集の冒頭（書き始め）を以下より記号で答えなさい。

ア．祇園精舎《ぎおんしょうじゃ》の鐘の声，諸行無常《しょぎょうむじょう》の響きあり。沙羅双樹《さらそうじゅ》の花の色，盛者必衰《せいじゃひっすい》の理をあらは《わ》す。

イ．今は昔，竹取の翁《おきな》といふ《う》者ありけり。

ウ．春は，あけぼの。やうやう《ようよう》白くなりゆく山ぎは《わ》…

エ．つれづれなるままに，日暮らし，硯《すずり》にむかひ《い》て…

問２　【　Ａ　】に入る都道府県の位置を以下より選び記号で答えなさい。

問３　波線ｂの建立《こんりゅう》及び大仏造立《だいぶつぞうりゅう》を命令した際の天皇名を答えなさい。

問４　波線ｃは1676年に加賀藩主前田氏によって造営されましたが,「兼六園《けんろくえん》」と名前がつけられたのは,1822年の松平定信によってです。そこで,松平定信の行った政策のうち適当なものを以下より選び記号で答えなさい。

ア．株仲間を解散させた。

イ．日本近海に近づく異国船を打ち払うよう命令した。

ウ．各地に倉を設けて米をたくわえさせた。

エ．公事方御定書《くじかたおさだめがき》という裁判の基準になる法律を定めた。

問５　波線ｄは1989年の昭和天皇の「大喪《たいそう》の礼」が行われたことでも有名です。昭和天皇在位中に起こったこととして**誤っているもの**を以下より選び記号で答えなさい。

ア．関東大震災により多くの人的・物的被害がでる。

イ．満州事変により,満州は日本の占領地となる。

ウ．広島・長崎に世界で初めて核兵器が使用される。

エ．バレーボール女子が東京オリンピックにて金メダルを獲得し,「東洋の魔女」と恐れられる。

問６　波線ｅで奉《たてまつ》られている人物が,息子秀忠とともに定めた大名の守るべき法を何といいますか。漢字五字で答えなさい。

問７　波線 f に関して，下の資料Aは日本の伝統芸能の一つの人形浄瑠璃《じょうるり》です。人形浄瑠璃の脚本《きゃくほん》で著名な近松門左衛門と関連のあるものを次の写真群より選び，記号で答えなさい。

資料A

写真群

ア．

イ．

ウ．

エ．

問８　波線ｇの建てられた頃の文化の説明文として適当なものを以下より選び記号で答えなさい。

ア．日本初の仏教文化でギリシア・ペルシア・インドなどの影響も受け，国際色豊かな文化。

イ．幕府が京都に設置されたこともあり，公家文化・武家文化の融合《ゆうごう》がみられる文化。

ウ．ヨーロッパの影響を受けた，仏教色の薄《うす》い，豪華《ごうか》で派手な文化。

エ．上方と並ぶ経済の中心に成長した江戸の幅広い階層の都市民が担う活気にあふれた文化。

問９　［　Ｂ　］に関連して，資料Ｂはある作物（＜　Ｘ　＞）の都道府県別生産量です。＜　Ｘ　＞に入る作物を下の語群より選び記号で答えなさい。

資料Ｂ

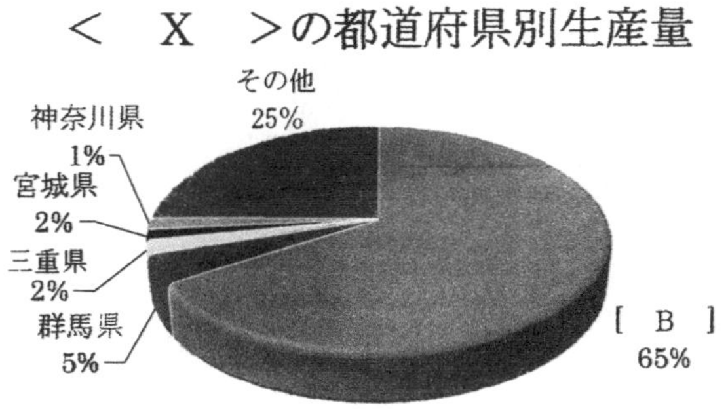

※農林水産省「作物統計（果樹）」より作成

語群

ア．もも　　イ．うめ　　ウ．みかん　　エ．りんご　　オ．肉牛　　カ．乳牛

問10　波線ｈに関して，広島への原子爆弾投下後として<u>誤っているもの</u>を以下より選び記号で答えなさい。

ア．長崎に原子爆弾が投下され，７万人以上の人々が亡くなった。

イ．アメリカ軍のすさまじい攻撃により，２か月で沖縄は占領された。

ウ．ポツダム宣言を受け入れた日本は，翌日の玉音《ぎょくおん》放送で戦争終結を国民に伝えた。

エ．ソ連軍の突然の攻撃によって，満州・朝鮮北部・樺太《からふと》などが占領された。

問11　波線ｉに関して，ローマ教皇はある宗教の最大宗派における最高職です。この宗教に当てはまるものを資料Ｃのア～ウより選び記号で答えなさい。

資料Ｃ

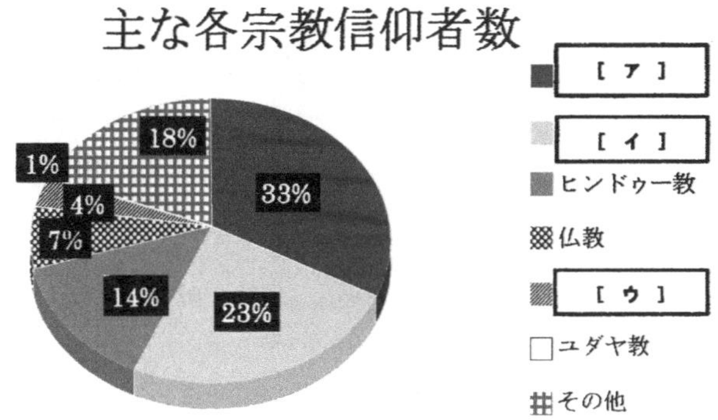

※『ブリタニカ国際年間』2020年より作成

2022 年度

広島修道大学ひろしま協創中学校
入試 II

基礎力

解答時間　50 分　配点 100 点

〈注意事項〉

1　試験開始の合図があるまで，この問題冊子の中を見てはいけません。

2　問題は1ページから10ページまであります。問題用紙の空いている場所は，下書きや計算などに使ってもかまいません。

3　試験中に問題冊子の印刷不良や解答用紙のよごれなどに気づいた場合は，手をあげて監督者に知らせてください。

4　解答用紙には解答記入らん以外に，受験番号・名前の記入らんがあるので，放送の指示にしたがって，それぞれ正しく記入してください。

5　解答は，すべて解答用紙の解答記入らんに記入してください。

6　解答は，HB または B の黒鉛筆（シャープペンシルも可）を使い，濃く，はっきりと書いてください。

【1】　次の各問いに答えなさい。

いつごろからだろうか，現代人の「大地」に対する感覚がおかしくなっているのではないかと感じることが多くなった。

その思いを強くしたのが，大学で「流域論1)」の(ア)コウギをしているときだ。私は毎年，そのコウギのスタート時に学生たちに次の質問をするようにしていた。

「君は，誰と，どこでA)暮らしていると感じている?」

さて，あなたなら，この質問にどう答えるだろうか。

学生たちの答えはというと，「誰と?」については，圧倒的に多いのが「家族」だ。ついで「ひとり」。さらに「友達」，はたまた「ペット」という答えもある。

次に「どこに?」。

10年くらい前は，行政区分2)で答える学生が大半だった。「町田3)にいます」「日吉4)です」「23区のはしっこあたりです」という具合だ。それが数年前から，B)「家」と答える学生が増えたのだ。「□○と，『家』で暮らしています」と答える学生がかなりの数になっている。

この答えに，あなたはどう感じるだろう。

私は正直，この答えに非常にC)大きな違《い》和感を覚える。

いまどきの日本人であれば，よほどの(イ)事情がない限り，基本的に「家」で暮らしているはずだ。にもかかわらず，「どこで暮らしているのか?」と問われて「家」と答える。こちらとしては「そんなことわかっているよ」と言いたくなってしまうのだ。

これが，私の感じる違和感のひとつ目。[　Ⅰ　]，相手の質問の(ウ)意図を読み取ろうとしないこうした感覚に対して，私はまず違和感を覚えてしまうのだ。

「町田市」や「神奈川県」などの行政区分であれば，「日本列島という大地のどこに住んでいるのかを教えて」というこちらの質問の意図に，100%ではないにしても，答えてくれている。[　Ⅱ　]，「家」という回答は，まったく答えてくれていない。

そして，もうひとつの違和感は，「家」という答えには，自分の住む場所と地域，さらにはそこに広がるD)自然との結びつきが非常に希薄《きはく》5)なのだ。外とのつながりを感じられない個室化された(エ)ジンコウ的な空間で，日々の生活が成り立ってしまうイメージ。

私たちは，地球という大地に暮らしている。そして，地球のさまざまな自然とのつながりの中で生かされている。前章で人間と川とのつながりを見たが，それなどはいい例だ。

ところが，「家」という答えには，E)そうした感覚が欠如《けつじょ》しているように感じる。足元に広がる地球の大地を意識しないまま，日々の暮らしを生きる。「地球忘却《ぼうきゃく》6)」，[　Ⅲ　]「自然忘却」の感覚といったらよいのだろうか。

こうした出来事に遭遇《そうぐう》するたびに私は，現代人のF)大地の感覚がおかしくなっているのではないかと感じてしまう。

岸由二『「流域地図」の作り方　川から地球を考える』ちくまプリマー新書より

注　1）流域論→学問の分野の一つ。流域とは降った水が集まるはん囲のこと。

2）行政区分→国家の運営のために国の領土を細分化したもの。日本では県・市・町・村などがある。

3）町田→東京都にある地名。

4）日吉→神奈川県にある地名。

5）希薄→ある要素が弱いこと。

6）忘却→忘れてしまうこと。

問1　下線部（ア）～（エ）のカタカナを漢字に直し，漢字はその読みをひらがなで答えなさい。

問2　空らん［ I ］～［ Ⅲ ］に入る言葉を次の（ア）～（オ）から選び，記号で答えなさい。

（ア）それで　　（イ）つまり　　（ウ）ところで　　（エ）でも　　（オ）あるいは

問3　下線部Aについて「暮らし」に関する問題です。2021年7月に三内丸山遺跡《せき》をはじめとする北海道・北東北の縄《じょう》文時代の遺跡が世界遺産に登録されました。次の写真1は，三内丸山遺跡で見つかった当時の土器であると考えられています。また図1は縄文時代の人々の1年の生活を表したものです。縄文土器は何のために使われていたでしょうか。これらの情報をもとに，簡単に説明しなさい。

写真1

図1　（「山川詳説日本史図録」より）

問4　下線部B「家」についての問題です。右の写真2は，ある都道府県で見られる伝統的な家を示しています。

写真2

(1)　写真2のような伝統的な家が見られる都道府県の県庁所在地の名前を漢字で答えなさい。

(2)　次の図（ア）～（エ）は，新潟県柏崎《かしわざき》市，香川県高松市，長野県軽井沢《かるいさわ》市，（1）の都市における年間降水量および平均気温を表したものです。（1）の都市の年間降水量および平均気温を表した図として正しいものを次の（ア）～（エ）から選び，記号で答えなさい。

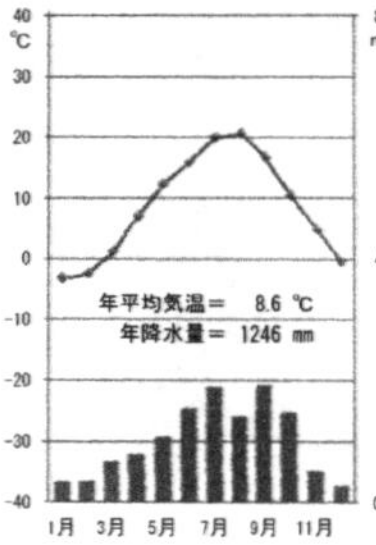

（ア）

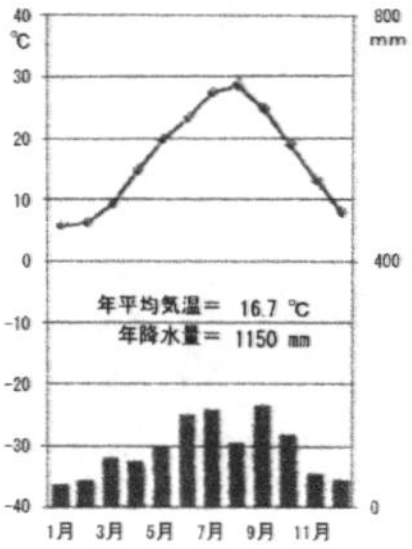

（イ）

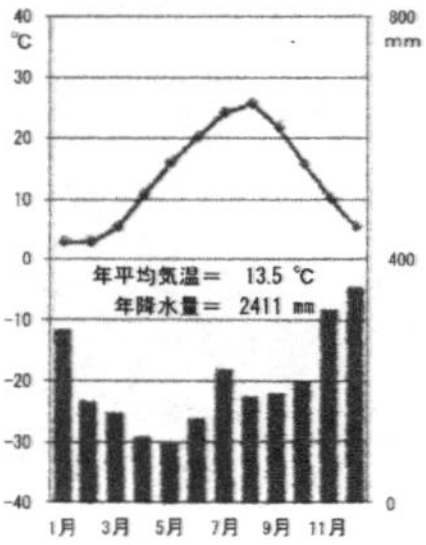

（ウ）

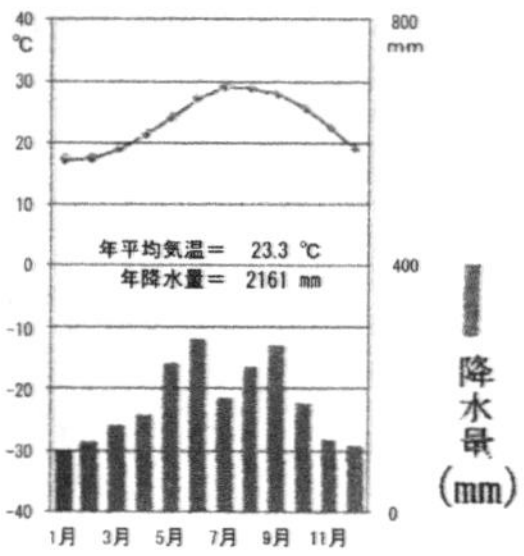

（エ）

問5　下線部C「大きな違《い》和感を覚える」について，次の各問いに答えなさい。

(1) 筆者は何に対して「違和感を覚える」のでしょうか。「学生」という語を入れて35字以内で答えなさい。ただし，句読点は1字にふくむものとする。

(2) 社会に対して強く違和感を覚え，“風刺《ふうし》画”を残した人がいます。その例がフランス人のビゴーです。図2はビゴーが日露《ろ》戦争を“風刺《ふうし》”して描《えが》いたものです。

図2

（a）A の人物はどの国をイメージして描かれていますか。国名を答えなさい。

（b）B の人物のイメージとなっている国で見られる光景として正しいものを次の写真（ア）～（エ）から選び，記号で答えなさい。

（ア）

（イ）

（ウ）

（エ）

（c）図２には，さまざまな国が描かれています。日本など漢字を使用する国では，世界の国々の国名を漢字で表すことがあります。以下の〔例〕の読み方を参考にして，日本の「沙地亜剌比亜」からの現在の主な輸入品として正しいものを，次の（ア）～（オ）から選び，記号で答えなさい。

〔例〕伊太利亜　→　イタリア　，　濠太剌利亜　→　オーストラリア

（ア）鉄鉱石　（イ）原油　（ウ）石炭　（エ）金　（オ）ダイヤモンド

問６　下線部Ｄ「自然との結びつき」について，災害から身を守るための行動として<u>誤っているもの</u>を次の（ア）～（エ）から選び，記号で答えなさい。

（ア）一度津波が引いたので，被《ひ》害の様子を見に行ってみる。
（イ）緊《きん》急地震《しん》速報が発表されたら，机の下に入るなど，まずは自分の身を守る。
（ウ）災害が発生した時のために，常備薬などの非常持ち出し品を準備しておく。
（エ）災害の危険を察知するために，防災情報メールに登録しておく。

問７　下線部Ｅ「そうした感覚」とはどのような感覚か答えなさい。

問８　下線部Ｆ「大地の感覚がおかしくなっているのではないか」とありますが，筆者はどうおかしくなっていると言っていますか。もっとも適当なものを次の（ア）～（エ）から選び，記号で答えなさい。

（ア）現代の人は自然などの外とのつながりを意識しないまま生きているということ。
（イ）現代の人は地球で生きられるという感謝を忘れて生きているということ。
（ウ）現代の人は人の話を聞かずに，質問とは関係のない答えをしてしまうということ。
（エ）現代の人は家の中に閉じこもり，外では遊ぼうとしないということ。

【2】次の各問いに答えなさい。

問１　次の計算をしなさい。

(1) 22 － (16 － 7) ÷ 3 × 7　　　　(2) 11 × 20.22 － 7 × 20.22 － 4 × 20.22

問２　修太くんはある図形をかくし持っています。協子さんは修太くんに「はい」か「いいえ」で答えられる質問をして修太くんがかくし持っている図形を当てようとしています。次の会話文を読んで，修太くんがかくし持っている図形の名前を答えなさい。

協子さん：立体ですか？
修太くん：はい。
協子さん：辺の長さはすべて同じ長さですか？
修太くん：はい。
協子さん：面の形は１面だけちがいますか？
修太くん：はい。
協子さん：面の数は５つですか？
修太くん：はい。
協子さん：頂点の数はぐう数個ですか？
修太くん：いいえ。
協子さん：修太くんが持っている図形が分かりましたよ！

問３　Ａさんと B さんが同じ場所から１周 1500m の池に沿って同時に反対方向に進みます。A さんが分速 100m で進み，B さんが分速 80m で進むとき，２人が出発してから何分何秒後に初めて出会うか求めなさい。

問４　メジャーリーガーの大谷翔《しょう》平選手の今シーズンの打数は 510 で打率は２割５分５厘《りん》でした。大谷翔平選手の今シーズンの安打数を小数第一位を四捨五入して求めなさい。ただし，打率は打数に対する安打数の割合を表します。

問５　１が，けたの数だけ続く数を９で割った余りを考えます。つまり，

１けたの数１を９で割った余り
２けたの数 11 を９で割った余り
３けたの数 111 を９で割った余り
４けたの数 1111 を９で割った余り

を考えていきます。これを続けていくと，余りについて規則性がわかります。

(1) その規則性を説明しなさい。

(2) 11 けたの数 11111111111 を９で割った余りを求めなさい。

問6　協子さんは小学校の授業でリトマス紙について習いました。次の問いに答えなさい。

(1) 次の（ア）～（ク）のよう液を用意し，AとBとCのグループに分けました。Aのグループのよう液は，赤色リトマス紙を青色に変化させ，Bのグループのよう液は，青色リトマス紙を赤色に変化させます。Cのグループのよう液は，青色と赤色のリトマス紙に色の変化は見られません。下の（ア）～（ク）のよう液のうち，Aのグループに分けられるものを全て選び，記号で答えなさい。

〔よう液〕

（ア）石けん水　（イ）炭酸水　（ウ）レモン果汁　（エ）食塩水

（オ）アンモニア水　（カ）お酢　（キ）重そう水　（ク）砂糖水

(2) 1枚の青色リトマス紙をA，B，Cのグループのよう液のどれかにひたす作業を3枚の青色リトマス紙について行い，ひたした順に左から机の上に並べ，色の変化を見る実験を行います。この実験を複数回行った時，色の並びは全部で何通りできるか答えなさい。ただし，青色リトマス紙をひたすよう液は同じものを何回使ってもよいとします。

問7　だ液のはたらきを調べるために，次の実験をしました。

実験1　うすいデンプンのりを入れた試験管A～Fを準備し，試験管AとBは0℃，試験管CとDは36℃，試験管EとFは90℃に保つようにしました。試験管A，C，Eには水を入れ，試験管B，D，Fにはだ液を加えてしばらく置き，その後，すべての試験管にヨウ素液を加えました。色が変化した試験管には○，しなかった試験管には×をつけ，表1にまとめました。

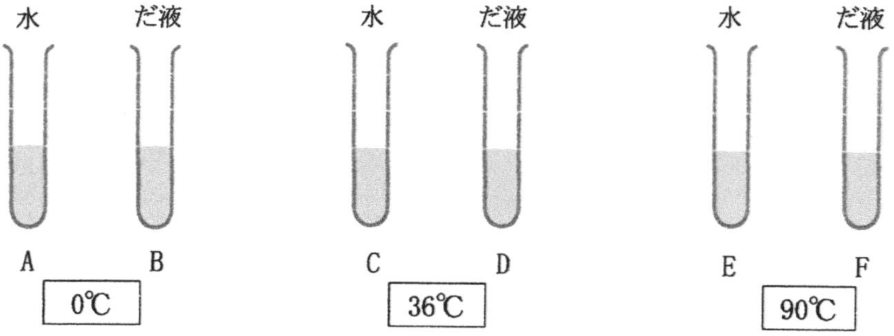

表1

試験管	A	B	C	D	E	F
変化	○	○	○	×	○	○

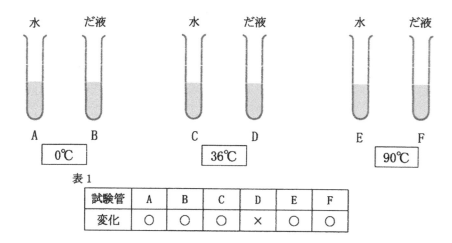

実験2　水を入れた試験管aとb，うすいデンプンのりを入れた試験管cとd，うすい砂糖水を入れた試験管e，だ液を入れた試験管fを準備し，36℃に保つようにしました。試験管aとcにはさらにだ液を加えてしばらく置き，その後，全ての試験管にベネジクト液を加えて加熱しました。色が変化した試験管には○，しなかった試験管には×をつけ，表2にまとめました。

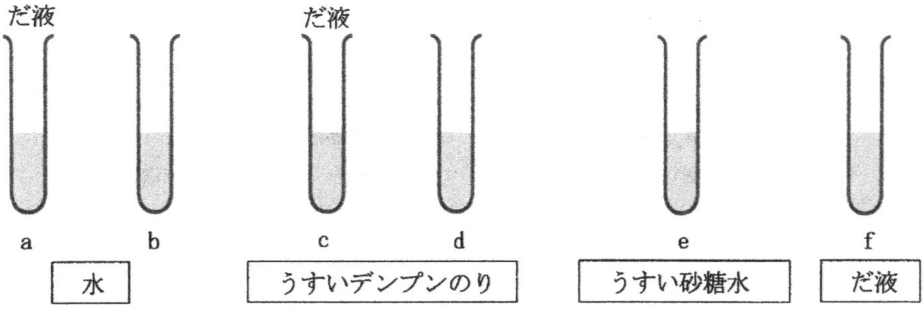

表2

試験管	a	b	c	d	e	f
変化	×	×	○	×	○	×

(1) 実験1の結果から，だ液がはたらく条件は何か，答えなさい。

(2) 実験2の結果から，ベネジクト液は何があると変化する薬品か，答えなさい。

問8　地域の河川を調べてみると，下流へ行くほど川原の石は小さく，丸い石がたくさんあります。流れる水の3つのはたらきを答えなさい。

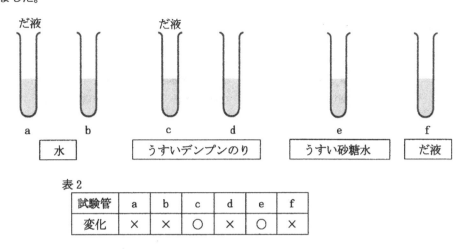

【3】次の各問いに答えなさい。

問1　「日本の“おもてなし”」について考える，次のような授業がありました。

■授業のめあて：訪日外国人にとってわかりやすい標識表記を考える。

■考えてみよう：訪日外国人にとってわかりやすい標識表記のためにどのようなことに注意する必要がありますか。あなたの考えをまとめなさい。

次の資料1～4を見て，訪日外国人にとってわかりやすい標識表記のためにどのようなことに注意する必要がありますか。あなたの考えを150字程度で答えなさい。

【資料1】

街の標識における文字の使用が，外国人の言葉の理解の実態に合っているのでしょうか。右の写真1「早大通り Sodai-dori」は，長音で書くべきところが長音非表示で書かれています。ローマ字表記のままローマ字入力すると「粗《そ》大取り：ソダイドリ」となってしまい，意味不明の表現になってしまいます。一方，右の写真2「鯉《り》城通り Rijō dōri」は，長音が使用されています。また，英語の短縮表記の Ave.（通り Avenue の略）が使われています。

写真1

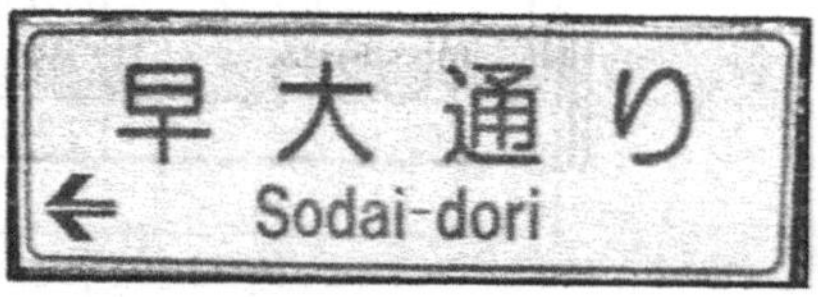

写真2

【資料2：長音のローマ字として適当と思うもの（外国人留学生への調査結果）】

「中（ちゅう）」	Chuu	Chū	Chu	その他
分かりやすい	43名	50名	7名	7名

「交（こう）」	Koo	Kō	Ko	その他
分かりやすい	25名	54名	8名	8名

【資料3：英語の短縮表記の理解度（外国人留学生への調査結果）】

こう目	わかる	わからない	無記入
sta.（駅：station）	45名	55名	0名
stn.（駅：station）	15名	85名	0名
br.（橋：bridge）	16名	84名	0名
J.H.sch.（中学校：Junior High school）	33名	66名	1名

出典（資料1～3）：一橋大学HERMES-IRより

【資料4】

2019年　訪日外客数（総数）

単位：人数（人）、伸率（%）

順位	国・地域	合計	対前年伸率
1	中国	9,594,394	14.5
2	韓国	5,584,597	-25.9
3	台湾	4,890,602	2.8
4	香港	2,290,792	3.8
5	米国	1,723,861	12.9
6	タイ	1,318,977	16.5
7	オーストラリア	621,771	12.5
8	フィリピン	613,114	21.7
9	マレーシア	501,592	7.1
10	ベトナム	495,051	27.3

順位	国・地域	合計	対前年伸率
11	シンガポール	492,252	12.6
12	英国	424,279	27.0
13	インドネシア	412,779	4.0
14	カナダ	375,262	13.5
15	フランス	336,333	10.3
16	ドイツ	236,544	9.8
17	インド	175,896	14.2
18	イタリア	162,769	8.5
19	スペイン	130,243	9.5
20	マカオ	121,197	11.5

出典：日本政府観光局（JNTO）

問2　今年のノーベル物理学賞の受賞者に，「二酸化炭素濃《のう》度の上昇が地球温暖化に影響《えいきょう》するという予測モデル」を発表した，真鍋淑郎《まなべしゅくろう》さんが選ばれました。
下の資料を読み，気候変動の進行を少しでも緩《かん》和するために，個人レベルでできる対策を50字程度で具体的に書きなさい。

【資料】

生活の利便性が向上していくと同時に，「気候変動」による問題は年々大きくなっています。石油や石炭などの化石燃料を燃やし，エネルギーを取り出したことで，大気中の二酸化炭素濃度上昇などの様々な要因がからみ気候変動が進行してきました。

気候変動は世界規模で様々な変化をもたらしています。

1つ目が「気温の上昇」であり，世界の年平均気温は19世紀後半以降100年あたりで0.72℃の割合で上昇しています。

2つ目は「海水温の上昇」です。海洋の温暖化は，1971年～2010年の間に蓄《ちく》積されたエネルギーの90%以上を占めています。世界の年平均海面水温は，1891年～2016年において100年当たり0.53℃の割合で上昇しているのです。

そして3つ目に「北極海の海氷現象」が挙げられます。世界平均気温の上昇に伴い，21世紀中には北極海の海氷面積が1年を通じて減少し，海氷の厚さが薄《うす》くなり続ける可能性が非常に高いと予測されています。

問3　ゴミの減量を心がける活動として，Reduce（リデュース），Reuse（リユース），Recycle（リサイクル）があります。先頭の“Re”には，「再び・もう1回」という共通の意味があります。
Sunflower（サンフラワー），Sunday（サンデー），Sunset（サンセット）の先頭の“Sun”にはどのような意味がありますか。漢字2字で答えなさい。

出典

▶標識

一橋大学 https://hermes-ir.lib.hit-u.ac.jp/hermes/ir/re/29102/jinbun0001201150.pdf

▶訪日外国人数

https://www.jnto.go.jp/jpn/statistics/visitor_trends/index.html

問八

2

【二】

問一

A 反（らせて）　らせて

B 留（めた）　めた

C 口調

D 意図

E 暖（かく）　（かく）

問二

a

b

c

d

問三

1

2

3

問四

問五

問六

つ

問七

ことに気づいた。

問八

1

2

問九

算数

2022年度
広島修道大学ひろしま協創中学校入試Ⅱ

解答らん

1	(1)	
	(2)	
	(3)	
	(4)	
	(5)	
	(6)	

2	(1)	
	(2)	
	(3)	
	(4)	
	(5)	
	(6)	
	(7)	

3 (1)

【度数分布表】

身長(cm)	人数(人)
130 以上 ～ 135 未満	
135 ～ 140	
140 ～ 145	
145 ～ 150	
150 ～ 155	
155 ～ 160	
合　計	30

【柱状グラフ】

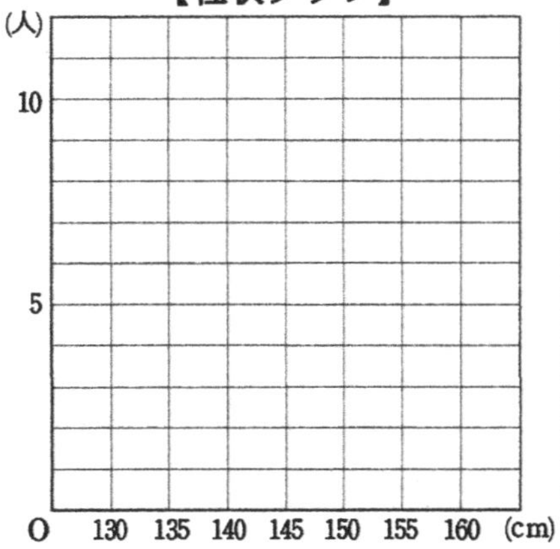

3	(2)	

小計	※

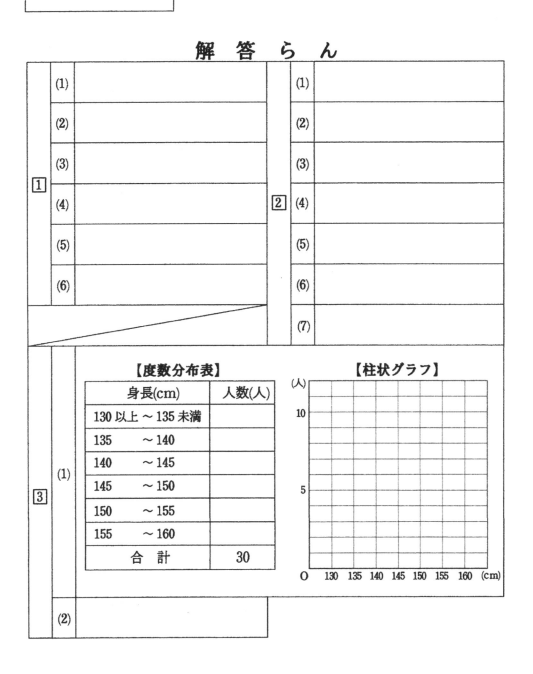

理科

2022年度　広島修道大学
ひろしま協創中学校　中学入試Ⅱ

解答らん

1

(1)		(2)			(3)		
(4)		(5)	①		②		
(6)	①		②		③		
	④		⑤		⑥		
	⑦						
(7)							

2

(1)							
(2)	①		②		③		

(3)①

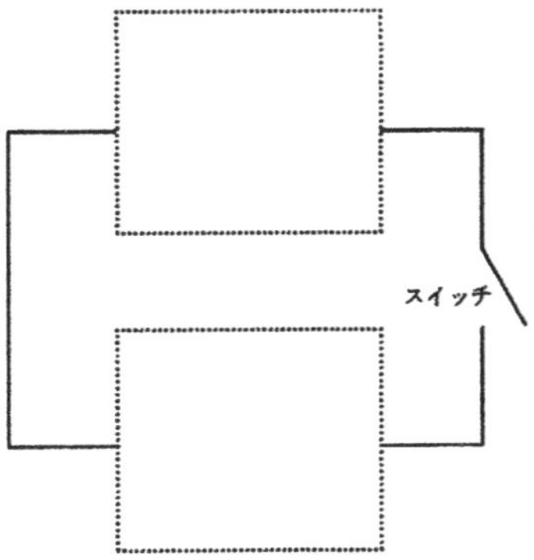

(3)②

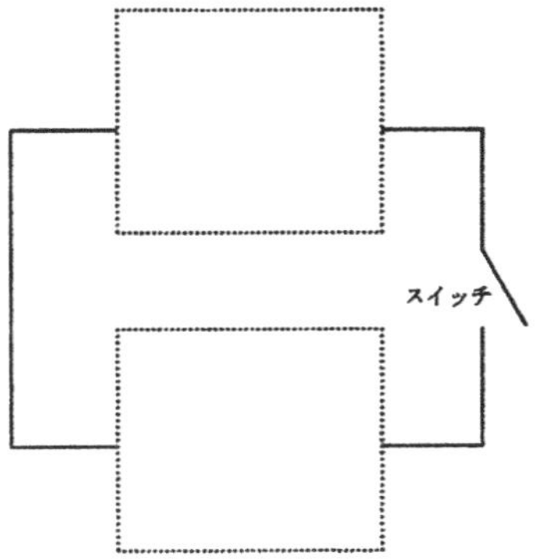

※	小計

社会

2022年度　広島修道大学
ひろしま協創中学校　中学入試Ⅱ

解答らん

1

問1	(1)		(2)				
	(3)						
問2	(1)		(2)		(3)		
	(4)	①					
		②	Ⅰ	ア		イ	
				ウ			
			Ⅱ				
	(5)		(6)				

※	小計

基礎力

2022 年度　広島修道大学
ひろしま協創中学校　中学入試 II
解答らん

【1】

問 1	(ア)		(イ)		(ウ)	
	(エ)					
問 2	I		II		III	
問 3						
問 4	(1)		(2)			
問 5	(1)					
	(2)	(a)		(b)		
		(c)				
問 6						
問 7						
問 8						

【2】

問 1	(1)		(2)	
問 2		問 3		
問 4				
問 5	(1)			
	(2)			
問 6	(1)			
	(2)			
問 7	(1)		(2)	
問 8				

【3】

問 1	
問 2	
問 3	

受験生は※印のらんには記入しないこと。

受験番号		名前		得点	※

※100点満点
（配点非公表）

2

問1		問2			
問3					
問4		問5			
問6					
問7		問8		問9	
問10		問11			

※	小計

受験生は※印のらんには記入しないこと。

受験番号		名前		得点	※

※50点満点
（配点非公表）

(4)①

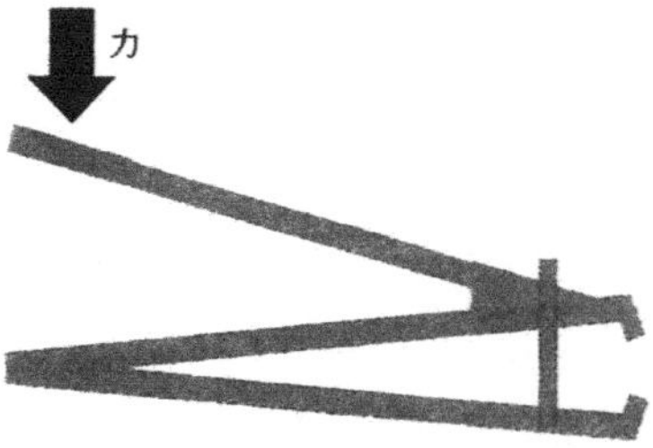

(4)②

(5)①

(5)②-1

(5)②-2

※	小計

受験生は※印のらんには記入しないこと。

受験番号		名前		得点	※

※50点満点
（配点非公表）

4	(1)	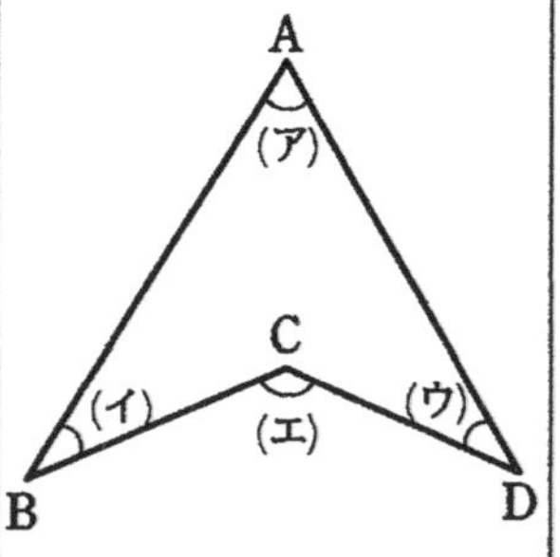	(2)	

5	□	

7		

6

(1)

	4/18
A	
B	
C	

(2)

小計	※

受験生は※印のらんには記入しないこと。

受験番号		名前	

得点	※

※100点満点
（配点非公表）

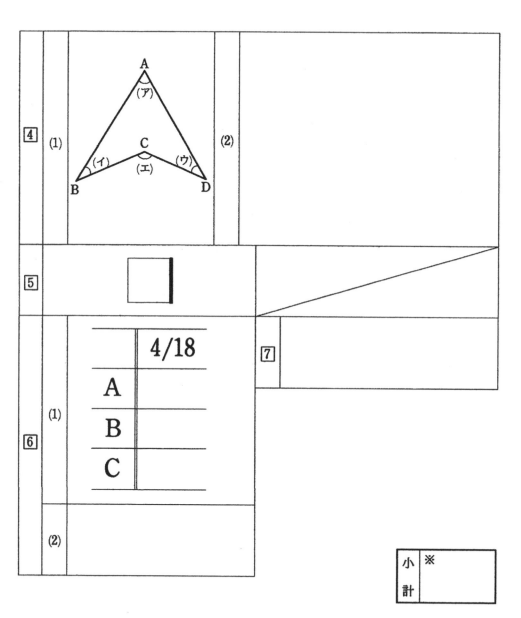

国語

二〇二二年度　広島修道大学ひろしま協創中学校　入試Ⅱ　解答用紙

受験番号	
名前	

※ 受験生は＊のらんには記入しないでください。

A	＊
B	＊
C	＊
D	＊
E	＊
F	＊
G	＊
H	＊
I	＊
J	＊
K	＊
L	＊
M	＊
N	＊
O	＊
P	＊
Q	＊
合計	＊

※100点満点
（配点非公表）

【一】 解答らん（句読点は字数に数えます）

問一
A マヨ（い） い
B ナ（き） き
C ボウカング
D カメン
E フクソウ

問二
a
b
c

問三

問四
初め
終わり

問五
1
2 初め 終わり

問六

問七

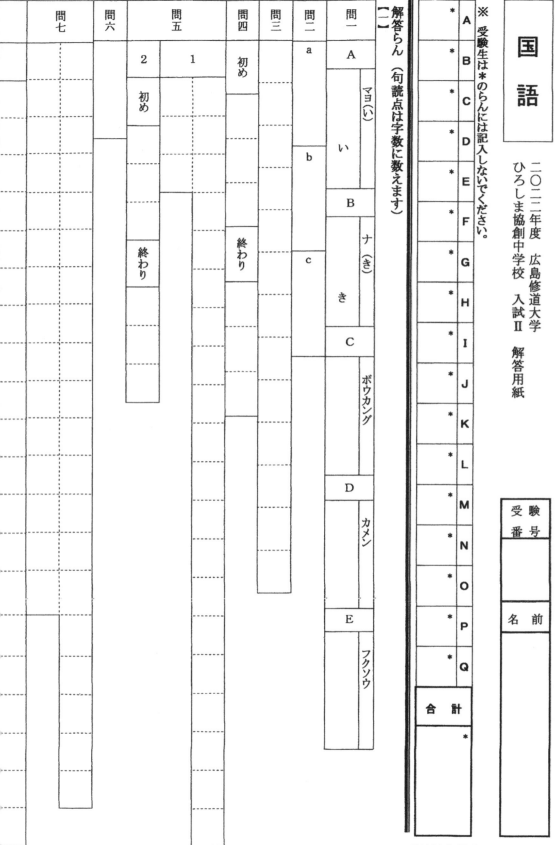

2022 年度

広島修道大学ひろしま協創中学校
入試Ⅲ

国　語

解答時間　50 分　　配点　100 点

<注意事項>

1　試験開始の合図があるまで，この問題冊子の中を見てはいけません。

2　問題は1ページから7ページまであります。問題用紙の空いている場所は，下書きや計算などに使ってもかまいません。

3　試験中に問題冊子の印刷不良や解答用紙のよごれなどに気づいた場合は，手をあげて監督者に知らせてください。

4　解答用紙には解答記入らん以外に，受験番号・名前の記入らんがあるので，放送の指示にしたがって，それぞれ正しく記入してください。

5　解答は，すべて解答用紙の解答記入らんに記入してください。

6　解答は，HB または B の黒鉛筆（シャープペンシルも可）を使い，濃く，はっきりと書いてください。

【一】次の文章を読んで、後の問いに答えなさい。

世界の人口が増えるにつれて、油の消費が増えました。先進国では肥満《ひまん》に悩《なや》む人たちを中心に、バターやラードなど動物性の油ではなく、「 1 」植物油が注目されるようになりました。

中でも、大豆油や菜種油に比べて値段が安いパーム油が人気を集めました。世界の生産量は、一九八〇年は四八〇万トンだったのが、二〇一七年には五八九〇万トンと約 2 年間で 3 倍以上に増えました。現在、その八割以上がインドネシアとマレーシアで生産されています。

ボルネオ島内を車で走りました。繁華《はんか》街を過ぎて三〇分もすれば、道路沿いはアブラヤシ農園になります。かつては、さまざまな木が生《お》い茂《しげ》る熱帯雨林だったのです。すれ違うトラックには、収穫《かく》したアブラヤシの実が山積みされていました。絞《しぼ》った後のパーム油を港へ運ぶタンクローリーも、①ひっきりなしに往来していました。

地元の人々にとってアブラヤシは、手っ取り早くお金になる「金の卵」です。でもその一方で、②環境破壊《かんきょうはかい》の問題と社会的な問題が同時に起きています。

熱帯雨林が失われたことにより、貴重な野生生物やジャングルが守っていた生物多様性は損《そこ》なわれました。一度開発されると、大量の肥料の影響《えいきょう》で土地がやせてしまうため、熱帯雨林の再生はきわめて難しいのです。また、豊かな自然とともにあったそれまでの暮らしも変わりました。国境を越《こ》えてやってきた貧しい移民の人たちが農園で働き始めました。戸籍《こせき》がなく学校にも行かないこどもたちも含《ふく》まれています。世界的に問題視されている児童労働が見過ごされている現実もあります。

「パーム油？　聞いたことないよ」という人も多いでしょう。お菓子《かし》やカップラーメンの袋《ふくろ》の裏《うら》側にインサツされている「原材料」の欄《らん》を読んでみましょう。「植物油」「植物油脂《ゆし》」と書いてあるものの多くは、実はパーム油です。赤ちゃんが飲む粉ミルク、みんなが好きなチョコレートやドーナツ、フライドポテトやハンバーガーなどのファストフード、お弁当に入っている冷凍《れいとう》食品、食べ物以外ではシャンプーやリンスや石けんなどにもパーム油は使われています。

日々の料理に使うサラダ油やオリーブ油などとは違《ちが》い、加工製品に使われることが多いため、消費者である私たちからは見えにくいのです。「見えない油」と呼ばれるゆえんです。

最大の消費国は人口が急増しているインド。日本も年間七一万トン（二〇一七年）輸入しています。

パーム油の生産は、③野生動物を二重の意味で脅《おびや》かしています。一つは、農園開発によって熱帯雨林が減っていること。さらに近年、農園にボルネオゾウが入り込み、好物のアブラヤシを食い荒《あ》らすため、人々は彼らを「害獣《じゅう》」として嫌《きら》うようになりました。二〇一三年一月には、一四頭ものゾウが集団で死んでいるのが見つかりました。毒殺とみられています。マレーシアはいま、国としてハッテンするために産業を育てることと、野生生物をホゴするという、相反する課題に直面しているのです。

この難しい課題は、決してマレーシアの人たちだけのものではありません。パーム油を購《こう》入している私たち一人一人に突《つ》きつけられた問題です。

④どうすれば解決するか。もっとも単純な答えは「パーム油をやめる」ことです。しかし、油脂は生きるのに必要な栄養です。大豆や菜種に比べて安いパーム油は、貧しい人たちにとっては「命綱《つな》」とも言えます。パーム油がなくなれば、栄養不足におちいる人たちが増えるかもしれません。パーム油の生産現場で働いている人たちが失業してしまう事態も考えられます。

先進国の人々が、パーム油を使った商品を買わないようにするのはどうでしょう。現実的ではありません。あまりにも多くの加工食品にパーム油が使われているからです。だいいち、パーム油が使われていたとしても明示されてないことが多く、私たち消費者は、買うか買わないかの判断ができないのです。

（『カガク力を強くする！』元村有希子　岩波ジュニア新書）

問一　＝＝A～Eのカタカナを漢字に直し、漢字はその読みをひらがなで答えなさい。

問二　［1］に入る言葉として最もふさわしいものを次から選び、記号で答えなさい。

ア　育てやすい　　イ　値段が安い
ウ　輸入が簡単な　エ　健康にいい

問三　［2］・［3］内に入る数字としてふさわしいものを次からそれぞれ選び、記号で答えなさい。

ア　四〇　イ　九　ウ　三七　エ　一〇　オ　五〇

問四　――①「ひっきりなしに」の本文における意味として最もふさわしいものを次から選び、記号で答えなさい。

ア　順番に　　　　イ　次から次に
ウ　順番を考えずに　エ　ごくまれに

問五　――②「環境破壊の問題と社会的な問題」について、次の問いに答えなさい。

（1）環境破壊の問題について、どのようなものが具体的にあげられていますか、五十字以内で答えなさい。

（2）「社会的な問題」として、本文では「国境を越えてやってきた貧しい移民の人たちが農園で働き始め」たことが挙げられています。これによって、「地元の人」にはどんな困ったことが起きたと考えられますか。自分で考えて答えなさい。

問六　――③「野生動物を二重の意味で脅かしています」とはどういうことですか、最もふさわしいものを次から選び、記号で答えなさい。

ア　動物の生活環境の変化と人々の動物に対する意識の変化が、野生動物を脅かしているということ。

イ　産業の変化と動物のエサの取り方の変化が、野生動物を脅かしているということ。

ウ　マレーシアの人々の行動の変化と世界の人々の行動の変化が、野生動物を脅かしているということ。

エ　動物性油使用量の減少と植物性油使用量の増加が、野生動物を脅かしているということ。

問七　本文で、「パーム油」の主な生産国、消費国として挙げられている国をそれぞれ二つずつぬき出して答えなさい。

問八　——部④「どうすれば解決するか」について、二人の中学生が会話をしています。これを読んで、後の問題（1）～（3）に答えなさい。

A君　課題文では、「パーム油」の問題を取り上げているね。

Bさん　そうだね。わたし、全然知らなかったよ。

A君　今持っているお菓子の成分表ではどうなっているのかな。見てみよう。

原材料	じゃがいも　植物油　コーンスターチ　砂糖　チキンパウダー　酵母《こうぼ》エキスパウダー　こしょう　ねぎパウダー　ガーリックパウダー　粉末しょうゆ
内容量	75g
賞味期限	表面に記載《さい》
保存方法	直射日光の当たる場所、高温多湿《しつ》のところでの保存はさけてください。

Bさん　ほんとうだ。本文にある通り、「パーム油」ではなく（　①　）と書いてあるね。

A君　だからパーム油は「（　②　）」と呼ばれているんだね。

Bさん　一方で、本文の後半では、筆者が解決方法を示しているね。

A君　そうだね。二つ挙げられているけど、二つともうまくいかないところ（課題）があるみたいだね。

Bさん　うん。整理してみるとこんな感じになると思う。

解決方法	考えられる課題
（③　　　　）	油脂は生きるために必要な栄養である。 栄養失調におちいる人たちが増えるかもしれない。 生産現場で働いている人たちが失業してしまう事態も考えられる。
先進国の人々が、パーム油を使った商品を買わないようにする	現実的ではない。 理由2つ （④　　　　）から。 （⑤　　　　）から。

A君　なるほど。なかなか難しいね。

問題

（1）会話文と本文を参考にして（　①　）に当てはまる言葉を答えなさい。

（2）会話文と本文を参考にして、（　②　）に当てはまる言葉を本文から五字でぬき出して答えなさい。

（3）会話文と本文を参考にして、Bさんが整理した表の（　③　）～（　⑤　）を、本文の語句を使って完成させなさい。

【二】次の文章を読んで、後の問いに答えなさい。

百花《ももか》は、車いすテニスプレーヤーである親友の宝良《たから》のために競技用車いすを制作したいと思い、車いすメーカーに就職した。そして、病気のために車いすで生活するようになったみちると出会い、彼女のための競技用車いすの制作に関わることになった。しかし、みちる自身はまだ車いすで生活することを受け入れられないでいる。そんなある日、百花はみちるを宝良の所属するテニスクラブの見学に誘《さそ》う。以下はそれに続く部分である。

主な登場人物

百花　車いすメーカーの新米社員。宝良からは「モモ」と呼ばれている。

宝良　百花の親友。車いすテニスプレーヤー。百花は「たーちゃん」と呼んでいる。

みちる　小学五年生の女の子。車いすユーザー。名字は佐山

佳代子《かよこ》　みちるの母。

雪代《ゆきしろ》　宝良のジュニア時代からのコーチ。

志摩《しま》　テニスクラブのコーチ。

お詫び

著作権上の都合により、文章は掲載しておりません。ご不便をおかけし、誠に申し訳ございません。

教英出版

お詫び

著作権上の都合により、文章は掲載しておりません。ご不便をおかけし、誠に申し訳ございません。

教英出版

お詫び

著作権上の都合により、文章は掲載しておりません。
ご不便をおかけし、誠に申し訳ございません。

教英出版

お詫び

著作権上の都合により、文章は掲載しておりません。
ご不便をおかけし、誠に申し訳ございません。

教英出版

（『パラ・スター〈Side 百花〉』阿部暁子　集英社文庫）

問一　═══A～Eのカタカナを漢字に直し、漢字はその読みをひらがなで答えなさい。

問二　（ａ）～（ｄ）に入る言葉として最もふさわしいものを次からそれぞれ選び、記号で答えなさい。

ア　ぱっと　イ　ぼそっと　ウ　ゆったりと
エ　ふらふら　オ　すごすご

問三　――①「まっ青になって」とありますが、百花がそうなったのはなぜか、四十字以内で答えなさい。

問四 [X] に入るみちるの性格として最もふさわしいものを次から選び、記号で答えなさい。

ア 楽天的な　イ 負けず嫌《ぎら》いの

ウ ひねくれものの　エ 面倒《めんどう》くさがりな

問五 ――②「思いきや」の使い方としても最もふさわしいものを次から選び、記号で答えなさい。

ア テストで満点かと思いきや、予想通り満点だった。

イ 野球で外野フライかと思いきや、ぎりぎりホームランになった。。

ウ クラブの試合で初めて会った人と、思いきやなかよくなれた。

エ 遠足で仲のよい友達と、思いきや楽しく過ごした

問六 ――③「風のような」とありますが、この「ような」と同じ使い方のものを次から選び、記号で答えなさい。

ア 雨が降るような気配を感じる。

イ イチローのような素晴らしい選手になりたい。

ウ 宝石のような夜景に感動した。

エ そんなようなことはありえません。

問七 [Y] に入るのにふさわしい言葉を、本文から六字で抜き出して答えなさい。

問八 ――④「何も言えないまま顔を覆い」とありますが、佳代子がそのようにしたのはなぜですか、答えなさい。

問九 ――⑤「ありがとう」とありますが、百花が宝良にこのように伝えたのはなぜか、最もふさわしいものを次から選び、記号で答えなさい。

ア みちるに将来への希望をみつけさせることができたことを感謝しているから。

イ みちるが本当に勝敗にこだわる性格であることがわかったことを感謝しているから。

ウ 百花が自分の働く理由を見つけることができたことを感謝しているから。

エ 佳代子にみちるの進みたい方向を受け入れさせることができたことを感謝しているから。

オ みちるに本当の喜びを感じさせることができたことを感謝しているから。

問十 ――⑥「自分まで知ることになるとは思わなかった」とありますが、百花は何を知ることになったのか、五十字以内で答えなさい。

2022年度

広島修道大学ひろしま協創中学校
入試Ⅲ

算　数

解答時間　50分　　配点　100点

【注意事項】

1　試験開始の合図があるまで、この問題冊子の中を見てはいけません。

2　問題は 1 ページから 6 ページまであります。問題用紙の空いている場所は、下書きや計算などに使ってもかまいません。

3　試験中に問題冊子の印刷不良や解答用紙の汚(よご)れなどに気づいた場合は、手をあげて監督者に知らせてください。

4　解答用紙には解答記入らん以外に、受験番号・名前の記入らんがあるので、放送の指示にしたがって、それぞれ正しく記入してください。

5　解答は、すべて解答用紙の解答記入らんに記入してください。

6　解答は、HB または B の黒鉛筆(シャープペンシルも可)を使い、濃く、はっきりと書いてください。

1 次の計算をしなさい。

(1) $314-39$

(2) 21.5×1.36

(3) $10-10 \div (10+10)$

(4) $0.54 \div \frac{9}{2}$

(5) $1-\frac{1}{5}+\frac{1}{15}-\frac{1}{20}$

(6) $9.9 \times 0.7+9.9 \times 0.1+9.9 \times 0.2$

2 次の問いに答えなさい。

(1) ある本を全体の $\frac{3}{8}$ だけ読みました。残りは 175 ページです。この本は全体で何ページですか。

(2) A 君が 1 人ですると 30 日，A 君と B さんですると 20 日かかる仕事があります。この仕事を B さん 1 人ですると何日かかりますか。

(3) ある年の 5 月 6 日は木曜日でした。この年の 9 月 4 日は何曜日ですか。

(4) A 君と B さんの持っている金額の比は 4 : 3 です。今，B さんが 150 円使ったので，その比は 2 : 1 になりました。A 君がはじめに持っている金額は何円ですか。

(5) 右の台形の面積は何 cm^2 ですか。

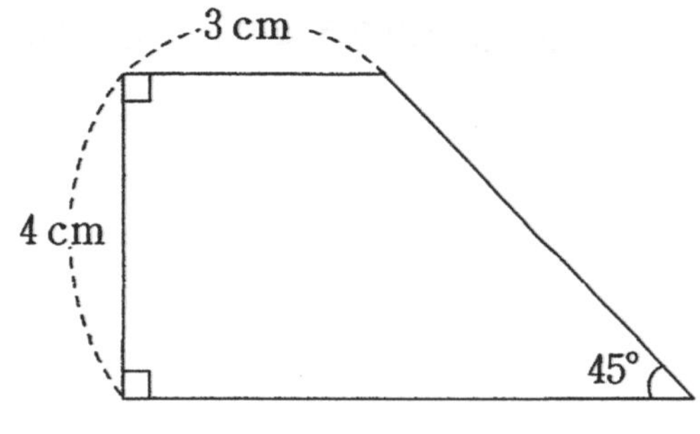

3　5 % の食塩水が 400 g 入った容器 A と，14 % の食塩水が 200 g 入った容器 B があります。A から 100 g の食塩水を取り出し，それを B へ移して混ぜ合わせる予定でしたが，間違って B から 100 g の食塩水を取り出し，それを A に移して混ぜ合わせてしまいました。このとき，次の問いに答えなさい。

(1)　混ぜ合わせた後，A に作られた食塩水に含まれる食塩は何 g ですか。

(2)　B の容器には何 % の食塩水を作る予定でしたか。

4　図のように，水の入った直方体の容器を面 ABCD が下になるように置くと，水面までの高さは 10 cm になりました。このとき，次の問いに答えなさい。

(1)　水の体積は何 cm^3 ですか。

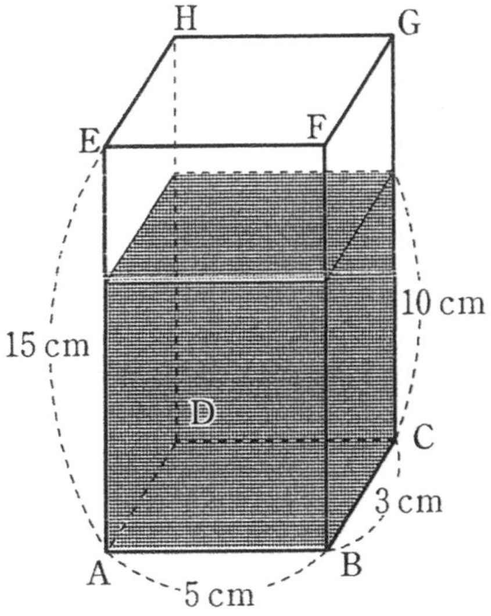

(2)　面 ABFE が下になるように置いたとき，水面までの高さは何 cm ですか。

5 2つの数□，○について，記号＊を次のように定めます。

□＊○＝□×○＋□－○

このとき，次の問いに答えなさい。

(1) 6＊5を計算しなさい。

(2) 8＊○＝22となる○に当てはまる数を答えなさい。

6 ある20人のクラスで理科と社会のそれぞれ5点満点のテストを行いました。次の表はその得点と人数をまとめたものです。たとえば，社会が4点で理科が1点の人は4人います。何も書かれていないところは0人です。このとき，次の問いに答えなさい。

理科の得点(点)

5	1		1	2		
4		1			2	1
3				1		
2						2
1		3			4	
0			1	1		
	0	1	2	3	4	5

社会の得点(点)

(1) 理科の平均点は何点ですか。

(2) 社会の得点の方が理科の得点より高い人はクラス全体の何％ですか。

7　ウサギとカメが競争しました。ウサギとカメはA地点を同時に出発し，1.5 km はなれたゴールのC地点に向かいました。ウサギがA地点から1 km はなれたB地点まで来たとき，カメはA地点から60 m はなれた所にいました。ウサギはB地点で走るのをやめて、休けいしていたら，ついねむってしまいました。その間にカメはC地点手前の24 m の所まで来たとき，ウサギは目を覚ましました。カメの速さを分速6 m として，次の問いに答えなさい。

(1)　カメはA地点を出発してゴールのC地点に着くまで何時間何分かかりますか。

(2)　ウサギはA地点からB地点まで分速何 m で走りましたか。

(3)　ウサギはB地点に何分間いましたか。

(4)　ウサギがカメと同時にゴールに着くには，ウサギはB地点から分速何 m で走らなければなりませんか。

(5) ウサギがＢ地点から近道をして，Ａ地点を出発したときと同じ速さでＣ地点へ向かうと，カメと同時にゴールに着きました。近道の道のりは何 m ですか。

⑤

【二】

問一

A 水気

B シドウ

C 逆手

D 間合い　い

E コロがる　がる

問二

a

b

c

d

問三

問四

問五

問六

問七

問八

問九

問十

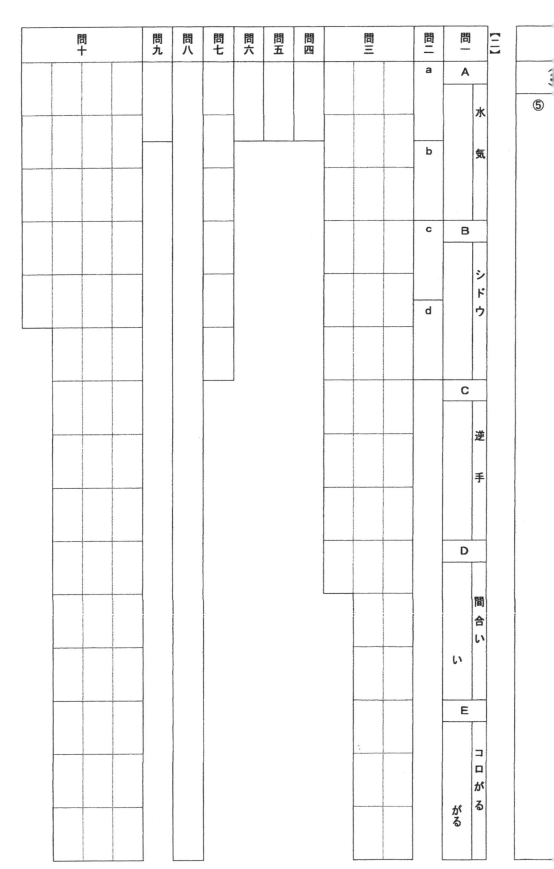

問一	問二	問三	問四	問五	問六	問七	問八	問九	問十
A	a								
	b								
C	c								
	d								
B									

算　数

2022年度
広島修道大学ひろしま協創中学校入試Ⅲ

解　答　ら　ん

1	(1)		(2)	
	(3)		(4)	
	(5)		(6)	
2	(1)		(2)	
	(3)		(4)	
	(5)			
3	(1)		(2)	

小計	※

4	(1)		(2)	
5	(1)		(2)	
6	(1)		(2)	
7	(1)		(2)	
	(3)		(4)	
	(5)			

小計	※

受験生は※印のらんには記入しないこと。

受験番号		名前		得点	※

※100点満点
（配点非公表）

国語

二〇二二年度　広島修道大学ひろしま協創中学校　入試Ⅲ

受験番号

名前

※受験生は＊のらんには記入しないでください。

A	B	C	D	E	F	G	H	I	J	K	L	M	N	O	P	Q
*	*	*	*	*	*	*	*	*	*	*	*	*	*	*	*	*

合計 *

※100点満点
（配点非公表）

解答らん【一】（句読点は字数に数えます）

問一
A 大豆
B インサツ
C 好物
D ハッテン
E ホゴ

問二

問三
2
3

問四

問五
（1）
（2）

問六

問七
（1）
生産国
消費国
（2）